W0088132

Dr. Kathrin Kirchner studierte Informatik in Jena und arbeitet in Forschung und Lehre am Lehrstuhl Wirtschaftsinformatik an der Universität Jena. Dort beschäftigt sie sich u.a. mit der Nutzung geografischer Daten für betriebswirtschaftliche Problemstellungen.

Peter Bens studierte Mathematik und Physik in Rostock und Geoinformatik in Mainz. Seit vielen Jahren ist er als Entwickler und Dozent tätig. Seine Interessen liegen im Bereich Geografische Informationssysteme, Programmierung und Datenbanken.

Kathrin Kirchner · Peter Bens

Google Maps

Webkarten einsetzen und erweitern

 dpunkt.verlag

Lektorat: Nina Lötsch, René Schönfeldt
Copy-Editing: Annette Schwarz, Ditzingen
Satz: Science & More, www.science-and-more.de
Herstellung: Nadine Thiele
Umschlaggestaltung: Helmut Kraus, www.exclam.de
Druck und Bindung: Media-Print Informationstechnologie, Paderborn

Bibliografische Information Der Deutschen Bibliothek
Die Deutsche Bibliothek verzeichnet diese Publikation in der Deutschen Nationalbibliografie;
detaillierte bibliografische Daten sind im Internet über <http://dnb.ddb.de> abrufbar.

ISBN 978-3-89864-568-3

1. Auflage 2010
Copyright © 2010 dpunkt.verlag GmbH
Ringstraße 19 B
69115 Heidelberg

Vorwort

Fast jeder greift heutzutage im Netz auf kartografische Informationen zurück, etwa wenn es darum geht, die Fahrtroute für den Urlaub oder die nächste Dienstreise zu bestimmen oder zu sehen, wo sich Sehenswürdigkeiten oder Einkaufsmöglichkeiten in einer Stadt befinden. Zahlreiche elektronische Karten stehen im Internet zur Verfügung, zum Beispiel auf Firmenwebseiten oder auf den Seiten einer Touristinformation.

Rückgriff auf kartografische Informationen

Das Web als Informationsquelle ist geeignet, kartografische Informationen einer breiten Masse zugänglich zu machen. Durch das Web 2.0, das Mitmach-Web, kann jeder Nutzer eigene Inhalte ins Netz stellen und bearbeiten. Anwendungen wie Wikipedia, YouTube oder verschiedene Blogs haben Sie sicher schon einmal verwendet oder sogar um eigene Inhalte ergänzt. Das Tor zum Erstellen eigener Karten im Web wollen wir mit Ihnen in diesem Buch öffnen.

Zielgruppe des Buches

Das Buch richtet sich an Interessierte, die eigene Karten auf Basis von *Google Maps* erstellen wollen. Dies können sowohl Hobbyisten als auch Mitglieder von Vereinen, Selbstständige oder Mitarbeiter kleinerer Unternehmen sein. Sie benötigen lediglich zusätzlich fachspezifisches Wissen zu Ihrer gewünschten Anwendung. Um diese Karten dann in die eigene Webseite einbauen zu können, sind Grundkenntnisse in HTML zum Erstellen von Webseiten erforderlich.

Was Sie lernen werden

Mit Hilfe des Buches werden Sie lernen, eigene Webanwendungen mit Geoinformationen auf Basis von Google Maps zu erstellen. Schritt für Schritt werden Sie praktisch angeleitet und so immer tiefer in die Materie eingeführt, bis schließlich verschiedene eigene kleine Webanwendungen mit Kartendarstellungen entstanden sind. Die vorgestellten Schrittfolgen für unsere jeweiligen Beispielanwendungen lassen sich auf eigene Anwendungen übertragen. Sie werden dabei nicht nur eigene Geodaten

Eigene Anwendungen mit Google Maps

in die vorhandenen Karten einfügen, sondern auch Bilder und Videos einbeziehen, die zusätzliche Informationen zu einem Ort oder bestimmten Punkt auf der Landkarte liefern.

Anwendungen mit der API erweitern

Außerdem werden Sie anhand von Beispielanwendungen sehen, wie Sie mit Hilfe der *Google Maps API* (Programmierschnittstelle) Google Maps in Ihre Webseiten einbinden und Ihre Anwendungen erweitern können.

Weitere Möglichkeiten zur Einbindung von Geodaten ins Web, wie Mapserver und WebGIS oder die Einbettung in komplexe professionelle Webanwendungen (z. B. mit Hilfe von PHP und Ajax) sind nicht Gegenstand des Buches.

Teil I: Grundlagen

Im ersten Teil des Buches werden einige Grundlagen zu Kartendarstellungen erläutert. Dabei werden wir in Kapitel 1 auf verschiedene praktische Beispiele eingehen, wo geografische Daten und Karten heute im Web verwendet werden. Dies kann Ihnen auch Ideen für spätere eigene Anwendungen liefern.

Im zweiten Kapitel erklären wir dann, woher die geografischen Daten für unsere Anwendungen kommen und welche Besonderheiten diese Daten aufweisen. Außerdem geht es darum, welche rechtlichen Rahmenbedingungen Sie bei der Nutzung dieser Daten beachten müssen. Wir stellen Anbieter für interaktive Karten im Web vor und gehen auf Software für die Arbeit mit geografischen Daten ein.

Teil II: Arbeiten mit Google Maps

Sie werden in diesem Teil lernen, wie Sie eigene Karten speziell auf Basis von Google Maps erstellen können. Dabei starten Sie in Kapitel 3 mit der Darstellung einfacher Punktobjekte und arbeiten sich dann über Linien und Flächen zu komplexeren Daten vor und lesen, wie Sie Videos und Bilder in die Karten einbinden. Zudem werden Sie sehen, wie eine Google-Maps-Karte in Ihre eigene Webseite integriert werden kann. Für diesen Teil des Buches benötigen Sie kein Vorwissen, nur für Kapitel 10 werden Grundkenntnisse in HTML vorausgesetzt.

Teil III:
Programmieren mit der Google Maps API

Die einfache Darstellung von Daten mit Hilfe von Google Maps hat jedoch auch ihre Grenzen. Wie Sie Ihre Kartenanwendung in den eigenen Webauftritt einbinden und Ihre Anwendung mit Hilfe der Programmierschnittstelle von Google Maps um neue Funktionen erweitern können, werden Sie in diesem Teil lernen. Dabei werden Sie in Kapitel 11 einen Einblick in die Programmierung mit der Google Maps API bekommen und eine erste Anwendung für Anfänger und Einsteiger programmieren. Da wir für dieses Buch nur Grundkenntnisse in der Webseitenerstellung mit HTML voraussetzen, bietet Kapitel 12 einen Einstieg in die JavaScript-Programmierung. Kapitel 13 steigt mithilfe mehrerer Beispiele tiefer in die Google Maps API ein. Kapitel 14 fasst das in den vorigen Kapiteln gesammelte Wissen zusammen und erläutert zwei umfangreichere Anwendungsbeispiele, die für ambitionierte Anfänger und für fortgeschrittene Benutzer geeignet sind.

Den Programmcode, der im dritten Teil erarbeitet wird, haben wir auf der Webseite zum Buch `www.dpunkt.de/buecher/2863.html` als ZIP-Datei zum Herunterladen zur Verfügung gestellt.[1] Zur einfachen Benutzung sind alle Skripte im txt-Format gespeichert, sodass sie sich leicht in einem beliebigen Editor als Textdatei öffnen und bearbeiten lassen. Bevor Sie sich das Ergebnis der Arbeit im Browser anschauen können, müssen Sie die Datei zuerst als HTML-Datei mit der Endung `htm` oder `html` abspeichern. Im Buch sind die entsprechenden Skripte mit dem obenstehenden Symbol gekennzeichnet und nummeriert, sodass Sie den jeweiligen Programmcode verwenden können, ohne ihn aus dem Buch abtippen zu müssen.

Programmcode zum Herunterladen

Im Anhang sind die verwendeten API-Befehle zum Nachschlagen noch einmal aufgelistet. Außerdem finden Sie dort einige Internetquellen zur weiterführenden Information. Ein Literaturverzeichnis sowie ein Index befinden sich ebenfalls am Ende des Buches.

Befehlsreferenz zum Nachschlagen

Voraussetzungen

Um Daten im Web auf Karten visualisieren zu können, benötigen Sie zunächst nur sachspezifische Kenntnisse zur Anwendung, etwa, welche Objekte (Sehenswürdigkeiten, Routen usw.) sich an welcher Stelle befinden und wie diese dargestellt werden sollen.

---

[1]Wenn Sie kein zip-Programm haben, können Sie das freie Programm 7-Zip unter `www.7-zip.org/` herunterladen und damit die Datei auf Ihrem Rechner entpacken.

Benötigte Software

Damit Sie Ihre Google-Maps-Karten später auch in eigene Web-anwendungen integrieren können, werden Grundkenntnisse in der Webseitenerstellung, speziell in HTML, benötigt.

Um die Beispiele des Buches nachvollziehen und später auf eigene Anwendungen übertragen zu können, benötigen Sie verschiedene Softwarewerkzeuge:

- einen Webbrowser wie Firefox unter Windows, Linux oder Mac OS oder Microsoft Internet Explorer unter Windows sowie
- einen Texteditor, am besten mit Hervorhebung von HTML-Schlüsselwörtern (z. B. Notepad++)[2]

Alle diese Werkzeuge können kostenfrei installiert und verwendet werden.

Danksagung

Wir möchten uns bei unseren Lektoren Rene Schönfeldt und Nina Lötsch für die tolle Unterstützung und die vielen Tipps beim Schreiben sowie für ihre Geduld bei der Begleitung dieses Buchprojekts bedanken.

---

[2]Notepad++ kann unter `notepad-plus.sourceforge.net/de/site.htm` heruntergeladen werden.

Inhaltsverzeichnis

Teil I
Grundlagen

1 Einführung

Kartografische Werkzeuge zum Erstellen und zur Auswertung geografischer Daten standen bis vor kurzem nur professionellen Anwendern zur Verfügung. Nun sind wir in der Situation, dass jeder seine eigenen Informationen auf Karten ins Internet stellen und sogar mit anderen gemeinsam daran arbeiten kann. In diesem Kapitel geben wir zunächst einen kurzen Einblick in die Thematik – der Darstellung von Geoinformationen im Web. Dabei werden wir anhand verschiedener Beispiele deutlich machen, wo überall Geoinformationen im Web schon eingesetzt werden, und erhalten so einen ersten Überblick über Anwendungsmöglichkeiten.

1.1 Statische Karten

Informationen, die durch Karten illustriert werden können, gibt es unzählige. Etwa achtzig bis neunzig Prozent aller heute verwendeten Daten haben einen geografischen Bezug, angefangen vom eigenen Wohnort über den Verlauf einer Bahnlinie, Wetterberichten oder Wahlergebnissen in bestimmten Bezirken[1]. Viele weitere Informationen mit räumlichem Bezug finden Sie auch im Internet, beispielsweise die Anfahrtsskizze zum Unternehmen auf der Kontakt-Webseite oder die Darstellung des 10-Kilometer-Laufes durch die Stadt. Eine Karte illustriert viele Informationen und erleichtert somit die Orientierung innerhalb eines Gebietes wesentlich. So können wir uns den Verlauf der Laufstrecke viel besser vorstellen, wenn diese nicht nur umfangreich beschrieben, sondern auch noch mit einer Karte illustriert ist. Zudem werden durch die Karte auch viele Informationen deutlich, die dann in der Beschreibung der Strecke weggelassen werden können, wie etwa die Querung großer Straßen.

---

[1]vergleiche zum Beispiel Grande, Kraus, Wiegand: Standortbestimmung. Geografische Informationssystems werden immer wichtiger. c't 10/2004, S. 84–89.

Die Karte als Bild Im einfachsten Fall werden diese durch eine Skizze oder eine Karte in einem der gängigen Bildformate JPEG[2], GIF[3] o. Ä. auf dem Monitor dargestellt. Es handelt sich dabei jeweils um eine Momentaufnahme zu einem bestimmten Zeitpunkt – dem Moment des Abrufs durch den Nutzer. Sie können eine solche Karte betrachten und drucken, zusätzlich sind ein Zoomen und Bewegen auf der Karte möglich. Dies entspricht den Funktionen, die Sie gemeinhin bei elektronischen Bildern finden. Weitere Aktionen, wie die Suche nach bestimmten Orten mittels Eingabe von Suchbegriffen oder gar ein Verändern der Karte, funktionieren nicht. Da also eine direkte Interaktion mit der Karte nicht möglich ist, sprechen wir in diesem Fall von statischen Karten.

Beispiel: Wetterbericht Ein Beispiel für eine statische Karte ist der aktuelle Wetterbericht im Web, der beispielsweise unter www.wetterbote.de auch durch eine Karte illustriert wird (Abb. 1-1). Obwohl Sie die Karte nur betrachten und drucken können, haben Sie doch einen besseren Eindruck davon, in welcher Gegend das Wetter gut oder schlecht ist. Eine ganz genaue Information zum Wetter, zum Beispiel, ob über Ihrem Haus heute die Sonne scheint, ist praktisch nicht möglich und für Sie auch nicht so interessant, wenn Sie ja schon wissen, dass es in Ihrer Region prinzipiell sonnig ist und Sie einen Ausflug ins Grüne planen können.

Beispiel: Routenplaner Das Prinzip der statischen Karten wird auch von den meisten Routenplanern verwendet. *Routenplaner* ist sogar einer der am meisten gesuchten Begriffe im Internet. Diese sind mittlerweile auf nahezu allen Internetportalen, zum Beispiel von Yahoo!, GMX oder web.de, zu finden. Die Portale greifen dabei aber oft auf Anbieter wie Michelin oder Falk zurück, die allerdings auch direkt mit ihrer eigenen Webseite aufgerufen werden können. Weitere Webauftritte, wie z. B. Reise- und Tourismus-Infoseiten, Automobilclubs und PKW-Hersteller, bieten die Möglichkeit an, eine Reiseroute zu planen.

Auf der entsprechenden Webseite geben Sie den Start- und Zielort sowie eventuelle Zwischenstationen ein, und der Routenplaner berechnet die gewünschte Fahrtroute. Als Ergebnis gibt er die Route in Form einer Karte und der Wegbeschreibung in Textform sowie meist weiteren Informationen wie genaue Streckenlänge, Reisezeit und Benzinkosten aus. In der Wegbeschreibung werden die Teilstrecken detailliert mit Richtungswechseln, Kilometerzahl und Fahrzeit ausgegeben.

---

[2]JPEG-Format – benannt nach dem Gremium »Joint Photographic Experts Group«, welches diese Norm entwickelt hat. Diese Norm beschreibt ein Bildkompressionsverfahren.

[3]Graphics Interchange Format – engl. Grafikaustausch-Format – ist ein Grafikformat mit guter Komprimierung für Bilder mit geringer Farbtiefe. Darüber hinaus können mehrere Einzelbilder in einer Datei abgespeichert werden, die von Webbrowsern als Animationen interpretiert werden.

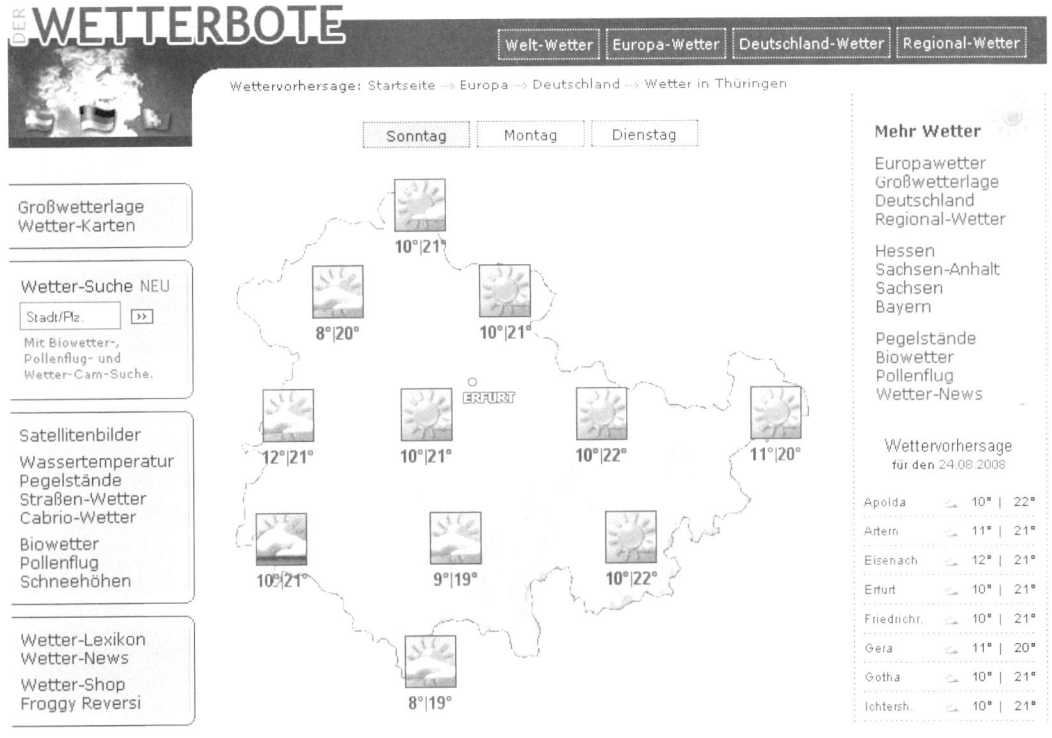

Großwetterlage
Wetter-Karten

Wetter-Suche NEU

Stadt/Plz.   »

Mit Biowetter-,
Pollenflug- und
Wetter-Cam-Suche.

Satellitenbilder

Wassertemperatur
Pegelstände
Straßen-Wetter
Cabrio-Wetter

Biowetter
Pollenflug
Schneehöhen

Wetter-Lexikon
Wetter-News

Wetter-Shop
Froggy Reversi

Mehr Wetter

Europawetter
Großwetterlage
Deutschland
Regional-Wetter

Hessen
Sachsen-Anhalt
Sachsen
Bayern

Pegelstände
Biowetter
Pollenflug
Wetter-News

Wettervorhersage
für den 24.08.2008

Apolda		10°	22°
Artern		11°	21°
Eisenach		12°	21°
Erfurt		10°	21°
Friedrichr.		10°	21°
Gera		11°	20°
Gotha		10°	21°
Ichtersh.		10°	21°

Abb. 1-1
Statische Wetterkarte
bei wetterbote.de

Wegbeschreibung und Karte oder wahlweise auch beliebige Kartenausschnitte können dann ausgedruckt werden. Über Zusatzoptionen wie schnellste, kürzeste oder wirtschaftlichste Fahrstrecke, die Vermeidung von Mautstrecken oder die Bevorzugung von Landstraßen können Sie die Route entsprechend Ihren Wünschen weiter verfeinern. In Einzelfällen sind ebenso die Auswahl von landschaftlich reizvollen Strecken und auch eine Streckensuche für Fußgänger/Wanderer sowie Fahrradfahrer möglich.

Alle Anbieter haben ihre Stärken und Schwächen bezüglich Funktionsumfang, Genauigkeit, Anzahl der Straßen, dem Design der Webseiten und der Karten. So verfügt etwa der Michelin Routenplaner www.viamichelin.de über eine Routenplanung mit Benzinkostenberechnung, liefert Vorschläge für günstige Hotels und bietet neben der schnellsten und der kürzesten Route die Möglichkeit, eine Entdeckertour zu wählen, bei der Sie durch landschaftlich schöne Gebiete geleitet werden, auch wenn es dann etwas länger dauert. Die Kartendaten für Europa werden regelmäßig aktualisiert, sodass auch relativ sicher ist,

Unterschiede bei
Routenplanern

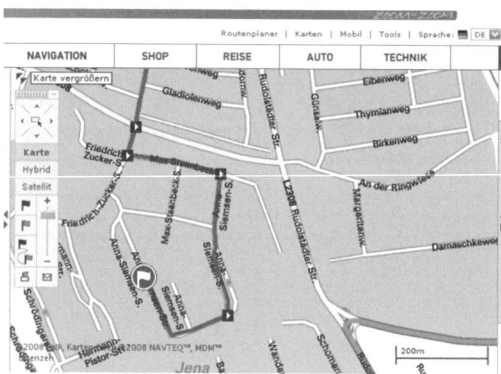

Abb. 1-2
Unterschiede bei der
Routenplanung:
Viamichelin (links) und
Falk (rechts)

dass die dargestellte Straße auch noch existiert. Viamichelin und auch das oft genutzte map24 bieten auch Routenberechnungen außerhalb Europas an, der Routenplaner von Falk www.falk.de besitzt ein umfassendes Informationsangebot zu Reise und Tourismus. Weitere Routenplaner bieten beispielsweise Merian, reiseplanung.de, Routenplaner24, Mappy oder klickTel.

Unterschiede zwischen den einzelnen Routenplanern gibt es auch bei der Genauigkeit der hinterlegten Daten, so sind etwa Einbahnstraßen gar nicht, nicht vollständig bzw. korrekt hinterlegt. Die Abbildung 1-2 zeigt dies an einer relativ kurzen Route. Viamichelin (Abb. 1-2 links) kennt die Einbahnstraße im Wohngebiet nicht und schickt daher den Fahrer in die falsche Richtung. Falk dagegen (Abb. 1-2 rechts) erkennt die Einbahnstraße korrekt und wählt daher eine andere, etwas längere Route.

Dieser Unterschied zwischen den Anbietern ist nicht grundsätzlich zu sehen, sondern bezieht sich auf das jeweils örtlich verwendete Kartenmaterial.

1.2 Auf dem Weg zur interaktiven Karte

Eine Anwendung auf dem Weg zur interaktiven Karte ist der Gefahrenatlas für Hochwasser an der Mosel und den in ihrem Einzugsgebiet liegenden Flüssen. Rheinland-Pfalz und Luxemburg erarbeiteten die Webseite www.gefahrenatlas-mosel.de gemeinsam. Die durch Hochwasser gefährdeten Gebiete werden auf einer Karte nach ihrem Gefährdungsgrad klassifiziert dargestellt. Der Gefahrenatlas bietet damit wichtige Informationen zur Hochwassergefahr für die betroffene Bevölke-

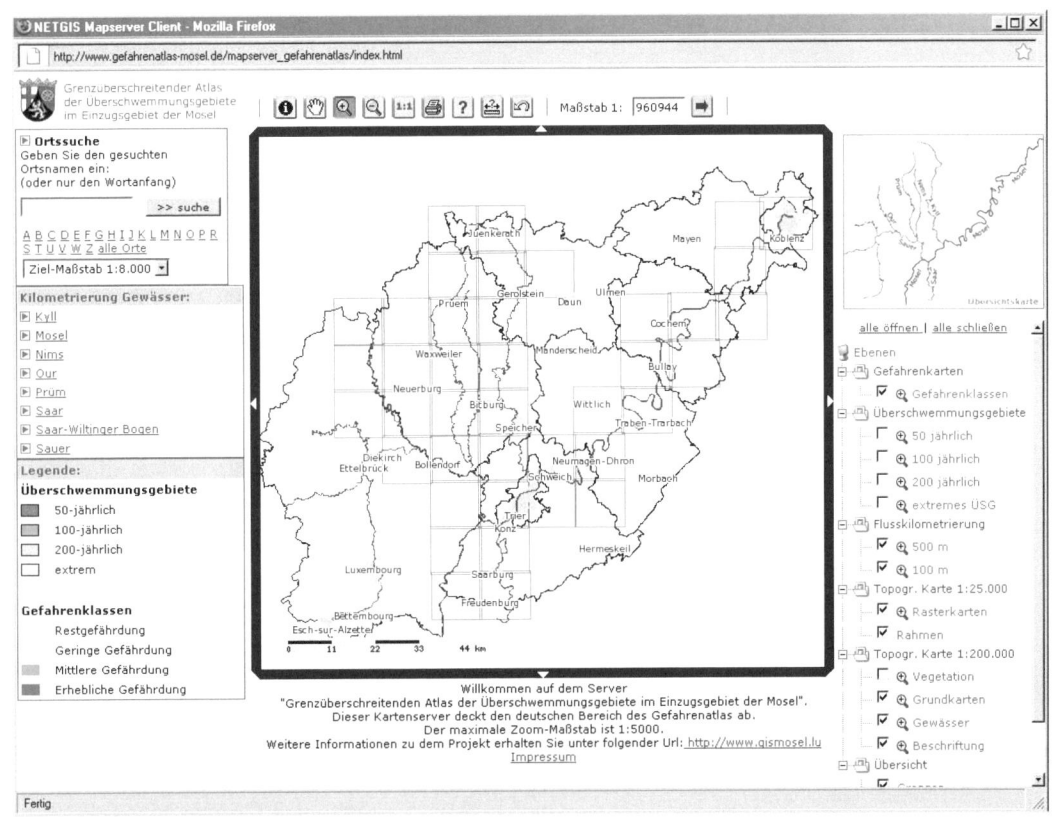

Abb. 1-3
Überschwemmungen an der Mosel

rung (u.a. Grundeigentümer), die zuständigen Behörden und Fachleute aus verschiedenen Disziplinen.

Auf dieser Webseite werden einige Werkzeuge wie Zoom, Bewegen, Drucken oder Messen von Längen bereitgestellt. Zudem können Sie durch Eingabe eines Suchbegriffs zu einem bestimmten Ort auf der Karte gelangen. Es lassen sich verschiedene Ebenen (wie z. B. die Vegetation oder eben die Überschwemmungsgebiete) per Klick ein- und ausschalten. Obwohl hier schon einige Interaktionen des Benutzers möglich sind, ist die Karte selbst statisch. Wenn Sie mit der Karte interagieren, also etwa einen Ort als Suchbegriff eingeben, wird eine neue Karte als Bild geladen und angezeigt. Eine weitere Interaktion ist durch das direkte Messen von Entfernungen auf der Karte möglich.

1.3   Interaktive Karten

Charakteristisch für interaktive Karten ist, dass Sie unmittelbar Änderungen bei der Visualisierung (Änderung der Grafik/des Bildes), der Navigation (zum Beispiel die Anzeige zusätzlicher Informationen beim Darüberfahren mit der Maus oder anklickbare Elemente auf der Karte) und der Analyse (Zoom, Verschieben eines Kartenausschnitts, Rotation, …) vornehmen können. Informationen zu einem Objekt lassen sich abfragen oder Ebenen ein- und ausschalten, Farben ändern und sogar Analysen durchführen.

Google, Yahoo und Microsoft

Google Maps, Yahoo Maps oder Microsoft Live Search Maps machen es einfach, durch Eingabe eines Suchbegriffs im Internet einen Ort zu finden, nach Standorten bestimmter Branchen in einem Gebiet zu suchen und Routen zu berechnen. Im Zweifelsfall werden alle Orte, die dem Suchbegriff entsprechen, mit Zusatzinformationen (z. B. Bundesland, Ortsteil, PLZ) angezeigt, damit der Nutzer die endgültige Auswahl treffen kann. Bei Orten im Ausland werden auch ähnlich lautende Suchergebnisse bzw. synonym verwendete Namen mit angezeigt, denn die Schreibweise kann doch gerade hier variieren.

Interaktive Routenplanung mit Google Maps

Auf der Webseite maps.google.de können Sie mit einem Klick auf *Route berechnen* zur interaktiven Routenplanung von Google Maps gelangen. Hier können Sie den Start- und Zielort (sowie eventuelle Zwischenstationen) angeben und weitere Optionen (etwa das Vermeiden von Autobahnen) einstellen. Anschließend gibt Google Maps die Streckenbeschreibung aus und zeigt die Strecke auf der Karte an.

Abb. 1-4
Interaktive Routenplanung mit Google Maps

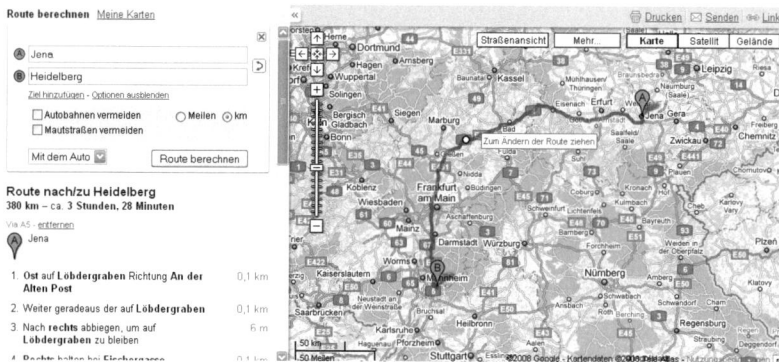

Wenn Sie nun beim Betrachten einer Karte feststellen, dass Sie noch Veränderungen an der Strecke vornehmen wollen, können Sie die eingezeichnete Route mit der Maus an der entsprechenden Stelle auf der Karte berühren. Damit haben Sie die Möglichkeit, die Route an dieser Stelle mit der Maus zu einem anderen Punkt zu ziehen. Die restliche

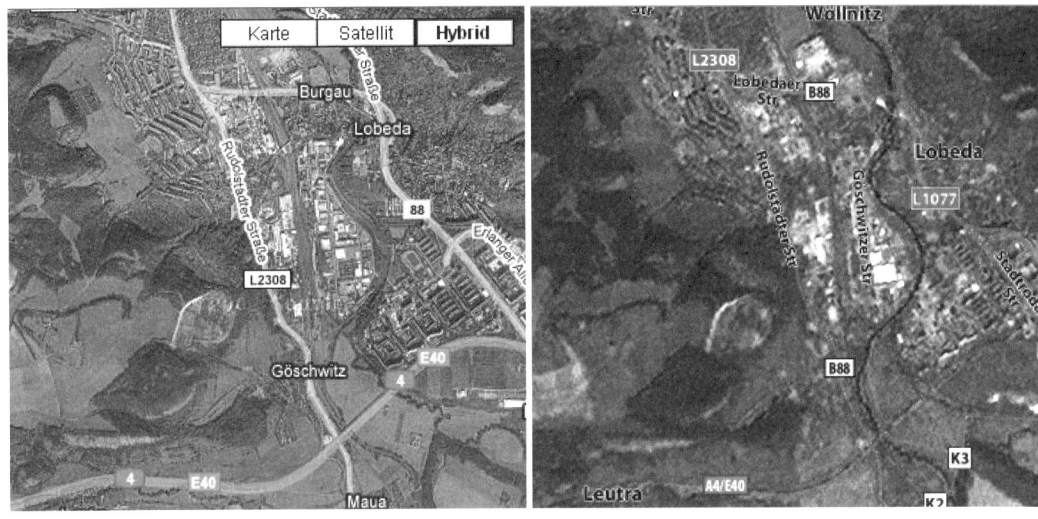

Abb. 1-5
Google (links) und
Yahoo (rechts) weisen
für dasselbe Gebiet
eine unterschiedliche
Datenqualität auf.

Strecke auf der Karte wird quasi mitgezogen. Bei größeren Veränderungen springen auch an anderen Stellen der Route die Markierungen auf andere Straßen, was besonders deutlich macht, dass die Route in diesem Moment entsprechend der am Anfang vorgegebenen Optionen neu berechnet und gezeichnet wurde. Die Streckenbeschreibung sowie die Streckenlänge werden entsprechend aktualisiert.

Die Qualität der Auskünfte, die Sie dabei erhalten, hängt natürlich entscheidend von der Qualität der vorliegenden Daten und andererseits von den verwendeten Algorithmen zur Berechnung und Suche ab. Insbesondere mit der Wertigkeit einer Straße nimmt die Genauigkeit ihrer Erfassung ab, bzw. sie wird erst gar nicht in den Datenpool aufgenommen. Hinzu kommt dabei noch, ob z. B. Nebenstraßen und Feldwege überhaupt mit in die Berechnung einbezogen werden, was bei der Option »schnellste Verbindung« sicher auch nicht sinnvoll ist – bei anderen jedoch schon. Wieder andere Daten sind fehlerhaft. Wenn Sie zum Beispiel den Verlauf einer Straße mit dem Verlauf in der Realität oder mit anderen Daten vergleichen, wird das sehr schnell deutlich. Eine Abweichung von wenigen Metern kann allerdings ohne weiteres toleriert werden, da sie sich innerhalb der Strichdicke befindet, die bei den Karten im verwendeten Maßstab vorliegt.

Qualität der Ergebnisse

Bei den Daten und deren Verwendung gibt es Unterschiede zwischen den einzelnen Anbietern, was Sie an unterschiedlichen Routen und/oder an verschiedenen Streckenangaben erkennen können.

Einen direkten Vergleich zwischen Google Maps und Yahoo Maps bietet zum Beispiel die Webseite www.sergeychernyshev.com/maps.html. Suchen Sie etwa nach der Stadt Jena, so fällt das klarere Satellitenbild bei Google Maps gegenüber dem von Yahoo Maps auf.

Die Daten bei Google Maps sind aktueller. Allerdings gibt es auch Probleme: Der Ortsname Netzkater (ein angeblicher Ortsteil von Jena) ist auf der Karte falsch, bei Yahoo Maps ist er richtigerweise mit Nennsdorf bezeichnet. Für die USA allerdings ergeben sich kaum Unterschiede bei beiden Anbietern. Beim Kartenmaterial für die anderen Länder wird Yahoo aber sicher noch aufholen.

Die Daten und Verfahren unterliegen ständigen Verbesserungen und laufenden Aktualisierungen. So wurde der Benutzer nach der Routenplanung von Jena nach New York in der Betaversion von Google Maps Deutschland noch zu sportlichen Höchstleistungen herausgefordert, wie Abbildung 1-6 zeigt. In der jetzigen Version ist dieser Spaß nicht mehr enthalten. Stattdessen wird ausgegeben, dass die Routenplanung nicht möglich ist.

Abb. 1-6
Auf der Reise nach New York müssen wir schwimmen.

Auch öffentliche Einrichtungen stellen Geodaten für verschiedene Zwecke im Internet zur Verfügung. Umfangreiche Recherchemöglichkeiten für ihre Bürger und Besucher bietet zum Beispiel das Geodatenportal der Stadt Aalen unter www.gisserver.de/aalen. Die Anwendungen reichen dabei vom Stadtplan über Schulwegsberechnungen und 3D-Flüge bis hin zur Erstellung eigener kleiner Zeichnungen. Umfang-

Stadtportal

reiche und komplexe Anfragen ziehen jedoch ein hohes Datenvolumen zur Übertragung nach sich und sind daher zeitaufwändiger beim Laden. Basis für die Arbeit ist ein Geografisches Informationssystem. Dabei handelt es sich um ein umfangreiches Softwarepaket, welches die Speicherung eigener (d.h. selbst verwalteter) Geodaten sowie umfangreiche Analyse- und Anzeigemöglichkeiten bietet.

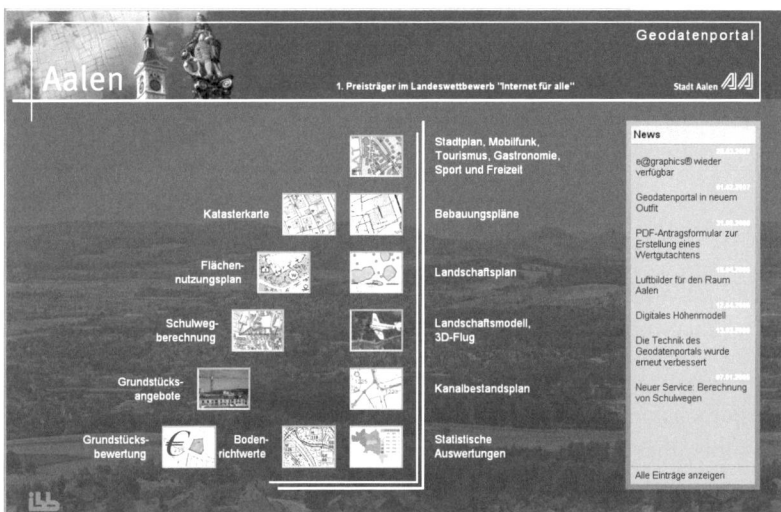

Abb. 1-7
Geodatenangebot aus Aalen

1.4 Eigene Geoinformationen ins Web stellen

Im Rennen um den besten Kartendienst im Web – und damit auch um den lukrativen Werbemarkt – wird das sogenannte GeoWeb von Anbietern wie Google, Yahoo und Microsoft ständig weiterentwickelt. Diese Entwicklung begann 2005, als es Programmierern erstmals ermöglicht wurde, Karten mit anderen Informationen wie Bildern und Texten zu sogenannten Mashups zu verknüpfen. Neben der Möglichkeit, die Dienste von Yahoo, Microsoft und Google für eigene Recherchen zu nutzen, werden auch Möglichkeiten angeboten, mit deren Hilfe Sie eigene Daten auf einer Karte darstellen und diese dann im Web veröffentlichen können. Ein Beispiel ist die Visualisierung von Arbeitsplätzen auf der Karte www.job-karte.de, bei der Sie gleich den Eindruck gewinnen, wie weit Sie von Ihrem Traumjob entfernt wohnen, wie das in Abbildung 1-8 zu sehen ist.

Jobsuche

Neben der Möglichkeit, Karten im Internet zu betrachten, suchen und zoomen zu können, gibt es auch Anwendungen, bei denen Sie selbst Daten eingeben können. Diese werden dann auf der Karte auch für

Abb. 1-8

Jobsuche mit Google
Maps

andere Nutzer angezeigt. Dabei erfolgt die Darstellung auf der Karte im einfachsten Fall automatisch, weil Sie etwa eine Adresse oder einen Standort über seine Koordinaten festgelegt haben.

Bewertungsportal   So können Sie zum Beispiel bei `www.qype.com`, einem Bewertungsportal im Internet, Restaurants, Sehenswertes, Ärzte oder Hotels bewerten. Anhand der Adresse wird die einzutragende Lokation dann automatisch auf einer Google-Maps-Karte eingetragen. So kann dann ein Benutzer das italienische Restaurant mit dem besten Essen in seiner Stadt finden oder eigene Bewertungen eintragen. Zudem können auch selbst Restaurants, Ausstellungen oder Ereignisse in eine Eingabemaske eingetragen werden.

Geocaching   Ein Beispiel für eine Anwendung, bei der ein eingetragener Standort dann auch auf einer Google-Maps-Karte eingetragen wird, findet sich auf `www.geocaching.de`. Geocaching ist eine moderne elektronische Schatzsuche. Eine Dose mit einem Logbuch und häufig auch Gegenständen wird irgendwo versteckt. Anschließend werden die GPS-Koordinaten im Internet veröffentlicht. Der Standort des Verstecks wird automatisch auf einer Google-Maps-Karte eingetragen. Mit Hilfe eines GPS-Gerätes können Sie dann auf Schatzsuche gehen. Ist der Cache gehoben, können Sie sich im Logbuch verewigen, eventuell einen Gegenstand tauschen und den Cache wieder an derselben Stelle verstecken und im Internet über den Fund berichten.

Radtouren eintragen   Selbst aktiv werden können Sie auch unter `www.bikemap.de`. Diese Seite bietet Radtouren auf Basis von Google Maps an. Sie können Touren in verschiedenen Regionen suchen und bekommen dann eine Be-

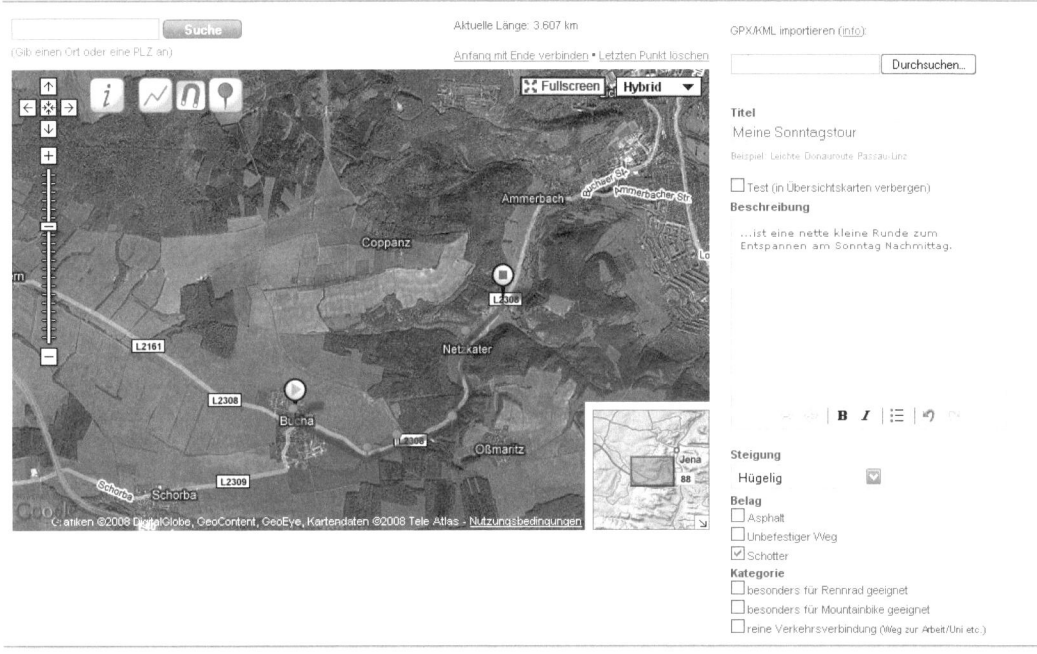

Abb. 1-9
Eine auf bikemap.de
eingetragene Radtour
in der Umgebung von
Jena

schreibung, die Anzeige der Tour auf der Karte sowie ein Höhenprofil angezeigt (Abb. 1-9).

Wenn Sie eine eigene interessante Radtour unternommen haben, können Sie diese selbst in die Karte eintragen und zusätzlich beschreiben. Die Vorgehensweise dabei ist sehr einfach: Sie geben eine kurze Beschreibung der Tour ein und legen fest, um welche Art Tour es sich handelt. Anschließend werden Ihnen sehr einfache Werkzeuge angeboten, damit Sie die Radtour dann selbst mit der Maus auf der Karte eintragen können. Als Orientierungshilfe steht Ihnen als Kartenhintergrund wahlweise eine Straßen-, Höhen- oder Satellitenbildkarte zur Verfügung.

Das OpenStreetMap-Projekt wurde 2004 ins Leben gerufen. Ziel ist es, eine frei nutzbare Karte der Welt zu erstellen. Viele Benutzer arbeiten unter www.openstreetmap.de freiwillig daran mit, indem sie eigene Daten integrieren. Diese Daten werden durch die Benutzer selbst z. B. mit GPS-Geräten[4] erfasst und in dieses System integriert. Diese Daten sind nun frei für jegliche Zwecke verwendbar. Durch die große Nutzergemeinde werden dabei schnell viele Daten erfasst und auch auf

Das
OpenStreetMap-Projekt

---

[4]GPS ist ein satellitengestütztes System zur weltweiten Positionsbestimmung.

ihre Korrektheit hin überprüft. Die Qualität und Quantität der Daten hängen dabei natürlich ausschließlich von den Nutzern ab. So gibt es Gegenden, die sehr genau und detailliert erfasst wurden und eine bessere Qualität als in Google Maps aufweisen. Andere Gebiete sind noch weiße Flecken auf der Karte, weil sich offensichtlich hier kein Benutzer für eine Datenerfassung gefunden hat. Dies kann sich natürlich schon in einer relativ kurzen Zeitspanne geändert haben.

Rotten Neighbor   Leider gibt es auch negative Auswirkungen, die von gemeinsam erstellten Kartenanwendungen herrühren. Ein Beispiel ist Rotten Neighbor unter `www.de.rottenneighbor.com`. Hier kann jeder das Haus eines Nachbarn markieren und eine meist negative Bemerkung dazu eintragen. Die Idee zu dieser Anwendung stammt aus den USA und wurde angeblich mit dem Ziel entwickelt, den Erwerb einer Immobilie unterstützen zu wollen. So soll sich der Nutzer eine Gegend anschauen können, in der er ein Haus kaufen möchte, um zu sehen, ob die Nachbarn dort für seine Ansprüche in Ordnung sind. Ob die Bewertung der Nachbarn richtig und objektiv ist, wird allerdings nicht geprüft. So kann leicht jemand an den Pranger gestellt werden.

1.5   Zusammenfassung

In diesem Kapitel haben Sie verschiedene Anwendungsmöglichkeiten für geografische Informationen im Web kennengelernt. Diese reichen von einfachen, statischen Karten bis hin zu interaktiven Karten. Der Benutzer kann dabei auf verschiedenste Art mit der Anwendung interagieren. Dazu gehören insbesondere Zoomen und Suchen, das Eingeben eigener Daten (Beschreibungen und Koordinaten) und deren Korrektur.

Wir wollen uns in diesem Buch im weiteren Verlauf damit beschäftigen, wie Sie selbst mit Google Maps Ihre eigenen Geoinformationen ins Web bringen können. Dazu werden wir in Kapitel 2 erst die Grundlagen schaffen und auf einige Besonderheiten von Geodaten hinweisen. In Kapitel 3 werden Sie dann beginnen, eigene Karten zu erstellen.

2 Rahmenbedingungen

In diesem Kapitel legen wir die Grundlagen für die nachfolgenden Ka-
pitel. Sie erfahren, woher Geodaten kommen, welche Besonderheiten
sie aufweisen und was Sie beim Arbeiten mit Karten beachten müssen.
Außerdem geht es um die grundlegende Vorstellung der Möglichkei-
ten von Google Maps und Co. sowie um Möglichkeiten zur Erstellung
interaktiver Karten für professionelle Anwendungen.

2.1 Geodaten

Fragestellungen mit räumlichem Bezug gibt es viele: Wo befinden Sie
sich aktuell? Wie kommen Sie zu Ihrem Ziel? Wo befindet sich die
nächste Tankstelle oder der Badesee? Wo liegen Gebäude, die zu ver-
mieten sind? Wo wohnen die Kunden eines Unternehmens? Alle diese
Informationen haben einen räumlichen Bezug und lassen sich auf einer Karte darstellen. Wir sprechen in diesem Zusammenhang auch von
Geoobjekten, Objekten der realen Welt, die sich auf einen räumlichen
Ausschnitt der Erde beziehen.

Jedes dieser Objekte können wir über ihre räumliche Lage (durch
Angabe von Koordinaten, der Geometrie) sowie über zusätzliche Informationen ohne direkten Raumbezug, etwa den Namen oder die Öffnungszeiten eines Objekts (Sachdaten), beschreiben. Außerdem lassen
sich Nachbarschaftsbeziehungen darstellen. So liegt unsere Sehenswürdigkeit an einer bestimmten Straße und grenzt an weitere Gebäude,
dies wird mit der Topologie beschrieben. Auch zeitliche Veränderungen an einem Geoobjekt können in einigen Fällen interessant sein, etwa
wenn sich die Lage der Straße durch Baumaßnahmen verändert oder
ein Stadtgebiet sich vergrößert (Dynamik).

Beschreibung von
Geoobjekten

Die Abbildung 2-1 zeigt als Beispiel ein Haus als Geoobjekt mit
seinen verschiedenen Eigenschaften. Auf diese werden wir in den nachfolgenden Abschnitten näher eingehen.

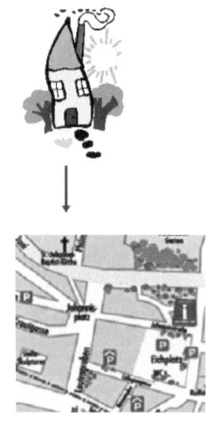

Abb. 2-1
Ein Haus als Geoobjekt
mit seinen
Eigenschaften

Objekt: Haus

Sachattribute:

      Anzahl Etagen: 4

      Besitzer: Willi Winzig

      Baujahr: 1965

Geometrische Attribute:

      Lage (im Koordinatensystem)

      Größe (Ausdehnung, Fläche)

Topologie:

      Beziehung zu anderen räumlichen Objekten
      (etwa Nachbarhaus, Wasseranschluss, ...)

Dynamik: Anbau einer Garage im Jahr 2002

2.1.1 Geometrie

Unter der Geometrie eines Objektes verstehen wir dessen Lage in einem eindeutigen Bezugssystem, die sich durch Koordinaten beschreiben lässt. Die Grundelemente sind Punkte, Linien und Flächen, aus denen sich auch komplexere Objekte bilden lassen:

- ein Punkt: eine 0-dimensionale Struktur mit den Lagekoordinaten, z. B. eine Tankstelle, der Standort einer Sehenswürdigkeit, ein Zeltplatz
- eine Linie: eine 1-dimensionale Struktur, oft dargestellt als Folge von Verbindungsstrecken zwischen einzelnen Punkten (Polyline bzw. Linienzug), z. B. der Verlauf einer Straße oder einer Stromleitung; einfachste Form ist die Linie zwischen 2 Punkten
- eine Fläche (Polygon): eine zweidimensionale Struktur, begrenzt durch einen geschlossenen Linienzug, z. B. ein Badesee, ein Stadtgebiet oder ein Naturschutzgebiet

Die Abbildung 2-2 zeigt Beispiele für die geometrische Darstellung der oben beschriebenen Geoobjekte.

Abb. 2-2
Geometrische
Beschreibung von
Geoobjekten

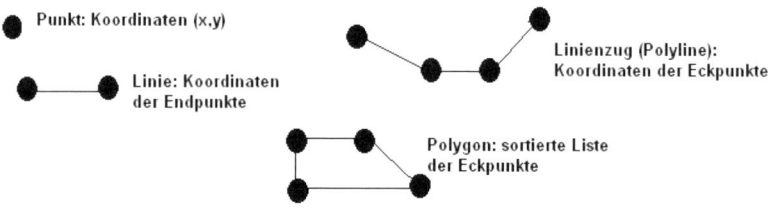

Für viele Anwendungen reichen zweidimensionale Objekte aus, zum Beispiel für Anfahrtsskizzen, Darstellungen von Sehenswürdigkeiten oder Zeltplätzen. Für echte dreidimensionale Anwendungen werden dreidimensionale Höhenmodelle benötigt, die aber aufwändig zu erstellen sind. Eine Zwischenlösung stellen 2,5D-Modelle dar. Hier wird die dritte Koordinate, die Höhe, nur als zusätzliche Information gespeichert. Damit lassen sich zum Beispiel Höhenlinien auf Karten darstellen, oder die Höhe kann einfach nur als Zusatzinformation auf einer Karte stehen.

Die Darstellung eines Geoobjekts kann im Vektor- oder im Rastermodell geschehen. Die Grundlage des Vektormodells sind gerichtete Strecken, die sogenannten Vektoren. Diese sind über die Koordinaten des Anfangs- und Endpunktes in ihrem Bezugssystem verankert. Damit können Linien und Flächen, aber auch Punkte beschrieben werden. Letztere werden durch einen Vektor dargestellt, dessen Anfangspunkt im Ursprung des Koordinatensystems liegt und dessen Endpunkt der zu beschreibende Punkt ist. Zusätzlich zu den Koordinaten eines Objektes muss auch vermerkt werden, welche Vektoren zu welchen Linien und Flächen gehören. Abbildung 2-3 zeigt links eine typische Vektorkarte. Die Straßen sind hier als Polyline dargestellt, Tankstelle und Ampel als Punkt.

Vektormodell

Für Satellitenbilder oder eingescannte Karten wird das Rastermodell verwendet. Das Grundelement ist hier das Pixel, eine kleine quadratische Fläche. Die Größe eines Pixels hängt von der Auflösung des Bildes ab. Abbildung 2-3 zeigt rechts ein Luftbild als Rasterkarte, in die so hineingezoomt wurde, dass die einzelnen Pixel erkennbar sind. Ein Punkt wird durch ein einzelnes Pixel beschrieben, Linien und Flächen durch zusammenhängende Pixel. Auch dreidimensionale Darstellungen sind möglich, ein dreidimensionales Pixel wird dann Voxel genannt.

Rastermodell

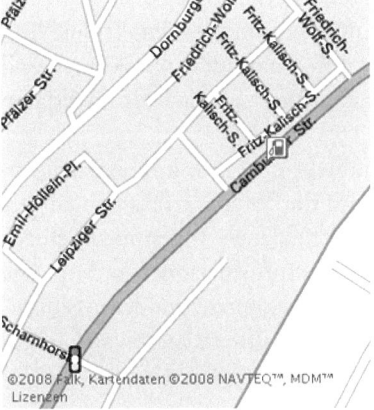 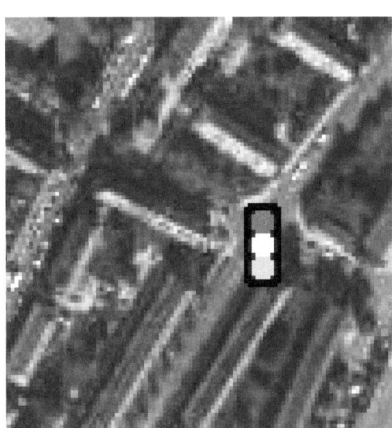

Abb. 2-3
Beispiel aus einer Vektorkarte (links) und einer stark vergrößerten Rasterkarte, auf der schon die Pixel erkennbar sind (rechts)

2.1.2 Topologie

Oft ist es interessant zu wissen, ob ein Haus an einer bestimmten Straße liegt, ob zwei Häuser aneinandergrenzen. Solche räumlichen Beziehungen werden mit der Topologie beschrieben. Der Liniennetzplan in Abbildung 2-4 ist eine typische rein topologische Darstellung. Wir sehen sofort, entlang welcher Haltestellen eine Nahverkehrslinie verläuft und wo sich Umsteigemöglichkeiten befinden. Die genaue Lage der Haltestellen und der genaue Abstand zwischen ihnen wird hier nicht dargestellt – und ist zur Information der Fahrgäste auch nicht erforderlich.

Abb. 2-4
Liniennetzplan des
Verkehrsverbundes
Mittelthüringen
(Ausschnitt)

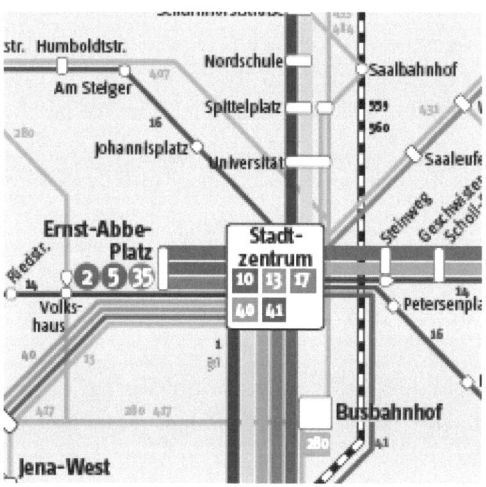

2.1.3 Sachdaten und Dynamik

Zu jedem Geoobjekt kennen wir nun seine räumliche Lage, die viele interessante Informationen liefert. Aber jedes dieser Geoobjekte besitzt viele zusätzliche Merkmale. Diese erhalten wir z. B. in Form von Zahlenwerten, etwa der Temperatur an einem bestimmten Punkt der Wetterkarte, oder auch von beschreibenden Informationen, wie Namen und Öffnungszeiten von Sehenswürdigkeiten. Diese werden als Sachdaten bezeichnet.

Zeitliche Änderungen   Die Merkmale, die zu einem Geoobjekt gehören, können sich natürlich im Laufe der Zeit ändern. So wird die Temperatur an einem bestimmten Punkt der Wetterkarte an verschiedenen Tagen unterschiedlich sein. Ebenso können sich beschreibende Informationen ändern, wie z. B. saisonale Öffnungszeiten oder zeitlich begrenzte Sonderangebote.

Lageänderungen   Außerdem können Objekte natürlich auch ihre Lage (etwa ein wanderndes Tiefdruckgebiet, das Vorkommen von Pflanzen und Tieren) oder ihre Ausdehnung ändern (Einzugsgebiete von Handelseinrichtungen oder Zweckverbänden).

Das Darstellen dynamischer Prozesse bzw. historischer Abläufe ist sehr anspruchsvoll, liefert jedoch eindrucksvolle Übersichten und Erkenntnisse über komplexe Zusammenhänge, die mit einfachen Tabellen und Diagrammen nicht erzielt werden können.

2.1.4 Zusammenfassung in Themen

Für eine Anwendung werden jedoch häufig nicht nur einzelne Geoobjekte, sondern thematisch zusammengefasste Darstellungen (z. B. von einem Wandergebiet) benötigt. Diese bieten eine detaillierte Aussage zu einem interessierenden Sachverhalt. Es handelt sich dabei um eine Kombination verschiedenster Daten aus meist auch unterschiedlichen Quellen, z. B. Wanderwege, ein Baumbestand oder Standorte seltener Pflanzen. In den Anwendungen werden diese einzelnen räumliche Objekte häufig in Themen, auch Layer genannt, verwaltet. Dies sind in sich thematisch gegliederte Karten, die gleichartige räumliche Objekte, z. B. Wege, Bäume oder seltene Pflanzen, einschließlich ihrer Geo- und Sachdaten zusammenfassen. Diese Arbeitsweise birgt zwei wesentliche Vorteile in sich:

> Innerhalb einer Anwendung können diese einzelnen Themen dann je nach Wunsch des Nutzers angezeigt oder ausgeblendet werden. Dies erhöht einerseits die Übersichtlichkeit und verhindert andererseits, dass der Nutzer mit für ihn nicht relevanten Informationen überlastet wird. So können ihn bei der Suche nach einer Adresse nur die Straßen und öffentliche Gebäude als Themen interessieren, bei der Auswahl eines Wochenendausflugs vielleicht nur Radwege und Sehenswürdigkeiten aus demselben Gebiet.
>
> Der Betreiber bzw. Dienstleister dieses Kartendienstes kann dasselbe Thema in verschiedenen Anwendungsszenarien nutzen. Dabei kann auch entschieden werden, ob einzelne Themen nur dargestellt oder in Abfragen mit einbezogen werden sollen. Auf einer Wanderkarte sind Hauptstraßen nur informativ, jedoch Sehenswürdigkeiten in die Abfrage/Suche einbezogen – auf einer gewerblich genutzten Karte verhält es sich sicher eher umgekehrt.

Bei den meisten Anwendungen werden in einem Thema nur Geodaten eines bestimmten Typs (also entweder Punkt-, Linien- oder Flächenobjekte) verwaltet. Diese Arbeitsweise erleichtert die Datenpflege und vereinfacht zudem den Transfer von Daten. So werden in einem Thema die Wege als Linienobjekte, in einem anderen Thema der Baumbestand als Punktobjekte verwaltet.

Bevor wir jedoch Geodaten in unserer Anwendung pflegen können, müssen diese räumlichen Sachverhalte zunächst aus unserer realen Umwelt elektronisch erfasst werden, um damit dann Karten erstellen zu können. Wir werden gleich sehen, dass dies gar nicht so einfach ist.

2.2 Die Erde auf die Karte bringen

Daten aus der dreidimensionalen Realität auf eine zweidimensionale Karte zu bringen, stellt ein kompliziertes Verfahren dar, bei dem einiges beachtet werden muss. Soll zum Beispiel ein dreidimensionaler Zylinder auf eine zweidimensionale Ebene abgebildet werden, so ist das relativ einfach, denn hier wird einfach die Oberfläche des Zylinders genau auf die Ebene abgerollt. Einige Nacharbeit ist zwar noch erforderlich, aber im Ganzen ist das nicht schwer. Bei unserer Erde, die häufig als Kugel betrachtet wird, ist ein solches Abrollen viel schwieriger. Dabei ist die Erde gar nicht so schön rund, sondern an den Polen abgeflacht und am Äquator ausgebuchtet.

Abb. 2-5
Annäherung der tatsächlichen Erdform durch Ellipsoide

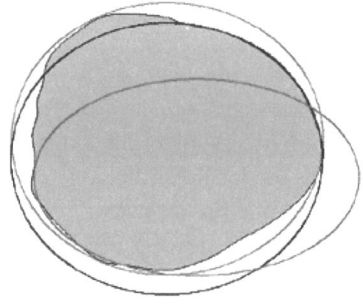

Daher ist es realitätsnäher, die Form der Erde mit einem Ellipsoid zu beschreiben. Da die Erde zusätzlich jedoch weitere unregelmäßige Ausbuchtungen besitzt, reicht ein einheitlicher Ellipsoid nicht aus (Abb. 2-5). Bei der schwarzen Ellipse etwa wird der rechte Teil der Erdform gut beschrieben, der Rest der Erdform jedoch nicht. Daher verwendet man an verschiedenen Stellen der Erde unterschiedliche Ellipsoide, die regional genügend genau sind.

Höhenbestimmung

Für viele Anwendungen ist nicht nur eine Lage-, sondern gleichzeitig eine genaue Höhenbestimmung erforderlich (z. B. für Geländemodelle, Berechnungen beim Straßenbau, Erstellen von Orthofotos). Auch hier wird für die Berechnung und spätere Darstellung eine Bezugsfläche für die Höhenangabe benötigt. Dafür eignet sich die Meeresoberfläche am besten, die jedoch von Strömungen und Gezeiten beeinflusst wird. Daher wird auf deren Grundlage eine idealisierte Bezugsfläche geschaffen. Diese Bezugsfläche wird auch Geoid genannt. Aber auch hier gibt es nationale Unterschiede. Die verschiedenen Geoide entstehen aufgrund unterschiedlicher Festlegungen des Bezugspunktes. Dieses Wissen ist zum Beispiel bei internationalen Bauvorhaben sehr wichtig. So berichtete die Deutsche Presseagentur 2004 von Problemen beim Bau der Rheinbrücke zwischen dem schweizerischen und dem deutschen Teil der Stadt Laufenburg. Dort gab es einen Höhenunterschied von 54 Zentimetern zwischen den Baustellen auf den beiden Flussufern. Grund war die unterschiedliche Höhenberechnung der beiden Seiten. Während die Schweiz das Niveau des Mittelmeers für die Höhenberechnung zu Grunde legt, orientiert sich Deutschland an der Nordsee. Auf deutscher Seite musste daraufhin der Straßenanschluss tiefer gelegt werden. Die Kosten übernahm die Haftpflichtversicherung des verantwortlichen Ingenieurbüros.

Räumliche Bezugssysteme

Für die Abbildung von Geodaten auf Karten ist ein räumliches Bezugssystem (Koordinatensystem) erforderlich. Erst dadurch werden eine eindeutige Zuordnung und das wiederholte Auffinden von Daten und auch die topologischen Abfragen möglich.

Bedingt durch die Abbildung eines dreidimensionalen Raumes auf eine Karte und die unregelmäßige Form der Erde, werden weltweit verschiedene Systeme verwendet, die regional bzw. für spezielle Anwendungen die notwendige Genauigkeit mitbringen. Solange Sie Daten aus einer Quelle und für eine spezielle Anwendung beziehen, spielt dieses Problem sicher keine Rolle. Erst wenn Sie Daten aus unterschiedlichen Quellen zusammen in einer Anwendung verwenden wollen, denen unterschiedliche Bezugssysteme zu Grunde liegen, treten Probleme beim Zusammenfügen auf. Wie im vorherigen Beispiel der Stadt Lauenburg kann es zu Unterschieden kommen, allerdings nicht in der Höhenlage, sondern bei der Lage auf einer zweidimensionalen Karte. Die Grenze zwischen der Schweiz und Deutschland würde doppelt vorhanden sein und damit an unterschiedlichen Stellen auf der Karte verlaufen, wenn zwei Karten aus der Schweiz und aus Deutschland mit unterschiedlichen Bezugssystemen verwendet werden. Ein weiteres Problem kann auftreten, wenn ein Hausthema und ein Straßenthema desselben Gebiets übereinandergelegt werden sollen. Werden unterschiedliche Bezugssysteme verwendet, passen die Daten nicht zueinander, sodass etwa eine Straße mitten durch ein Haus verlaufen könnte. Damit die jeweiligen Daten nahtlos zusammenpassen, ist es daher unerlässlich, diese in ein gemeinsames Koordinatensystem zu konvertieren.

Gauß-Krüger-Projektion

In Deutschland wird häufig die Gauß-Krüger-Projektion verwendet. Hierbei werden 3 Grad breite Streifen mit jeweils einem Mittelmeridian von der Kugel, der Erde, auf einen Zylinder projiziert, der dann abgerollt wird. Ergebnis ist eine winkeltreue Abbildung der Erde mit ausreichend kleinen Streckenverzerrungen, daher werden nur 3 Grad breite Streifen verwendet, wie in Abbildung 2-6 dargestellt. Auf die so entstandenen Flächen wird je ein rechtwinkliges Koordinatensystem (Grid) gelegt, welches alle Punkte in Relation zum Äquator (Hochwert) und dem Mittelmeridian (Rechtswert) angibt. Rechts- und Hochwert werden jeweils in Metern angegeben.

Abb. 2-6
Prinzip der Gauß-Krüger-Projektion

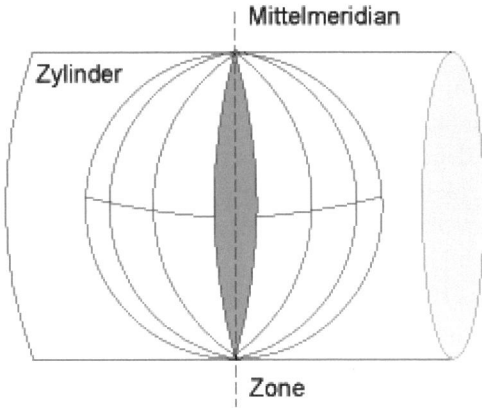

Eine Abbildung von Objekten auf unserer unregelmäßigen Erde auf eine Karte ist also möglich, wenn einiges beachtet wird. Nun geht es darum, für eine Anwendung geeignete Geodaten zu beschaffen. Daher wollen wir uns ansehen, welche Datenquellen es für Geodaten gibt und ob diese vielleicht auch selbst erfasst werden können.

2.3   Datengewinnung und -beschaffung

Zu jedem Geoobjekt müssen Daten zur Lage und Ausdehnung des Objektes sowie zusätzliche Sachdaten elektronisch erfasst werden. Die geometrischen Daten können dabei als Vektor- oder Rasterdaten aufgenommen werden. Sachdaten können lediglich in Zusammenhang mit Vektordaten erfasst werden, da es sich hier um jeweils einzelne Objekte (Datensätze) innerhalb eines Themas handelt. Die Daten können direkt in der Anwendung oder über eine Verknüpfung in einer Datenbank verwaltet werden.

Im Folgenden werden Sie verschiedene Möglichkeiten der Datengewinnung kennenlernen.

2.3.1   Verwendung eines GPS-Gerätes

Die geometrischen Daten interessierender Objekte können automatisch und genau mit Hilfe des satellitengestützten Globalen Positionierungssystems (GPS) gemessen werden. Etwa 30 Satelliten umkreisen ständig die Erde. Sie senden Signale aus, mit denen die Position weltweit kontinuierlich und unabhängig von der Tageszeit und dem Wetter bestimmt werden kann. Für eine hinreichend genaue Positionsbestimmung sind mindestens vier Satelliten im Sichtbereich des Gerätes erforderlich. Jeder Satellit sendet an den GPS-Empfänger seine Position und die aktuelle Zeit (sowie weitere Daten). Daraus kann dann die aktuelle Position auf der Erde berechnet werden. Sind vom aktuellen Standort aus weniger als vier Satelliten »sichtbar«, so sind die angezeigten Koordinaten ungenau.

GPS-Koordinaten sind auch im Freizeitbereich, beim Wandern, Radfahren oder Klettern nützlich. Erst seit Mai 2000 wird jedoch eine Genauigkeit für zivile Anwendungen von etwa 20m erreicht, und somit ist GPS für diese kleinräumigen Anwendungen verwendbar. Mit GPS-Geräten lassen sich dabei der aktuelle Standort, aber auch Tracks (Wegpunkte) automatisch bzw. manuell aufzeichnen. So kann etwa eine Wanderroute oder eine Fahrradtour automatisch aufgezeichnet werden. Dabei können sowohl die Weglänge als auch das Höhenprofil ermittelt werden. Unterwegs kann man sich in diesem Zusammenhang neben der Position ebenso die Geschwindigkeit berechnen und anzeigen lassen. Später können Sie diese Daten auf den heimischen PC überspielen oder an andere Interessenten weitergeben. Somit sind Sie in der Lage, Touren nachträglich mit der entsprechenden Software zu visualisieren bzw. Sehenswürdigkeiten und interessante, aber versteckt liegende Punkte zielgenau zu finden. Eine Webseite, auf der solche GPS-Touren beschrieben sowie die entsprechenden GPS-Tracks heruntergeladen werden können, ist `www.gps-world.net`. Für einen Urlaub per Wohnmobil, Fahrrad etc. sind im Internet sehr viele einschlägige Seiten zu finden, wo solche Daten frei zugänglich sind. Gerade für Touren, bei denen das europäische Straßennetz verlassen wird, sind diese Daten äußerst hilfreich.

Für den Fall, dass kein GPS-Gerät vorhanden bzw. nicht einsetzbar ist, bestehen mehrere Möglichkeiten, die gewünschten Koordinaten zu ermitteln.

Geokodierung

Nehmen wir einen sehr häufigen Anwendungsfall, das Ermitteln von Koordinaten bei vorliegenden Adressen. Für die Zuordnung von Koordinaten, auch Geokodierung genannt, finden sich im Internet Adressen (z. B. `www.travelgis.com/geocode/`), die diesen Service kostenlos anbieten. Hier werden die GPS-Koordinaten zu einer Adresse angezeigt und gleich auf einer Google-Maps-Karte visualisiert. Auf diese Art ist gleich die Möglichkeit der Kontrolle und auch der manuellen Korrektur gegeben. Diese Korrekturen können erforderlich sein, wenn die Adresse nicht genau erkannt wird, weil

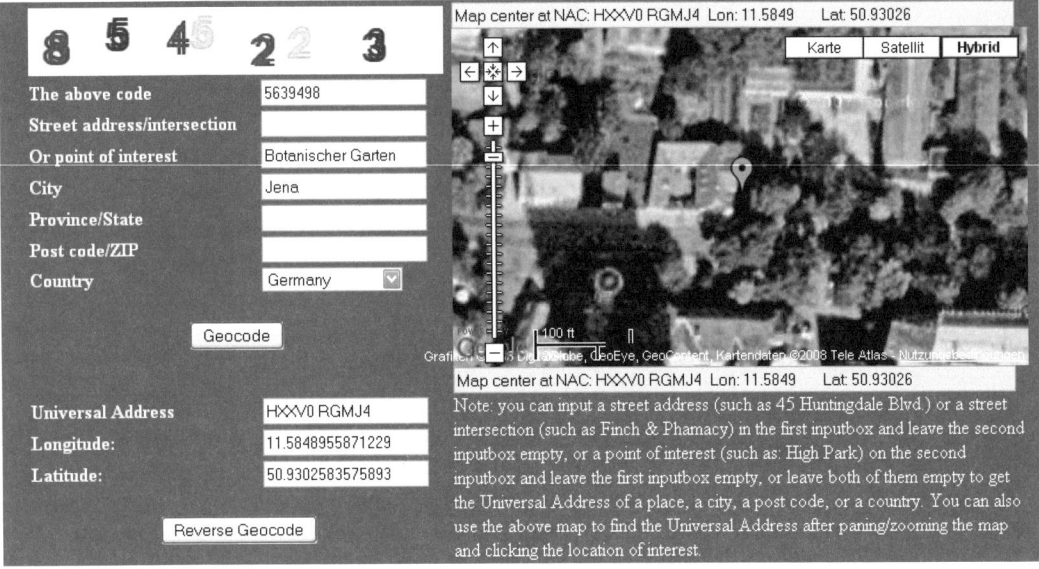

z. B. die Hausnummern nicht mit verwaltet werden oder die Adresse nicht eindeutig aufgefunden wird, weil der Straßenname doppelt in einer Stadt auftritt.

Beim Aufbau eines neuen Systems bzw. beim Erweitern einer laufenden Anwendung ist oft das Geokodieren einer großen Anzahl von Adressdaten (z. B. Adressen von Geschäftspartnern und Kunden oder Standorte von Informationstafeln) erforderlich. Die eben erwähnte Methode ist allerdings nicht für eine große Anzahl von Adressen geeignet, da der manuelle Anteil der Arbeit doch sehr hoch ist. Hier bleibt dann nur die Variante, auf kommerzielle Software zurückzugreifen, wie beispielsweise JCoder (infas GEOdaten), martAddress (DataGis), MapUse (DDS) oder MapInfo MapMarker (Pitney Bowes). Wenn es sich um einmalige Projekte oder den Aufbau eines umfangreichen Datenbestandes handelt, ist sicher ein Dienstleistungsbüro (z. B. Vermessungsbüro) in Ihrer Nähe zu finden, welches diese Arbeiten durchführt. Die Fortführung des Datenbestandes kann dann wegen der geringen Änderungsquote wieder manuell unter eigener Regie erfolgen.

Eine sehr umständliche und zugleich ungenaue Möglichkeit soll hier ebenfalls erwähnt werden, obwohl sie wohl nur in Ausnahmefällen zum Einsatz kommen wird. Auf einer vorliegenden Karte (Papier oder elektronisch) mit Koordinatenangaben wird die gewünschte Position des Objektes abgelesen oder, so gut eben möglich, geschätzt und anschließend in das eigene System eingearbeitet. Besitzen Sie bzw. ein Ihnen bekanntes Servicebüro ein GIS-System mit genauen Kartendaten, so können mit Hilfe dieses Systems die gewünschten Daten digitalisiert werden. Die dabei entstandenen Dateien werden dann in das eigene System (z. B. Mapserver) eingearbeitet.

2.3.2 Digitalisieren von Karten

Vorlagen wie Bilder, Grundrisszeichnungen oder Karten liegen oft in Papierform vor. Damit sie in die Arbeit mit Karten einbezogen werden können, müssen diese Vorlagen zuerst digitalisiert und anschließend georeferenziert werden. Das Digitalisieren der Vorlagen erfolgt durch Einscannen. Dabei liegen dann viele Pixel vor, die in ihrer Genauigkeit den technischen Vorgaben beim Scannen und natürlich auch der Qualität der Vorlagen entsprechen. Für das Einfügen in eine Anwendung ist es noch erforderlich, diese digitalisierte Vorlage in das Koordinatensystem einzupassen – eben zu georeferenzieren. Entsprechend der Qualität der Anforderung und der Vorlagen ist dieser Aufwand mehr oder weniger groß.

Nach diesen Arbeitsschritten kann nun die ehemals papierne Karte in eine Anwendung eingegliedert werden. Verwendung findet sie z. B. als Hintergrund für eine bessere Orientierung oder auch als Hilfsmittel zur weiteren Datenerfassung. Über die Farbwerte können etwa landwirtschaftliche Flächen von Häusern und Gewässern unterschieden werden (Abb. 2-8). Mit Hilfe ausgefeilter Bildverarbeitungsmethoden kann eine Mustererkennung vorgenommen werden. Aus den dabei erkannten Elementen werden gleichzeitig geometrische Objekte erzeugt, denen später weitere Sachdaten zugeordnet werden können.

Gewässer

Landwirtschaftsfläche

Siedlungsgebiet

Industriegebiet

Abb. 2-8
Farbwerte und deren
Bedeutung auf einer
Pixelkarte

2.3.3 Luftbild- und Satellitenaufnahmen

Eine große Bedeutung haben die Aufnahmen, die aus Flugzeugen oder Satelliten erzeugt werden. Diese zeigen eine reale Momentaufnahme der Erdoberfläche und können später z. B. in Form von Rasterdaten als Ergänzung unter eine Vektorkarte gelegt werden und die Informationen visuell ergänzen.

Orthofoto

Bei Luftbildaufnahmen entstehen Verzerrungen, z. B. durch Höhenunterschiede des Geländes, die Aufnahmeperspektive, Turbulenzen und Strömungen der Luft, die meist nicht direkt ins Auge fallen. Bei Satellitenbildern kommen Verzerrungen durch die Erdkrümmung hinzu, was auf die große Entfernung zwischen Kamera und Zielobjekt zurückzuführen ist. Diese digital vorliegenden Bilder lassen sich durch Methoden der digitalen Bildverarbeitung entzerren. Die Luftaufnahmen werden dabei anhand von digitalen Höhenmodellen neu berechnet und mithilfe von Punkten, deren Koordinaten bekannt sind, auf der Karte zugeordnet – ein Orthofoto entsteht. Wird diese Entzerrung der Luftaufnahme nicht bzw. nicht genügend genau vorgenommen, stimmen Realität, Karte und Luftbild nicht überein. Werden solche Orthofotos dann eingesetzt, kann es zu Verwirrung und Fehleinschätzungen kommen. In der Abbildung 2-9 finden Sie ein erläuterndes Beispiel.

Abb. 2-9
Luftbild und Karte stimmen nicht überein (links), im Orthofoto sind die Verzerrungen der Originalaufnahme behoben (rechts).

Auf der linken Seite stimmt das Autobahnkreuz im Luftbild nicht mit der Vektorkarte überein, durch die Luftaufnahme sind Verzerrungen entstanden. Erst durch die Entzerrung stimmen Luftbild (Orthofoto) und Karte überein.

Aktualität der Orthofotos

Bei Google Maps unter `maps.google.de` werden ebenfalls Orthofotos eingesetzt und sind dort über die Schaltfläche *Satellit* aufrufbar. Die verwendeten Orthofotos wurden sowohl über Luft- als auch über Satelli-

Abb. 2-10
Das Jenaer
Schwimmbad, 2002
eröffnet, ist bei Google
Maps 2008 noch eine
Baustelle.

tenaufnahmen hergestellt. Ihre Genauigkeit und Aktualität sind jedoch sehr unterschiedlich und nicht immer zufriedenstellend (Abb. 2-10). Aus dieser Problematik heraus ergibt sich eine notwendige Aufmerksamkeit bei der Auswahl der Materialien für die eigenen Anwendungen.

2.3.4 Quellen für Geodaten

Eine Erfassung geografischer Daten ist aufwändig, und der Erwerb der Daten ist in Deutschland meist kostenpflichtig. Um den richtigen Anbieter zu finden, müssen Sie sich zuerst über den zukünftigen Einsatz im Klaren sein. Aus diesem Zweck heraus ergeben sich die Anforderungen an die Qualität und auch der Umfang der Daten. Die Bildqualität spiegelt sich in der Detailgenauigkeit und Datenqualität (Bildschärfe, Auflösung, Farbtreue, ...) wider. Es muss nicht immer die höchsterreichbare Qualität sein, die meist auch ihren hohen Preis hat, sondern es geht um einen praktikablen Kompromiss.

Die Qualität der Geodaten ist sehr wichtig für die Anwendung. Dabei sind unter anderem folgende Punkte zu beachten:

Datenqualität

- Herkunft der Daten: Auf welcher Basis wurden die Daten erfasst? Wie zuverlässig ist der Anbieter der Daten? Stammen sie zum Beispiel aus einem Vermessungsamt, oder stammen sie aus einer privaten Aufzeichnung mit einem GPS-Gerät? Lassen sich die Daten mit Geodaten aus anderen Quellen kombinieren?
- Aktualität der Daten: Wann wurden die Daten erfasst? Sollen die Daten etwa zur Navigation verwendet werden, ist es wichtig, auch neu gebaute Straßen im Datenbestand zu haben.
- Vollständigkeit der Daten: Sind alle für die geplante Anwendung nötigen Informationen enthalten oder fehlen vielleicht wichtige Objekte?
- Metrische Genauigkeit: In welcher Lage- und Höhengenauigkeit wurden die Daten erfasst – im Zentimeter- oder Meterbereich? Welche Genauigkeit ist für die geplante Anwendung erforderlich? In welchem Maßstab liegen die Daten vor?
- Inhaltliche Richtigkeit: Sind die zu den Geodaten erfassten Sachattribute korrekt, z. B. die Orts- und Straßennamen?
- Logische Konsistenz: Sind alle Daten mit derselben Struktur erfasst? Sind z. B. alle Sehenswürdigkeiten einheitlich als Punktobjekte, und nicht manchmal als Flächen, erfasst?

Öffentlicher Sektor
Anbieter für Geodaten finden sich sowohl im öffentlichen als auch im privaten Sektor. Im öffentlichen Bereich werden Geodaten von den Landesvermessungsämtern der einzelnen Bundesländer angeboten. Bundesweite topografische Geodaten werden vom Bundesamt für Kartografie und Geodäsie kostenpflichtig bereitgestellt. Die Webseite www.geodatenzentrum.de des Bundesamtes bietet einen Überblick über die Verfügbarkeit, Qualität, Datenformate, Preise, Lieferbedingungen und Ansprechpartner für Geodaten.

Daten, die durch die Erdbeobachtung mit Satelliten gewonnen werden, werden vom Deutschen Fernerkundungs-Datenzentrum des Deutschen Zentrums für Luft- und Raumfahrt (www.dlr.de/caf/) angeboten.

Privater Sektor
Private Unternehmen bieten einerseits Daten aus eigenen Datenerhebungen an, erfassen aber auch im Auftrag der öffentlichen Verwaltung Daten. Zudem erwerben Unternehmen auch Daten des öffentlichen Sektors, um sie für eigene Zwecke, z. B. für den Einsatz in Navigationssystemen, aufzubereiten. Die Firmen Tele Atlas (www.teleatlas.de), die GfK (www.gfk.de) und Infas Geodaten (www.infas-geodaten.de) sind Beispiele für Unternehmen, die Geodaten anbieten.

Freie Datenquellen
Einige Quellen für frei verfügbare Datenquellen existieren jedoch im Web, zum Beispiel:

Das FreeGIS-Projekt bietet unter anderem eine Übersicht über frei im Netz verfügbare Geodaten an: `www.freegis.org/database/?cat=1`. Ein Wiki als freies Portal für Geoinformatik listet verschiedene frei verfügbare Geodaten auf: `de.giswiki.net/wiki/Kategorie:` `Freie_Geodaten`.
Umweltdaten bietet die European Environment Agency der EU an: `dataservice.eea.europa.eu/dataservice/`.

Bis auf Ausnahmen beziehen sich genaue Daten meist auf Amerika. Für Europa – und noch mehr für Deutschland – sind kaum genaue freie geografische Daten im Netz verfügbar. Generell sollte man auch nicht vergessen, dass nicht alle vermeintlich frei im Internet verfügbaren Geodaten für alle Zwecke verwendbar sind. Sie sollten sich immer genau über die Verwendungsmöglichkeiten solcher Daten informieren, um keine teure Abmahnung zu riskieren, was etwa geschehen kann, wenn vermeintlich freie Daten auf eigenen Webseiten angezeigt werden.

2.4 Nutzungsbedingungen für Geodaten

Eine wichtige Frage ist die Verwendbarkeit von Kartendaten für eigene Anwendungen. Viele Kartendaten unterliegen dem Copyright und dürfen nicht in anderen Internetauftritten oder Publikationen verwendet werden. In Deutschland regelt das das Urheberrechtsgesetz (UrhG). Nach Paragraf 2 sind darin auch »Darstellungen wissenschaftlicher oder technischer Art, wie Zeichnungen, Pläne, Karten, Skizzen, Tabellen und plastische Darstellungen« eingeschlossen. Nach dem Gesetz erlischt das Urheberrecht erst 70 Jahre nach dem Tod des ältesten Mitherausgebers.

Auch wenn die Urheberschaft nicht vermerkt ist, können Karten und Pläne nicht einfach für die eigene private oder gar kommerzielle Webseite verwendet werden. Sie dürfen sich die Karten im Web ansehen und eine private Kopie davon (z. B. auf Papier oder auf CD, wie im UrhG § 53 – Vervielfältigungen zum privaten und sonstigen eigenen Gebrauch – festgelegt) machen. Diese private Kopie dürfen Sie auch mitnehmen, um sich unterwegs orientieren und das gewünschte Fahrziel erreichen zu können. Eine Darstellung der Karte auf der privaten Webseite gilt jedoch als Veröffentlichung, sofern die Seite nicht beispielsweise mit einem Passwort geschützt ist, und ist nicht gestattet, wenn Sie keine zusätzlichen Verwertungsrechte besitzen. Solche Verwertungsrechte können Sie etwa direkt beim Ersteller der Karte (dem Kartenverlag) käuflich erwerben.

Auch bei Google Maps dürfen die zur Verfügung gestellten Kartendaten nicht einfach beliebig verwendet werden. Laut Nutzungsbedingungen dürfen Einzelnutzer Google Maps einschließlich erzielter lokaler Suchergebnisse, angezeigter Karten und fotografischer Abbildungen ausschließlich zu persönlichen, nichtgewerblichen Zwecken nutzen.[1] Karten können mit Hilfe der API (Application Programming Interface) von Google Maps in eigene Webseiten integriert werden, sofern diese Seiten dann öffentlich zugänglich sind. Dabei dürfen integrierte Urheberrechtshinweise nicht entfernt werden. Auch die von Dritten bereitgestellten Daten (z.B. Fotos, Videos, auf Basis von Google Maps erstellte Karten) dürfen nicht einfach frei verwendet werden.

In Unternehmen gibt es aber Informationen, die durch eine kartografische Auswertung an Aussage gewinnen, so etwa Informationen zu Kunden und Verkaufszahlen, die ausschließlich im Firmenintranet verfügbar sein sollen. Zudem haben Unternehmen auch häufig Webanwendungen mit Karten, die täglich von einer Vielzahl von Nutzern besucht haben. Dafür gibt es *Google Maps API Premier*[2], eine kostenpflichtige Lösung. Neben der Erlaubnis zur internen Nutzung werden zusätzliche Funktionalität, auch für große Datenmengen, und mehr Support bereitgestellt. Die Kosten werden individuell von Google nach geplantem Nutzungsumfang berechnet.

In jüngster Vergangenheit sind immer wieder Abmahnungen an Personen versendet worden, die Karten oder Satellitenbilder von anderen Webseiten entnommen und auf die eigene Webseite gestellt haben, ohne vorher eine entsprechende Genehmigung zur Veröffentlichung beim Urheber einzuholen. So wurden etwa Kartenausschnitte eingescannt oder von anderen Webseiten entnommen, um die Anfahrt zum eigenen Unternehmen oder zum vermietbaren Ferienobjekt zu kennzeichnen. Auf Grund der Urheberrechtsverletzung – der unerlaubten Weiternutzung von Kartendaten – mussten daraufhin höhere Geldbeträge und zusätzlich die Kosten für das abmahnende Rechtsanwaltsbüro gezahlt werden. In den allermeisten Fällen ist es aber preiswerter, wenn Sie sich beim Urheber der Karten erkundigen und die Gebühren zahlen.

---

[1]Die Nutzungsbedingungen sind unter `maps.google.de/help/terms_maps.html` nachzulesen.

[2]`www.google.com/enterprise/maps/`

2.5   Standards

Entgegen aktuellen Trends zur Datenintegration (d.h., die Daten werden in möglichst vielfach eingesetzten Formaten und universell erfasst, um sie in viele unterschiedliche Anwendungen integrieren zu können) werden räumliche Daten heute immer noch anwendungsabhängig erhoben und gespeichert, also oftmals mehrmals und in verschiedenen Formaten gehalten. Dies behindert natürlich auch die breite Nutzung dieser Daten. Da, wie wir gesehen haben, die Datenerfassung aufwändig und teuer ist, wäre es wünschenswert, wenn die Daten dann einem großen Anwenderkreis zur Verfügung stehen könnten.

Werden jedoch Datenstrukturen und Basisfunktionalität einheitlich festgelegt, können räumliche Daten einfacher in verschiedenen Anwendungen verwendet werden und müssen nicht umständlich konvertiert und über Schnittstellen in ein anderes System übertragen werden.

Als ein Quasi-Standard hat sich das sogenannte Shapefile-Format entwickelt, das ursprünglich von der Firma ESRI stammt. Dieses Format wird von vielen freien und kommerziellen Werkzeugen unterstützt. Es besteht aus mindestens drei Dateien – einer Datei zur Speicherung der Geometriedaten (mit Dateiendung shp), einer Datei für die Sachdaten (mit Endung dbf) und einer Indexdatei zur Verknüpfung der Sach- und Geometriedaten (mit Endung idx). In einem Shapefile kann immer nur ein Typ von Geometrien (Punkt-, Linien- oder Flächenobjekte) gespeichert werden.

Quasi-Standard: Shapefile

Soft- und Hardwarehersteller, Anwender, Datenlieferanten, Forschungseinrichtungen und Universitäten haben sich 1994 im Open Geospatial Consortium zusammengeschlossen, um einen Industriestandard für Geoinformationen, den Open GIS Standard, zu entwickeln. Auch Google und Microsoft sind in diesem Konsortium Mitglieder. In verschiedenen Spezifikationen, die Sie unter www.opengeospatial.org nachlesen können, ist etwa erklärt, welche Datentypen oder Datenabfragen möglich sein sollen oder wie ein Kartendienst im Web funktionieren sollte. Viele Softwarehersteller und Open-Source-Projekte richten sich danach. Beispielsweise setzt der UMN MapServer die Spezifikationen für den Web Map Service und den Web Feature Service aus dem Open Geospatial Consortium um.

Open GIS Standard

2.6   Werkzeuge für Geodaten

Um Anwendungen auf Basis von Geodaten zu betreiben, werden verschiedene Werkzeuge angeboten. Die Auswahl eines solchen Werkzeugs richtet sich dann danach, welche Funktionalität gewünscht wird, aber auch nach dem Geldbeutel. So werden mittlerweile neben kommerziellen Werkzeugen auch viele freie Werkzeuge angeboten. Einen kleinen, sicher unvollständigen Überblick über am Markt angebotene Software soll die folgende Liste geben:

- *Geografische Informationssysteme (GIS)*: Sie dienen der Erfassung, Speicherung, Analyse und Darstellung aller Daten, die einen Teil der Erdoberfläche und die darauf befindlichen technischen und administrativen Einrichtungen sowie geowissenschaftliche, ökonomische und ökologische Gegebenheiten beschreiben. Einige Beispiele sind:
  - kommerzielle GIS: ESRI ArcGIS, Smallworld GIS, MapInfo, GeoMedia
  - kostenlose GIS: GRASS GIS, Quantum GIS, uDig, Spatial-Commander, OpenJump
- *GIS-Viewer*: Dies ist ein Programm zur visuellen Darstellung von Geoinformationen, die nur einfache Darstellungen unterstützt und keine Erfassungs- und Analysefunktionen bereithält.
  - freie Viewer: Thuban, GDV Spatial Commander, ArcExplorer
- *Geodatenbanksystem*: Die Verwaltung der räumlichen Daten erfolgt in einem Datenbanksystem, das zusätzliche Funktionalitäten für räumliche Daten bereitstellt.
  - kommerziell: Oracle Spatial, IBM DB2 Spatial Extender, Informix, Microsoft SQL Server 2008
  - frei: PostgreSQL/PostGIS, MySQL
- *Geokodierer*: Diese Software ermöglicht es, Objekten einen Geocode (Koordinaten) zuzuordnen. Dies passiert meist auf Basis von einer Postadresse eines Objekts und funktioniert auch bei unvollständigen oder fehlerbehafteten Adressangaben.
  - kommerziell: JCoder, martAddress, MapUse, MapInfo MapMarker: Hier können große Adressmengen auf einmal verarbeitet werden.
  - frei: verschiedene Webangebote wie `itouchmap.com/latlong.html` oder `world.maporama.com/`, die hier nur die Kodierung einer einzigen Adresse ermöglichen
- *Web Mapserver*: Ein Mapserver ist eine Entwicklungsumgebung, die die Darstellung von kartografischen Informationen auf Webseiten ermöglicht. Aus Geodaten wird eine Karte erzeugt und dann auf einer Webseite dargestellt. Natürlich gibt es auch einige Werkzeuge wie Navigation, Zoom oder das Abfragen von Objekten.

kommerziell: ArcIMS, MapGuide, Intergraph MapServer

frei: UMN MapServer, degree, Geoserver

2.7 Zusammenfassung

Mit diesem Kapitel haben wir die begrifflichen Grundlagen für die nachfolgenden Kapitel gelegt. Sie haben die Beschreibung eines Geoobjekts mithilfe von Sachdaten, Geometrie (Vektor, Raster), Topologie und Dynamik kennengelernt. Sie haben weiterhin einen Einblick bekommen, wie Geodaten hergestellt werden und auch, welche Schwierigkeiten es bei der Abbildung dreidimensionaler Daten auf eine Karte geben kann. Wir haben einige Möglichkeiten und Quellen für die Beschaffung raumbezogener Daten kennengelernt. Hierbei sind auch immer die Qualität der Daten und die Nutzungsbedingungen zu beachten. Die erworbenen Daten können in verschiedenen Anwendungen eingesetzt werden, wobei spezielle Werkzeuge (z. B. zum Konvertieren) helfen. Um eine möglichst einfache Portierbarkeit sowie einen vielseitigen Einsatz der Daten in unterschiedlichen Systemen und Anwendungen zu ermöglichen, sind Standards sinnvoll.

Im nächsten Teil des Buches werden wir einige dieser Grundlagen verwenden, um eigene Anwendungen auf Basis von Google Maps zu erstellen. Dabei werden wir uns im nächsten Kapitel den einfachsten Elementen, den Punktobjekten, zuwenden.

Teil II
Arbeiten mit Google Maps

3   Punkte darstellen

Die erste Möglichkeit der individuellen Darstellung von Karten unter Google Maps lernen wir in diesem Kapitel kennen. Sie werden einzelne Orte markieren, mit Symbolen besonders hervorheben und zu guter Letzt mit weiteren Textinformationen versehen. Das hier verwendete Szenario zur Darstellung touristischer Attraktionen kann natürlich problemlos auf andere Themengebiete übertragen werden. Sie werden in diesem Kapitel lernen, eine erste eigene Karte zu erstellen. Dazu werden Sie Punktobjekte zur Markierung interessanter Orte auf der Karte einsetzen und gestalten. Des Weiteren werden Sie in der Lage sein, Informationen zu diesen Objekten hinzuzufügen und auch diese ansprechend und individuell zu gestalten.

3.1   Konzepte und Anwendungen

Die grundlegende Arbeitsweise besteht darin, bereitgestelltes Kartenmaterial nicht zu verändern, sondern es als Arbeits- und Informationsgrundlage zu nutzen. Sie werden Ihre eigenen Informationen hinzufügen und so die Karte aufwerten, erweitern und individualisieren. Die erste Möglichkeit besteht darin, zunächst Orte, also Punktobjekte, auf der Karte einzuzeichnen. Diese Punkte sind die einfachsten geometrischen Objekte, die auf Karten Verwendung finden und an denen Sie grundlegende Arbeitstechniken kennenlernen werden.

Mit diesen gestalteten Karten können Sie z. B. Freunden, Bekannten oder eben unbekannten neugierigen Mitmenschen Ihre Urlaubsorte zeigen, indem Sie diese Stationen markieren. Zusätzliche Bemerkungen wie das Reisedatum, Ihre Meinung zum Ort und interessante Sehenswürdigkeiten und Erlebnisse können als Informationen eingegeben werden. Die Unterschiede zwischen einzelnen Sachverhalten oder die Zusammenfassung gleichartiger Erlebnisse können durch die unterschiedliche bzw. gleichartige Gestaltung der einzelnen Ortsmarkierungen auf den ersten Blick sichtbar gemacht werden. Dabei stehen uns eine Reihe von Möglichkeiten zur Verfügung. Diese beginnen bei der farblichen Gestaltung, gehen weiter bei der Auswahl der verwendeten Symbole bis

Einfache private Anwendungen gestalten

hin zum Erstellen eigener Symbole bzw. dem Nutzen eigener Fotos als Kartenelemente.

Eine interessante Anwendung ist auch der Eintrag versteckter Schätze für das Geocaching – der modernen Schatzsuche mit Unterstützung von GPS-Geräten – auf einer Karte mit dem Vermerk, was den Schatzsucher dort erwartet. Unterschiedliche Arten von Schätzen können mit unterschiedlichen Symbolen gekennzeichnet werden. Andere interessante Objekte, für die Punktsymbole gut verwendet werden können, sind Sehenswürdigkeiten, Museen, Ausstellungen, Parks und Gärten oder Aussichtstürme, bei denen Sie gleich die Öffnungszeiten, Sonderveranstaltungen und/oder beliebige Besonderheiten vermerken können.

Gebäude als Punkt darstellen

Wenn Sie an ein großes Gebäude, zum Beispiel ein Museum, denken, dann ist das ja eigentlich kein Punkt, sondern ein Objekt mit einer großen Ausdehnung. Trotzdem ist es für eine Darstellung in der Karte durchaus angebracht, ein Punktsymbol zu verwenden. Sinnvoll ist das, wenn eher der Standort des Museums als dessen konkrete Fläche im Vordergrund steht. Wenn später Kenner unserer Karte das Museum besuchen wollen, ist für sie eher interessant und auch wichtig, wo sich z.B. der Haupteingang des Museums befindet – und dies ist die von uns ausgewählte punktuelle Markierung auf der Karte. Die konkrete Fläche des Museums ist zweitrangig für den Besuch. Wenn Sie im Gegensatz dazu Grundstücke verkaufen wollen und diese auf einer Karte einzeichnen, genügt die bloße Markierung eines Standorts natürlich nicht. Für den potenziellen Käufer ist es aber schon interessant, welche Fläche ein Grundstück abdeckt und wo es sich genau erstreckt.

Vorbereitende Arbeiten

Bevor Sie jedoch eine individuelle Karte erstellen können, sind immer einige vorbereitende Arbeiten erforderlich. Die notwendigen Vorbereitungen erstrecken sich dabei von der Auswahl der Informationsquellen über das Sammeln und Auswählen der relevanten Daten bis hin zu den Gedanken, die Sie sich über die Art der Darstellung der Informationen machen müssen. Besonders bei Informationen und Daten, die nicht im eigenen Fundus vorliegen, ist eine Recherche (z. B. bei Öffnungszeiten, Eintrittspreisen, Lageplänen, fremden Fotos, …), eine gute Auswahl, und oft ist auch ein Überarbeiten der Informationen erforderlich. Auf diese Vorarbeiten werden wir in den nachfolgenden Abschnitten eingehen, bevor wir zum eigentlichen Erstellen der Karte und dem Hinzufügen der Materialien kommen.

3.1.1   Platzieren des Symbols auf der Karte

Zuerst analysieren wir das Objekt und dessen Umfeld auf der Karte und bündeln diese Informationen mit unserer Ortskenntnis. Mit Hilfe dieser zusammengefassten Informationen sind Sie letztendlich in der Lage, den genauen Ort für das Symbol auf der Karte zu finden. Dies ist besonders wichtig, wenn beispielsweise der Ort wegen Ungenauigkeiten bzw. Überdeckungen im Orthofoto schwer zu lokalisieren ist. Allein der Ort der Darstellung birgt nämlich schon eine Reihe interessanter Fakten zum Umfeld in sich, die von den Betrachtern der Karte dem Orthofoto direkt entnommen werden können. Bei sorgfältiger Auswahl des Ortes und dem später korrekten Einzeichnen sparen Sie sich viel Zusatzaufwand, z. B. für die genaue Beschreibung des Standorts.

Bei Objekten mit kleiner Ausdehnung, wie beispielsweise Aussichtstürmen, ist es einfach, den Bezugspunkt auf der Karte zu markieren. Unter Zuhilfenahme der bereitgestellten Orthofotokarte können Sie relativ genau den Mittelpunkt bestimmen und dann als Markierung verwenden.

Kleine Objekte als Punkt darstellen

Handelt es sich bei den dargestellten Objekten jedoch um Gebäude oder noch wesentlich weiter ausgedehnte Bereiche, wird es zunehmend schwerer, geeignete Orte für die Darstellung zu finden. Als ein gut nutzbarer, markanter Punkt bietet sich der jeweilige Eingangsbereich an. Auch wenn dem Suchenden die Postadresse bekannt ist, kann diese Darstellung sehr hilfreich bei der späteren Anreise sein. Im Einzelfall kann es sich um einen Nebeneingang handeln, wenn dieser leichter erreichbar ist, sich der Haupteingang in einer Einbahnstraße oder Hauptstraße befindet, wo keine Parkmöglichkeiten bestehen, oder wenn sich der für einen Besuch günstigste Parkplatz nicht zentral vor dem Gebäude befindet.

Ausgedehnte Objekte mit einem Punkt darstellen

Bei Zielen, die auf der Karte leicht auffindbar sind und/oder sich aus dem Stadtbild hervorheben, wie Türme, Hochhäuser oder Kirchen, ist eine zentrale Markierung vorzuziehen. Es erleichtert das Auffinden auf der Karte und die spätere Orientierung bei der Anreise, da diese markanten Gebäude leichter im Gedächtnis haften bleiben und meist auch ausgeschildert oder vielleicht sogar direkt sichtbar sind.

Bei ausgedehnten Objekten (Parks, Gärten, Schlössern, Messen, ...) existieren zudem meist mehrere Eingänge. In diesem Fall ist es sogar zweckmäßig, mehrere Möglichkeiten anzubieten, die dann mit den einschlägigen Informationen versehen und je nach Anreiserichtung bzw. individuellen Interessen entsprechend ausgewählt werden können. Dabei kommt immer Ihre Ortskenntnis zum Tragen, denn so gut und hilfreich die Luftbilder auch sein mögen, viele Einzelheiten und Informationen bleiben dennoch verborgen.

Ausgedehnte Objekte mit mehreren Punkten darstellen

3.1.2   Zusätzliches Material verwenden

Weitere Informationen oder Bilder zu den markierten Punktobjekten sind sehr hilfreich für den Betrachter einer Karte. Zudem verleiht dies der Karte einen individuellen Charakter. Eine Standard-Postkartenansicht findet der Nutzer ja schon auf den einschlägigen Webseiten. Werden jedoch originelle Schnappschüsse verwendet, auch wenn sie nicht hoch professionell sind, wirkt das persönlich ansprechender und verleiht der Karte einen individuellen Charakter (Kapitel 7).

Eigene Schnapschüsse

Analog verhält es sich mit zusätzlichen Erklärungen zu einem Punktobjekt. Hier können Sie Ihre eigenen Bemerkungen und Bewertungen (z.B. »mit Kindern sehr geeignet«) einfließen lassen oder Informationen aus Büchern, Broschüren oder dem Web (z.B. zu Öffnungszeiten und Preisen) verwenden. Dabei sollten Sie aber nicht vergessen, dass Sie Zitate und fremde Quellen entsprechend kennzeichnen und gegebenenfalls eine Genehmigung zur Veröffentlichung einholen.

Eigene Texte

3.1.3   Die Karte gestalten

Auch wenn es sich »nur« um ein Punktobjekt handelt, sollten Sie durchaus auch Mühe auf eine ansprechende Gestaltung verwenden. So können Objekte entweder mit allgemein bekannten Symbolen (z. B. für Parkhäuser) markiert werden, es bieten sich aber auch selbst gestaltete Symbole an.

Auswahl von Symbolen

Bei Karten, die vom Ansatz her privater Natur sind (z. B. besuchte Urlaubsorte), können Sie von vornherein Ihren persönlichen Intentionen und dem eigenen Geschmack folgen. Handelt es sich hingegen um geschäftliche Auftritte, so kommen Sie nicht umhin, bei der Gestaltung Formen und Farben zu verwenden, die der Firmenphilosophie entsprechen. Trotz verschiedener Vorgaben und Regeln ist noch genügend gestalterischer Freiraum vorhanden (z. B. Auswahl und Gestaltung der Symbole), um dem Auftritt eine individuelle Note zu verleihen. Auf jeden Fall sollten die Markierungen auf der Karte gut sichtbar sein und sich vom Hintergrund, dem Orthofoto, gut abheben.

Auch die zusätzlichen Informationen in Textform können durch Fettdruck oder Unterstreichungen als Ganzes oder teilweise hervorgehoben werden.

Formatieren der Zusatzinformationen

Die Abbildung 3-1 bietet schon einmal einen Ausblick auf eine mögliche Gestaltung unter Berücksichtigung der vorangegangenen Hinweise unter Google Maps. In dieser Karte sind der Botanische Garten und ein Parkplatz als Objekte markiert. Beide haben eine große Ausdehnung. Beim Botanischen Garten wurde der Haupteingang als Markierungspunkt ausgewählt, da dieser sicher der interessanteste Punkt

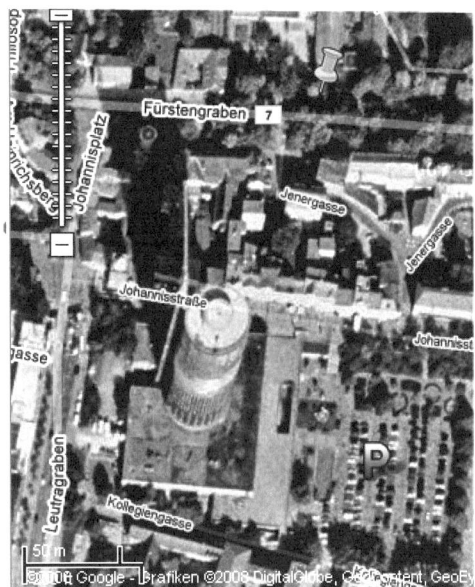

 Der Botanische Garten
Öffnungszeiten: 15. Mai bis 14. September: tgl. 9 - 18 Uhr

 beste Parkmöglichkeit

Abb. 3-1
Karte mit dem Eingang
des Botanischen
Gartens und der besten
Parkmöglichkeit

für die Besucher ist. Als zusätzliche Information reichen die Öffnungszeiten aus, da der gut gewählte Markierungspunkt schon viele Informationen zur Lage beinhaltet. Das zugrunde liegende Satellitenbild von
Google Maps sowie die eingezeichneten Straßen bieten dann eine weitere Orientierung für die Anfahrt.

Eine Parkmöglichkeit wurde ebenfalls auf der Karte markiert. Hier
wurde eine zentrale Markierung verwendet, die Zufahrt zum Parkplatz
kann dann auf der Karte selbst gefunden werden. Durch das gewählte
Symbol ist der Parkplatz leicht auf der Karte zu finden.

Nachdem Sie gesehen haben, welche Informationen sich für eine *Ein eigenes Beispiel*
Punktdarstellung eignen, werden wir nun dazu übergehen, zu zeigen,
wie Sie diese in einer Google-Maps-Karte darstellen können. Als Beispiel haben wir eine Karte des Botanischen Gartens in Jena gewählt, in
die wir die Lage des Gartens markieren, zusätzliche Informationen wie
die Öffnungszeiten eintragen sowie Parkmöglichkeiten angeben wollen.
Dazu müssen Sie jedoch zuerst einige vorbereitende Schritte erledigen.

3.2 Mit Google Maps beginnen

Um eine eigene Karte in Google Maps zu gestalten, rufen Sie zunächst *Webseite aufrufen*
die Website maps.google.de im Browser auf. Die Spracheinstellung des

Browsers (Deutsch oder Englisch als bevorzugte Sprache) ist ausschlaggebend dafür, ob Sie die Google-Maps-Karte von Deutschland mit einer englischen oder deutschen Menüführung bekommen.[1]

Geben Sie jedoch die Adresse maps.google.com ein, erscheint Nordamerika im Mittelpunkt der Startkarte, abhängig von der Spracheinstellung des Browsers mit englischer oder deutscher Menüführung.

Kartenansicht betrachten

Nach dem Aufruf von Google Maps erhalten Sie, je nach gewählter Start-Webseite, die Kartenansicht von Deutschland oder Nordamerika. Hier kann dann über den Button *Satellit* die Orthofotokarte zugeschaltet werden. Das ist in vielen Fällen nützlich, um sich leichter orientieren zu können. Wir werden auch später diese Hintergrundkarte als Orientierung beim Einzeichnen eigener Daten nutzen können. Mit dem Button *Karte* kommen Sie zur ursprünglichen Kartenansicht zurück.

Eigenen Arbeitsbereich erstellen

Um von dieser einfachen und öffentlichen Kartenansicht zu einer eigenen, individuellen Karte zu gelangen, ist ein eigener Arbeitsbereich – ein Konto – innerhalb von Google Maps erforderlich. Wenn Sie als Google-Nutzer noch keinen eigenen Arbeitsbereich für Google Maps haben, müssen Sie sich zunächst einen erzeugen. Dazu sind folgende Anmeldeverfahren möglich:

Die erste Variante:

1. Rechts oben auf *Anmelden* klicken
2. Sie werden auf eine Seite weitergeleitet, auf der Sie sich entweder mit einem bestehenden Nutzerkonto anmelden können oder einen neuen Google-Account anlegen können.
3. Um sich mit einem bestehenden Konto anzumelden, geben Sie in den dafür vorgesehenen Feldern Ihre E-Mail-Adresse oder einfach den Nutzernamen (die E-Mail-Adresse ohne den Teil, der mit @ beginnt) und Ihr Passwort ein.
4. Um ein neues Konto bei Google anzulegen (Sie können damit auch andere Dienste wie etwa Google Mail nutzen), gehen Sie auf den Textbutton *Legen Sie jetzt ein Konto an* und füllen das Formular aus, zu dem Sie weitergeleitet werden.

---

[1]Spracheinstellungen bei den einzelnen Browsern unter Mozilla Firefox: Einstellungen → Inhalt → Sprache → bevorzugte Sprachen wählen; Opera: Einstellungen → Allgemein → Sprache; Internet Explorer: Extras → Internetoptionen → Sprachen

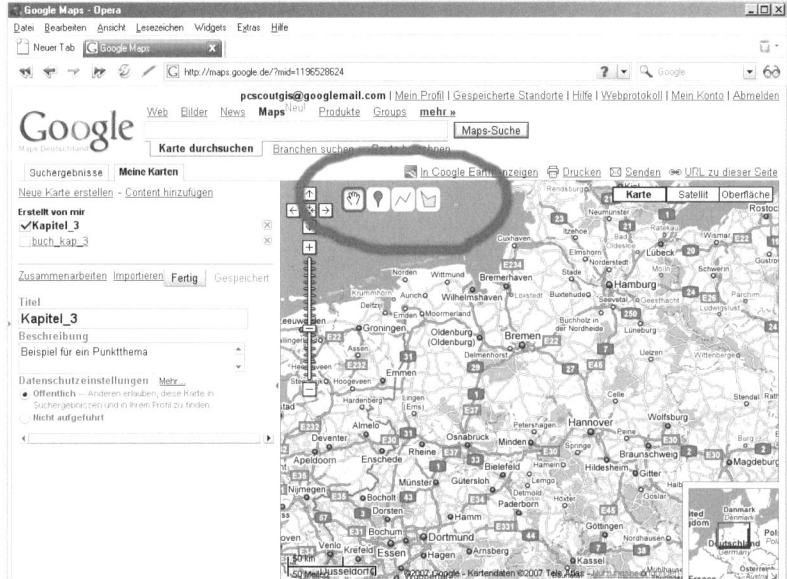

Abb. 3-2
Der eigene
Arbeitsbereich wird
erstellt.

Die zweite Variante:

1. Auf *Meine Karten* klicken
2. Button *Erste Schritte* betätigen
3. Es geht weiter wie in der ersten Variante mit dem Anmelden über ein bestehendes Nutzerkonto oder dem Anlegen eines neuen Kontos

Nachdem Sie sich angemeldet haben, gelangen Sie direkt zu Ihrem eigenen Arbeitsbereich, wie er in Abbildung 3-2 zu sehen ist.

Jetzt sind Sie schon mittendrin und können als Erstes über den Button *Erste Schritte* einen passenden Namen für die neue Karte festlegen.

Noch einfacher ist es später, wenn Sie über *Anmelden* (rechts oben im Browserfenster zu finden) den Arbeitsbereich betreten. In der blauen Leiste oberhalb des Kartenausschnittes befindet sich der Karteireiter *Meine Karten*. Wenn Sie ihn aktivieren, wird direkt darunter die Option, eine neue Karte zu erstellen, über den Textbutton *Neue Karte erstellen* angeboten.[2]

Wir starten mit einer neuen Karte und arbeiten dabei folgende Arbeitsschritte ab:

Start mit einer neuen Karte

---

[2]Ist noch keine Karte erstellt bzw. wurden alle bisherigen gelöscht, erscheint nach der Anmeldung unter dem Reiter *Meine Karten* der Button *Erste Schritte*, über den, wie im Folgenden beschrieben, eine erste Karte angelegt wird.

Kartennamen wählen   1. Schon bei der Wahl des Kartennamens können Sie auf den Inhalt zielgerichtet hinweisen. Die kurze Beschreibung, die Sie eingeben können, erscheint dann vollständig unter dem Kartennamen in der Anzeige, wenn ein Benutzer Ihre Karte aufruft.

Datenschutzeinstellungen beachten   2. Die Datenschutzeinstellungen werden ausgewählt. Sie können dabei zwischen zwei Optionen wählen:

   Öffentlich: Damit wird die Karte für andere Nutzer freigegeben. Sie kann somit in Google Maps und Google Earth gefunden werden. Dabei wird es allerdings immer schwerer, bedingt durch die Fülle der Informationen im Web, sich eindeutige Namen auszudenken, die nicht in der Masse der Anzeige untergehen und dennoch leicht zu merken sind.

   Nicht aufgeführt: Hiermit können Sie die Karte nur für die von Ihnen ausgewählten Nutzer freigeben. Diese kann somit auch nicht über die Suchfunktionen aufgefunden werden. Damit wird eine Anzeige der Karte nur für Nutzer möglich, die die genaue URL kennen. Diese bekommen Sie vom Kartenersteller mitgeteilt. Diese relative (Sie sollten bei unserer Arbeit nie vergessen, dass Sie sich im Web befinden!) Geheimhaltung ist sinnvoll, wenn z. B. die Karte noch nicht fertig ist, es sich um Themen für eine kleine, aber weit verstreute Interessengruppe handelt oder diese Karte ausschließlich in die eigene Webseite mit eingebunden werden soll.

Speichern   3. Um die bisherige Arbeit, das Anlegen der Karte, zu sichern, stehen Ihnen zwei Möglichkeiten zur Verfügung. Wollen Sie die Arbeit vorläufig abschließen, um z. B. weiteres Material zu sammeln, wählen Sie *Fertig*. Den Button *Speichern* nutzen Sie zum Speichern des momentanen Standes der Arbeit, um gleich anschließend daran weiterzuarbeiten.
   Wurde die Arbeit mit *Fertig* abgeschlossen, können Sie natürlich trotzdem jederzeit an der Karte weiterarbeiten. Dazu betätigen Sie einfach den Button *Bearbeiten*.

Bei weiteren Arbeiten zu einem späteren Zeitpunkt können Sie sich natürlich unkomplizierter anmelden. Nach dem Start der Website ist lediglich ein Klick auf den Anmeldebutton rechts oben zum Starten des eigenen Arbeitsbereiches erforderlich.

Selbstverständlich können Sie im Arbeitsbereich neue Karten erstellen, wenn Sie im linken Menü auf *Neue Karte erstellen* klicken. Nach diesen Schritten – vom Aufruf der Webseite bis zum Anlegen einer neuen Karte – kommen Sie nun zum Einarbeiten der erforderlichen Informationen, um eine individuelle Karte zu erzeugen.

3.3 Arbeitsschritte in Google Maps

Bevor Sie nun Ihre erste eigene Karte erstellen können, müssen Sie noch die Editierbuttons aktivieren (markierter Bereich in der Abbildung 3-2). Dies können Sie über den Button *Bearbeiten* erledigen.

Karte zum Bearbeiten freigeben

Bevor Sie den ersten Ort mit einem Symbol markieren, zoomen Sie in seine Umgebung. Dabei ist es nicht immer sinnvoll, wenn Sie so nah wie möglich heranzoomen. Denn bei zu starkem Heranzoomen werden die Bilddetails unscharf, und die einzelnen Bildpixel bieten ebenfalls keine wirklichen Informationen und erst recht keinen Überblick mehr. Dieses Problem tritt besonders deutlich bei Karten auf, die auf Satellitenbildern basieren.

Um die erste Ortsmarke auf die Karte zu setzen, klicken Sie zuerst in der bereitgestellten Werkzeugleiste, die sich links oben im Kartenausschnitt befindet, das Ortsmarkentool an (Abb. 3-3).

Ortsmarke setzen

*Abb. 3-3
Das Ortsmarkentool*

Das entsprechende Symbol wird dann zusammen mit dem Mauszeiger angezeigt (Abb. 3-4). Dabei erhält es dann das folgende, leicht veränderte Aussehen:

*Abb. 3-4
Die Ortsmarke muss auf der Karte positioniert werden.*

Das unten am Cursor sichtbare Kreuz ist der Platz, wo das Symbol beim nochmaligen Klicken abgesetzt wird.

Ist der gewünschte Ort nicht richtig getroffen worden, was am Anfang durchaus passieren kann, so gibt es jederzeit die Möglichkeit, die falsche Position einfach zu korrigieren. Dazu wird der Cursor auf die Ortsmarke gestellt.

Position der Ortsmarke korrigieren

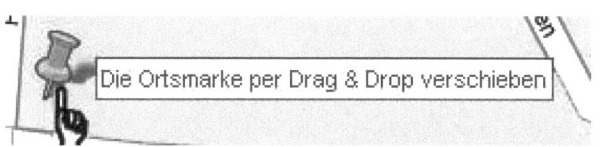

*Abb. 3-5
Der Cursor steht auf der Ortsmarke zum Editieren.*

Wenn dann der Mauszeiger seine Form ändert (Abb. 3-5), können Sie die Ortsmarke mit festgehaltener linker Maustaste auf den gewünschten Ort verschieben. Dabei nimmt der Mauszeiger wieder das Aussehen vom ersten Editieren mit dem Kreuz an (wie in Abb. 3-4 gezeigt). Haben Sie die gewünschte Position erreicht, lassen Sie einfach die Maustaste los, und die Ortsmarke wird hier abgesetzt. Für unsere Zwecke – eine Information für interessierte Besucher bereitzustellen – ist es sicher nicht erforderlich, den Eingang des Botanischen Gartens auf den Zentimeter genau zu treffen. Die Orientierung über das zugrunde liegende Orthofoto ist völlig ausreichend. Eine koordinatengenaue Verortung ist bei Google Maps dann über die Google Maps API möglich. Darauf werden wir im dritten Teil des Buches näher eingehen.

Ortsmarke löschen

Wenn Sie eine Ortsmarke später wieder löschen möchten, aktivieren Sie zunächst das Infofenster per Doppelklick auf die Ortsmarke. Dort können Sie links unten auf den Löschen-Button klicken und die Löschanforderung bestätigen.

Zusätzliche Informationen zur Ortsmarke eintragen

Führen Sie im Editiermodus einen Doppelklick auf die Ortsmarke aus, so können die weiterführenden Informationen bearbeitet und weitere Einstellungen vorgenommen werden (Abb. 3-6).

Nach dem Eintragen des Titels der Ortsmarke können Sie nun weitere Informationen in den Bereich *Beschreibung* einfügen und auch formatieren. In unserem Beispiel können die Öffnungszeiten des Botanischen Gartens – schnell auf der Internetseite nachgeschlagen – als Zusatzinformation angegeben werden. Auch die aktuellen Eintrittspreise sind sicher für den Betrachter nützlich. Drei mögliche Eingabeverfahren für einen solchen Informationstext stehen zur Verfügung:

Abb. 3-6
Das Textfeld dient der Erfassung zusätzlicher Informationen zur Ortsmarke.

Klartext

Eingabe und Darstellung des Informationstextes beim Abrufen erfolgen als einfacher, unformatierter Text. Dieses Verfahren kann als die universellste Variante angesehen werden, denn der Text ist in allen Browsern darstellbar. Nachteilig ist allerdings die einfache und effektfreie Darstellung, bei der wesentliche Informationen nicht mit den Gestaltungsmitteln Schriftfarbe und -formen hervorgehoben werden können.

RTF

Das *Rich Text Format* (RTF)[3] bietet einfache Gestaltungsmöglichkeiten für den Text an. Die einzelnen Varianten finden Sie in einem kleinen Menü oberhalb des Textfensters. Diese bedeuten von links nach rechts: Fettdruck, kursiv, unterstreichen, Schriftart, Schriftgröße, Textfarbe, Hintergrundfarbe, Text als Link, nummerierte Liste, Aufzählung, Formatierung entfernen und Einfügen von Bildern. Das Formatieren erfolgt auf die gleiche Art wie in anderen Textverarbeitungsprogrammen.

HTML bearbeiten

Das *HTML-Format*[4] ermöglicht in Form eines einfachen Editors die Eingabe des formatierten Textes im HTML-Format. Wenn Sie HTML-Kenntnisse haben, können Sie einen formatierten Text mit gewünschten zusätzlichen Inhalten erstellen, der in den Webbrowsern dargestellt wird. Mit HTML lassen sich an dieser Stelle im Infofenster leicht Texteffekte erzielen, die in anderen Formaten nicht oder nur umständlich zu realisieren sind (z. B. blinkender Text, Lauftext).

Es ist natürlich auch möglich, die Eingabe von Text in mehreren Modi durchzuführen. Effekte wie zum Beispiel fett geschriebener Text lassen sich in HTML erreichen, wenn Sie den Text erst einmal im RTF-Modus eingeben und Schriftgröße, -farbe, usw. einstellen. Schalten Sie dann auf die HTML-Ansicht um, ist dieser Text nach HTML konvertiert. Dann schreiben Sie zum Beispiel vor das hervorzuhebende Wort/die Textpassage <STRONG> und an das Ende </STRONG> – und schon haben Sie mitten im Text des Infofensters einen fett geschriebenen Text er-

Beispiel: HTML im Infofenster verwenden

---

[4]Das Rich Text Format wurde ursprünglich als Austauschformat für verschiedene Textverarbeitungsprogramme auf verschiedenen Betriebssystemen entwickelt. Der Text enthält die Formatierungsbefehle zur Gestaltung und dem möglichen Einbinden von Binärdaten (z. B. Bildern).

[4]Das HTML-Format – Hypertext Markup Language (dt. Hypertext-Auszeichnungssprache) – ist eine textbasierte Auszeichnungssprache zur Strukturierung von Inhalten wie Texten, Bildern und in Dokumenten, die von Webbrowsern dargestellt werden.

zeugt. Dieser ist dann entsprechend beim Aufruf des Infofensters, aber auch schon beim Zurückschalten zum RT-Format sichtbar. Doch seien Sie vorsichtig bei der Verwendung von Schrifteffekten. Wenn alles oder zu viel im Infofenster fett formatiert ist, erzielen Sie eher Unübersichtlichkeit und letztendlich Verwirrung beim Betrachter.[5]

Ortsmarkensymbol ändern

    Wenn Sie eine Ortsmarke eingefügt haben, bekommt diese automatisch ein Symbol zugeordnet. Wenn Sie ein passenderes Symbol wählen oder mehrere Ortsmarken setzen und diese voneinander unterscheiden wollen, ist es sinnvoll, der Ortsmarke eine andere Gestalt als die der Erstvorgabe zuzuweisen. Dazu klicken Sie auf das Symbol rechts oben im Infofenster (Abb. 3-6) und gelangen in das nachfolgend dargestellte Menü.

    Im dazugehörigen Startbildschirm (Abb. 3-7) sind die vom System bereitgestellten Standardfiguren aufgezeigt.

    Wenn Ihnen die Auswahl der derzeit ca. 100 Symbole nicht ausreicht, können Sie mit dem Button *Figur hinzufügen* selbst gestaltete Symbole der Palette hinzufügen. Über eine URL können Bilddateien der Formate JPG, GIF, BMP oder PNG im Web verknüpft werden. Wenn Figuren größer als 64x64 Pixel sind, werden sie bei der Anzeige auf der Karte verkleinert.

Abb. 3-7
Menü zur Auswahl des Ortsmarkensymbols

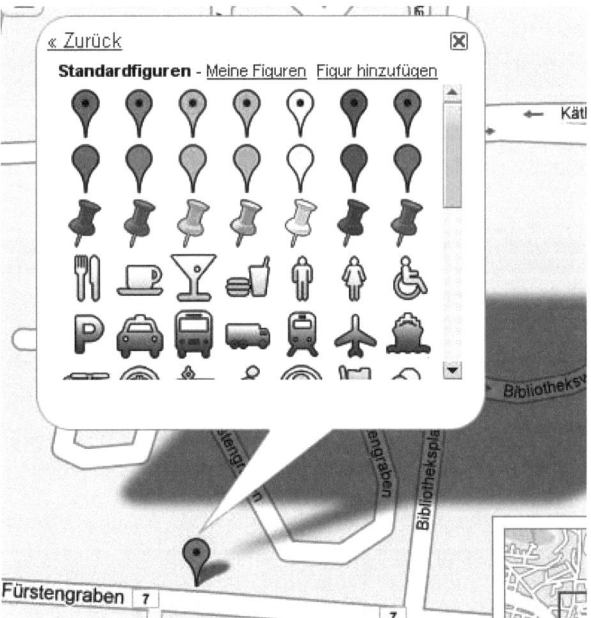

---

[5]Es gibt natürlich auch noch weitere Möglichkeiten zur Formatierung von Text, zum Beispiel Cascading Stylesheets. Hinweise zum Weiterlesen finden Sie im Literatur- und Quellenverzeichnis.

Nun werden Sie an einem konkreten Beispiel die Schrittfolge kennenlernen, die es uns ermöglicht, ein eigenes Bild als Ortsmarke zu verwenden.

Individuelle Ortsmarke gestalten

1. Bevor Sie mit dem eigentlichen Einfügen beginnen können, ist es erforderlich, eine Bildergalerie anzulegen. Diese persönliche Galerie muss sich im Internet befinden und für Sie zugänglich sein. Die Adresse des Bildes wird später zum Abrufen benötigt. Im Google-Nutzerbereich können Sie sich allerdings eigene Alben anlegen, auf die Sie dann während der Arbeit problemlos zugreifen können. Hierzu wählen Sie im oberen Menübereich von Google Maps unter *Mehr* den Menüpunkt *Fotos* aus (siehe Abb. 3-8).
   Damit gelangen Sie in den Bereich der Picasa-Webalben. Picasa ist ein Bilderdienst von Google, der es ermöglicht, eigene Bilder ins Web zu laden und anderen Benutzern zu präsentieren. Auch für diesen Dienst müssen Sie sich zunächst mit Ihrem Google-Account anmelden. Unter dem Reiter *Meine Fotos* in der oberen grauen Menüleiste (siehe Abb. 3-9) erreichen Sie Ihre selbst angelegten Alben. In diesem Foto-Bereich, wie auch bei den Karten, wird unterschieden zwischen einem »öffentlichen« und einem »nicht öffentlichen« Bereich.
   Zunächst müssen Sie nun über den Button *Hochladen* in der grauen Menüleiste (siehe Abb. 3-9) neue Alben anlegen und in diese Ihre

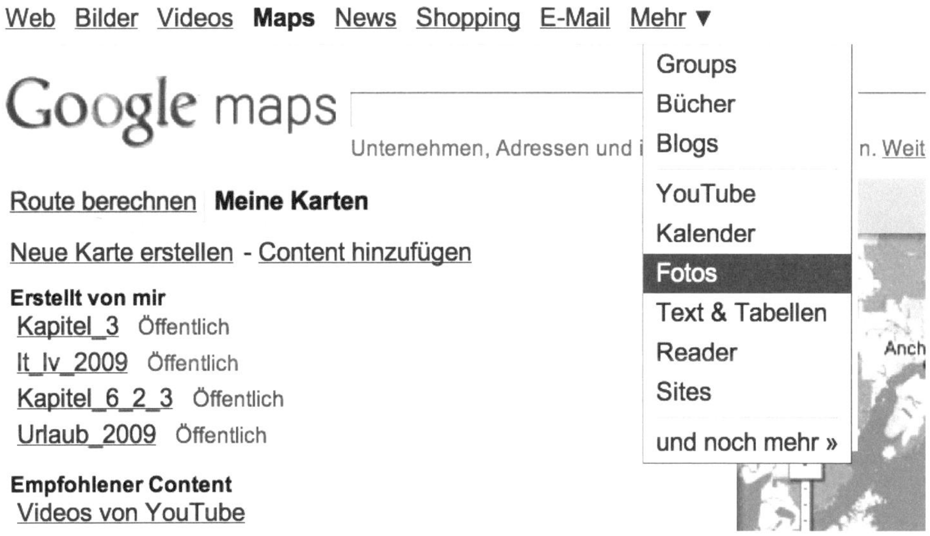

Web   Bilder   Videos   **Maps**   News   Shopping   E-Mail   Mehr ▼

Groups
Bücher
Blogs

Google maps

Unternehmen, Adressen und i   n. Weit

Route berechnen   **Meine Karten**

YouTube
Kalender
Fotos
Text & Tabellen
Reader
Sites

und noch mehr »

Neue Karte erstellen - Content hinzufügen

Erstellt von mir
Kapitel_3   Öffentlich
lt_lv_2009   Öffentlich
Kapitel_6_2_3   Öffentlich
Urlaub_2009   Öffentlich

Anch

Empfohlener Content
Videos von YouTube

Abb. 3-8
Den Bereich für eigene Fotos in Google erreichen

Abb. 3-9
Bereiche auf der
Picasa-Homepage

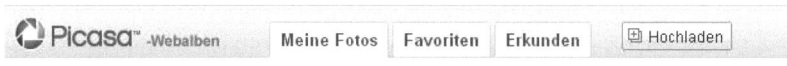

Bilder und Fotos legen. Auch die Bilder, die im nicht öffentlichen Bereich abgelegt wurden, können Sie für die Karte verwenden, sie sind aber für den freien und öffentlichen Zugang gesperrt.

2. Das Einfügen von eigenen Objekten in das Album ist denkbar einfach gestaltet – wiederum über den Button *Hochladen* in der grauen Menüleiste wählen Sie durch Anklicken das Album aus, in das ein neues Foto integriert werden soll.

   Damit gelangen Sie in den Ladebereich, der Ihnen aus den E-Mails bekannt ist, wenn Sie beispielsweise Dokumente an eine Mail anhängen wollen – und er funktioniert auch ganz genau so.

3. Nach diesen Vorarbeiten können Sie zu Ihrer Karte zurückkehren und endlich Ihre Bilder als Ortsmarke verwenden.

   Erinnern Sie sich an das Fenster zum Auswählen des Ortsmarkentools (siehe Abb. 3-7). Rechts oben befindet sich der Menüpunkt *Figur hinzufügen*, den Sie nun benutzen.

   In den aufgeblendeten Eingabebereich müssen Sie nun die genaue Adresse des gewünschten Bildes eingeben. Da Ihnen diese höchstwahrscheinlich nicht geläufig ist, lassen Sie sich vom System helfen, um diese zu finden.

Abb. 3-10
Eingabe der Adresse
des Bildes

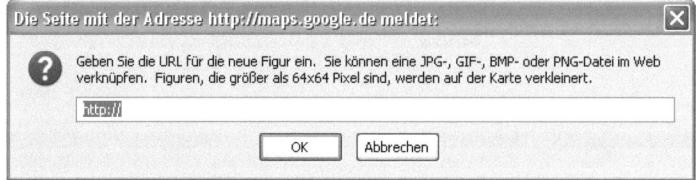

Dazu gehen Sie in das Album und dann auf das gewünschte Bild. Über das Kontextmenü (rechte Maustaste) wählen Sie die Option *Grafikadresse kopieren* aus, um die Adresse in die Zwischenablage zu kopieren.

Zurück im Eingabemenü (siehe Abb. 3-10) fügen Sie sie über das Kontextmenü mit der Option *Einfügen* oder über die Tastatur mit *Strg + V* ein.

Damit ist das Einfügen erfolgreich beendet, und der Punkt trägt Ihre ganz persönliche Handschrift.

Fügen Sie nun weitere Ortsmarken, in unserem Beispiel den nächstliegenden Parkplatz zum Botanischen Garten, in die Karte ein, wird mit dem zuletzt verwendeten Symbol fortgesetzt. Bei thematischen Karten, beispielsweise der Markierung aller Parkplätze in einem Gebiet, ist das sehr praktisch, da nicht jedes Mal das entsprechende Symbol herausgesucht werden muss. Beim Wechseln des Symbols ist es in jedem Falle erforderlich, die Auswahl im oben geschilderten Modus durchzuführen. Für unseren Parkplatz ist schon eine passende Standardmarke vorhanden.

Abschließend bleiben Ihnen bei der Gestaltung sicherlich noch ein paar Feineinstellungen (z. B. Positionen korrigieren, Farben anpassen, Symbole gestalten) zu erledigen, die sich aus der kritischen Betrachtung der Karte ergeben haben.

Feineinstellungen

Im letzten Schritt wird dann diese Karte veröffentlicht, d.h., spätestens jetzt setzen Sie den Status auf *öffentlich*. Damit die Verbreitung und somit die Nutzung schneller vonstatten geht, können Sie den Link Interessenten per Mail mitteilen oder auf einer eigenen Webseite einbinden (siehe hierzu auch Kapitel 10).

Karte veröffentlichen

In Abbildung 3-11 ist ein Beispiel angegeben, wie die fertige Karte zu unserem Beispiel – der Darstellung des Botanischen Gartens – aussehen kann. Der Haupteingang des Botanischen Gartens ist mit einem Punktsymbol markiert, als Zusatzinformation sind die Öffnungszeiten angegeben. Der beste Parkplatz in der Nähe sowie der weithin sichtbare Turm sind als weitere wichtige Punkte angegeben. Zur Darstellung wurden hier nur die Standardortsmarken verwendet.

Die fertige Karte

Unter "Meine Karten" speichern

Kapitel_3
Beispiel für ein Punktthema
19 Ansichten - Öffentlich
Erstellt am 21. Nov. - Vor < einer Minute aktualisiert
Von Peter
Bewerten Sie diese Karte - Kommentar verfassen

 Der Botanische Garten
Öffnungszeiten: 15. Mai bis 14. September: tgl. 9 - 18 Uhr

 beste Parkmöglichkeit
und im Parkhaus "Neue Mitte"

Jen-Tower
Hinweisschilder "Neue Mitte"

Abb. 3-11
Die fertige Karte mit Ziel, Parkplatz und Orientierungspunkt

Einarbeiten von
Hinweisen

Jeder, der diese Karte betrachtet, kann seine Hinweise und Gedanken niederschreiben. Solche Bemerkungen können die Kartenbetrachter z. B. direkt über Google Maps an den Kartenersteller schicken. Ermöglicht wird dies über den Link *Bewerten Sie diese Karte*, der sich links neben der Karte befindet.

Einzige Bedingung für das Hinterlegen von Kommentaren und Bewertungen ist, dass auch der Betrachter eine Anmeldung bei Google vorweisen kann bzw. sich in diesem Zusammenhang gleich anmeldet. Bereits abgegebene Kommentare sind für alle über den entsprechenden Button *x Kommentare*[6] aufrufbar.

3.4   Alternativen

Punktobjekte lassen sich natürlich auch bei Yahoo Maps oder Microsoft Virtual Earth einpflegen. Dies funktioniert allerdings nicht so einfach, wie Sie es eben mit Google Maps kennengelernt haben. Diese beiden Anbieter stellen wie auch Google Maps verschiedene Programmierschnittstellen zur Verfügung, um z. B. die Darstellung verschiedener Elemente zu realisieren. Auf diese Möglichkeit werden wir im dritten Teil des Buches näher eingehen.

3.5   Zusammenfassung

In diesem Kapitel haben Sie eine erste Möglichkeit zur Erstellung individueller Karten mit Google Maps kennengelernt, indem Sie Punktobjekte eingefügt haben. Dabei haben Sie gesehen, dass Sie hier nicht nur den Standort genau auswählen, sondern sich auch Gedanken zum Einfügen zusätzlicher Informationen und zur Formatierung und Gestaltung machen müssen.

In Google Maps können Sie sehr einfach eigene Ortsmarken setzen, Informationstexte hinzufügen und formatieren sowie die Ortsmarke selbst gestalten. Nur die koordinatengenaue Positionierung von Ortsmarken funktioniert mit der hier vorgestellten Methodik nicht. Dies ist aber für viele Anwendungen auch nicht nötig, da Sie das Satellitenbild zur Orientierung zu Hilfe nehmen können. Für eine genaue Positionierung sei auf den Teil III des Buches verwiesen, wo wir die Google Maps API vorstellen.

Das Erstellen von Punktobjekten ist auch in Yahoo Maps und Microsoft Virtual Earth möglich, allerdings stehen Ihnen hier nur verschie-

---

[6]x ist die Anzahl der bereits abgegebenen Kommentare.

dene APIs zur Verfügung. Das Ganze ist viel aufwändiger in der Realisierung.

Nachdem wir uns nun ausführlich mit den einfachsten geometrischen Objekten, den Punkten, beschäftigt haben, wollen wir uns im nächsten Kapitel ansehen, wie Linienobjekte, also die Verbindung zweier bzw. mehrerer Punkte nacheinander, dargestellt werden können.

4 Linien einfügen

In diesem Kapitel lernen Sie das zweite geometrische Grundelement, die Linie, näher kennen. Damit werden wir in die Lage versetzt, auch Straßen und Wege abzubilden. Am Beispiel einer Fahrradroute aus dem Urlaub werden wir lernen, wie wir Linien in individuelle Google-Maps-Karten einfügen, formatieren und mit zusätzlichen Informationen versehen können.

4.1 Konzepte und Anwendungen

In diesem Kapitel wollen wir uns dem nächsten geometrischen Grundelement, der Linie, zuwenden. Eine solche Linie ist dabei nicht nur die direkte Verbindung zwischen zwei Punkten, sondern kann aus mehreren Liniensegmenten oder Kreisbögen zusammengesetzt sein. Dann sprechen wir von einer Polyline. Ein typisches Beispiel ist eine Straße, die sowohl gerade Straßenabschnitte, als auch Kurven enthält. Auch Fahrrad- oder Wanderrouten können mit ihrem Streckenverlauf als Polyline dargestellt werden.

Polyline

Für die dargestellten Strecken ist nicht nur deren Verlauf interessant. Zusätzlich kann auch deren Länge festgestellt werden. Weitere Informationen wie etwa eine Beschreibung der Strecke sollen natürlich, wie bei den Punktobjekten, hinzugefügt werden können. Auch die farbliche Gestaltung der Strecke ist interessant. Wird etwa eine mehrtägige Rad- oder Motorradroute auf einer Karte eingezeichnet, so kann jede Tagesetappe eine andere Farbe erhalten. Eine andere Möglichkeit wäre, die Streckenabschnitte einer Radtour nach ihrer Schwierigkeit oder der landschaftlichen Schönheit einzufärben. Formatierungen und die Eingabe zusätzlicher Informationen haben wir schon in Kapitel 3 kennengelernt. Hier wollen wir uns nun Darstellungsmöglichkeiten für Linien ansehen.

Zusätzliche Informationen angeben

4.1.1 Übersichtskarten oder detailgenaue Karten erstellen

Je nachdem, welches Thema und welche Zielgruppe Sie bei der Gestaltung Ihrer Karte im Auge haben, werden Sie im Einzelfall entscheiden, welchen Maßstab Sie wählen und wie detailliert Sie den Karteninhalt darstellen. Weiterhin liegt es bei der Gestaltung in Ihrer Hand, den Streckenverlauf entweder nur grob als Überblick oder aber möglichst genau und mit vielen Details zu veranschaulichen.

Grobe Überblicksdarstellung

Eine grobe Überblicksdarstellung bietet sich besonders an, wenn Sie z. B. eine erste Übersicht über eine Reisestrecke planen. Besonders geeignet ist sie außerdem bei großflächigen Visualisierungen, die sich über ganze Länder oder gar Kontinente erstrecken. Hierbei kommt es darauf an, wichtige Etappen, Städte und auffällige Anlaufpunkte zu zeigen. Im Vordergrund steht dabei nicht der detaillierte Streckenverlauf, sondern der symbolische Streckenverlauf mit Anfangs- und Endpunkten sowie entscheidenden Richtungsänderungen. Am einfachsten ist es, dazu die Mittelpunkte der auf der Route liegenden Orte zu nutzen. Separat ausgewiesene Sehenswürdigkeiten, Anschlussstellen bei Autobahnen oder andere Verkehrsknotenpunkte sind natürlich ebenso geeignet, da sie auch später bei der Durchführung einer Tour die Orientierung erleichtern. Bei der auf der Karte in Abbildung 4-1 dargestellten Radtour auf der Halbinsel Sinai in Ägypten wurden die Städte Sharm el Sheikh, Dahab, das Katharinenkloster und El Tor besucht. Weitere Orientierungspunkte sind Kreuzungen, die nicht verpasst werden dürfen.

Diese Darstellung ist gut für das Vorstellen einer Tour geeignet. So verlieren Sie sich bei der Beschreibung nicht in Einzelheiten und können zum anderen bei der speziellen Beschreibung immer wieder zur Orientierung auf die grundsätzliche Darstellung zurückkehren bzw. darauf verweisen.

Wenn Sie dann später beim Hineinzoomen feststellen, dass Sie nicht genau den Mittelpunkt eines Ortes getroffen haben, ist das jedoch nicht dramatisch. Zum einen haben wir auch hier die Möglichkeit, Korrekturen durchzuführen. Und andererseits sollten wir nicht vergessen, dass beim entsprechenden Maßstab die Feinheiten nicht mehr unterschieden werden können. Das Hineinzoomen kann sogar zu Irritationen führen, wenn die vermeintliche Strecke dann z. B. mitten durch ein Gewässer führt. Aber da wir uns in der groben Kartendarstellung befinden, sollte diese auch lediglich für einen Überblick und nicht für Routendetails genutzt werden.

Genaue Kartendarstellung

Die zweite grundlegende Darstellungsvariante hat eine möglichst genaue Abbildung der Strecke zum Ziel. Geht es darum, Karten mit Routen für eine langsame bzw. kleinräumige Fortbewegung (Wandern,

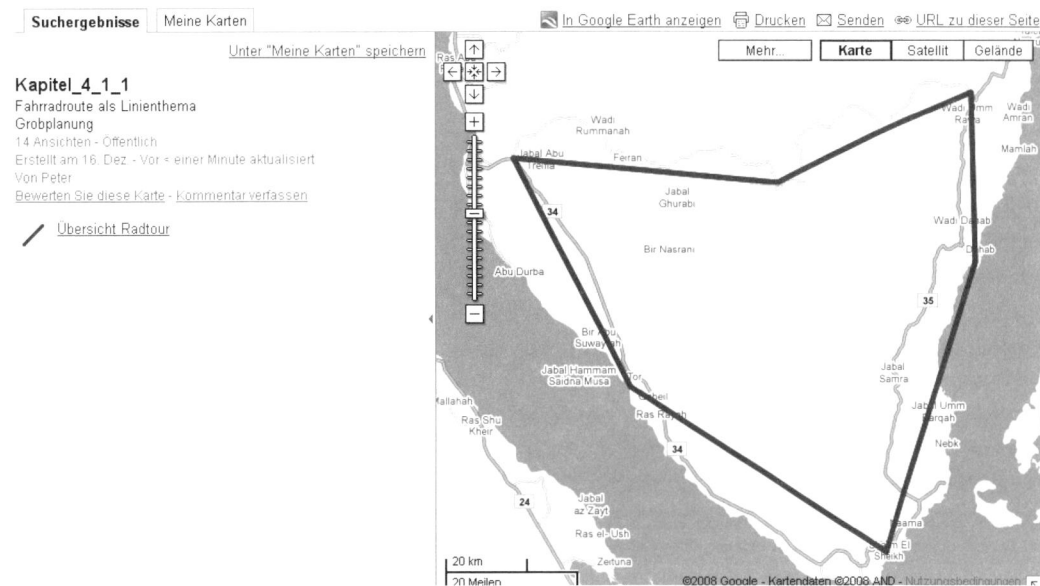

Abb. 4-1
Eine erste grobe
Fahrradroute wird
dargestellt.

Radfahren, ...) anzubieten oder spezielle Wege für naturkundliche, geologische, historische Erkundungen bereitzustellen, ist diese Darstellungsvariante sehr gut geeignet. Im Idealfall kann man schon auf der Karte und oft ergänzend auf dem Orthofoto auf wichtige Einzelheiten allein durch das genaue Zeichnen verweisen. Umfangreiche Wegbeschreibungen erübrigen sich damit, und das Infofenster kann optimal für wichtige und interessante Insiderinformationen genutzt werden.

Auch bei dieser Darstellungsvariante ergeben sich neben den schon genannten Vorteilen natürlich auch Schwierigkeiten, die es zu meistern gilt.

4.1.2   Schwierigkeiten bei der Darstellung von Routen

Beginnen wir mit der Frage nach den Daten (Karten und/oder Satellitenbilder), die verwendet werden sollen. Vergleichen Sie Satellitenbilder mit den örtlich dazugehörigen Karten, können sich verwirrende Unterschiede ergeben. Das bezieht sich einerseits auf das Einzeichnen und andererseits auf den späteren Betrachter, der dann den genauen Verlauf der Strecke nicht eindeutig erkennen kann. Der Verlauf einer Straße auf der Karte kann z. B. neben der auf dem Satellitenbild zu sehenden entlangführen. Mancherorts kann man Straßen auf der Karte sehen, die offensichtlich nicht auf dem Foto zu finden sind oder eben umge-

Probleme mit den
Daten

Abb. 4-2
Links das
Satellitenfoto, rechts
dasselbe Foto mit den
manuell
hervorgehobenen
Straßen aus der Karte

 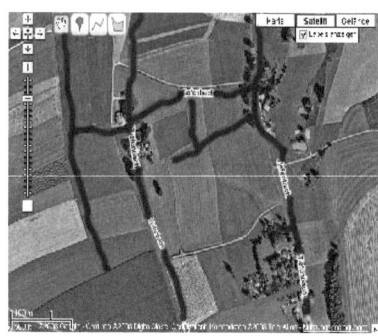

kehrt sind deutlich erkennbare Straßen auf dem Orthofoto nicht auf der Karte dargestellt. Ursache für diese Unstimmigkeiten ist oftmals die unterschiedliche Aktualität der Quellen. In der Abbildung 4-2 finden sich gleich mehrere der eben geschilderten Sachverhalte – links das reine Orthofoto und rechts die Darstellung mit den Verkehrswegen (hier etwas hervorgehoben, um die Aussage deutlicher zu machen).

Probleme mit der
Auflösung der
Satellitenbilder

Entscheiden Sie sich ausschließlich für die Satellitenbilder als Arbeitsgrundlage, so kann es passieren, dass Sie an verschiedenen Stellen der Route mit Bildern unterschiedlicher Genauigkeit bzw. Auflösung arbeiten müssen oder auch die Genauigkeit mittendrin deutlich wechselt.

Gerade bei Darstellungen, die eine sehr hohe Genauigkeit bieten sollen (z. B. Wanderrouten), bleibt Ihnen bei dieser Unregelmäßigkeit nichts weiter übrig, als zu improvisieren (z. B. doch einmal für das Zeichnen in die Kartendarstellung zu wechseln). Angebracht ist es auf jeden Fall, im Kommentar Hinweise zur Orientierung zu hinterlegen.

Abb. 4-3
Die Qualität von
Satellitenbildern kann
innerhalb eines
Kartenausschnittes
extrem wechseln.

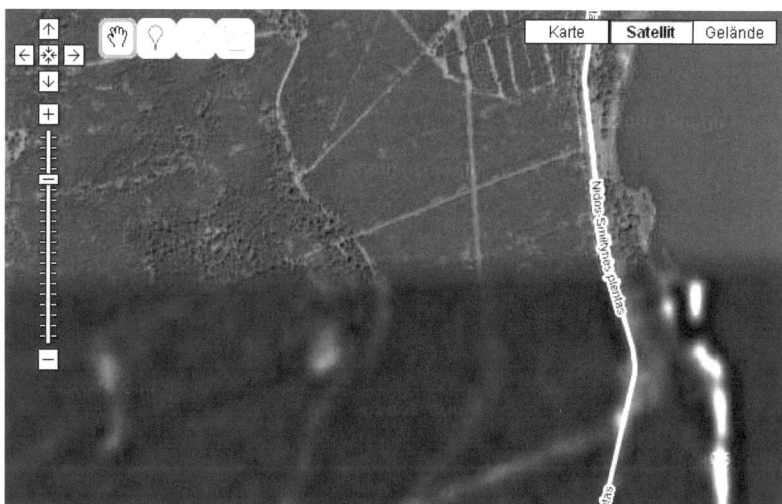

Eine weitere Ursache für zusätzliche Arbeiten kann der Blickwinkel der Aufnahmekamera sein. Auch Orthofotos werden nun einmal aus einer bestimmten Perspektive aufgenommen. So können hohe Hindernisse (Häuser, Bäume, tiefe Täler etc.) den Weg teilweise oder komplett verdecken. Dieses Manko können Sie jedoch, wie so oft bei dieser Arbeit, durch Ortskenntnis beim Einzeichnen ausgleichen. Gerade beim Zeichnen in diesen kritischen Gebieten sollten Sie jedoch darauf achten, dass die Routenführung plausibel und somit nachvollziehbar bleibt. Gegebenenfalls können Sie an entscheidenden Stellen noch zusätzliche Informationen einfügen.

Probleme mit dem Blickwinkel der Aufnahme

4.2 Arbeitsschritte in Google Maps

Wie in Kapitel 3 wollen wir auch hier an einem praktischen Beispiel zeigen, wie die Umsetzung in Google Maps funktioniert. Dazu wollen wir hier eine Karte erstellen, die eine mehrtägige Radtour auf der Halbinsel Sinai darstellt. Sie ist für Freunde oder andere interessierte Radwanderer gedacht. Dabei wollen wir die einzelnen Tagesetappen zeichnen, farblich gestalten und mit zusätzlichen Informationen zur Strecke versehen. Bevor wir mit dem Zeichnen der Karte beginnen, müssen wir einige Vorbereitungen treffen.

4.2.1 Vorbereitungen

Vor dem Zeichnen der Karte müssen wir überlegen, ob für unsere Anwendung eine Übersichtskarte ausreicht oder ob ein Plan erforderlich ist. Ein Beispiel für eine allgemeine Übersichtskarte zur Radtour ist schon einmal in Abbildung 4-1[1] dargestellt. Diese Karte bietet zwar einen umfassenden Überblick mit wichtigen Zwischenzielen und Abzweigen, ist jedoch für radelnde Nachahmer als Routenplan wenig geeignet.

Übersichtskarte oder detaillierter Plan?

Beim virtuellen Abradeln einer Strecke zur Vorbereitung des Zeichnens können wir viele Einzelheiten, die für den Tourablauf wichtig sind (z. B. Hotels mit spezieller Anfahrt oder Stellen, die für Outdoor-Übernachtungen genutzt wurden) in guter Qualität auffinden. Somit fällt unsere Entscheidung zu Gunsten einer detaillierten Karte mit Orthophoto.

Bevor wir mit der eigentlichen Karte beginnen, legen wir uns die zum Zeichnen hilfreichen Unterlagen zurecht. Dazu eignen sich insbesondere die während der Fahrt benutzten Landkarten, die eigenen

---

[1]Die Karte kann auch öffentlich bei Google Maps unter `http://tinyurl.com/kapitel4-1` eingesehen werden.

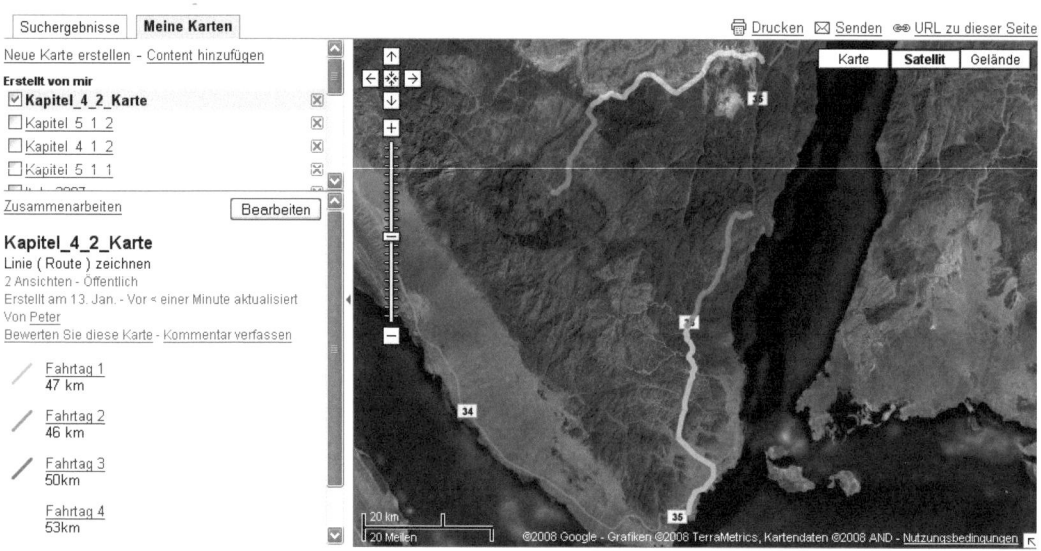

Abb. 4-4
Die genauere
Darstellung der
Radtour folgt dem
tatsächlichen Verlauf
der Straßen.

Notizen, z. B. das Reisetagebuch, auch Fotos, um die Erinnerung an
spezielle Einzelheiten zu bereisten Orten aufzufrischen.

Neue Karte erstellen

Zu Beginn erfolgen die Arbeiten zum Erstellen einer neuen Karte,
wie sie bereits in Kapitel 3.2 beschrieben wurden. Nachdem Sie den
Namen (Karte in Abb. 4-1) und die weiteren Einstellungen, z. B. die
Zugänglichkeit für andere, festgelegt haben, beginnt nun die eigentliche
gestalterische Arbeit an der Karte.

Kartenbereich
darstellen

Zunächst wird der gewünschte Kartenbereich im erforderlichen
Maßstab im Arbeitsfenster erst einmal vollständig dargestellt (Karte mit
der groben Radstrecke in Abb. 4-1). So hat man gleich einen Eindruck
von dem, was die Betrachter später als Startbildschirm erhalten. Unser
Ziel ist nun die genaue Darstellung der einzelnen Tagesetappen, die am
besten durch verschiedene Farben unterschieden werden können.[2]

Wenn ein Interessent später diese Karte aufruft, möchte er natürlich nicht allzu lange warten. Daher sollte man vorab testen, wie sich
die Ladezeit in verschiedenen Darstellungen (also mit oder ohne Satellitenbild, an verschiedenen Tagen, zu unterschiedlichen Zeiten) verhält,

Lange Ladezeiten
vermeiden

um so wenigstens etwas das Nutzerverhalten zu simulieren. Insbesondere die Ladezeiten mit Satellitenbild können unangenehm lang sein.
Aber andererseits ist es in einigen Gebieten nicht aussagekräftig genug,
nur die Kartenansicht zu verwenden. In diesem Falle ist es dann doch

---

[2]Die Karte kann unter http://tinyurl.com/kapitel4-2 aufgerufen werden.

besser, in den sauren Apfel der längeren Ladezeiten zu beißen, denn die inhaltliche Aussage hat Vorrang.

Nach dieser Vorauswahl der Startdarstellung ist es spätestens jetzt an der Zeit, die Tour in einer wesentlich genaueren Darstellung regelrecht abzufahren. Dabei kann man sich schon jetzt überlegen, wie man auf die oben erwähnten Unregelmäßigkeiten in der Karte reagieren will. Treten gleichartige Fehler mehrfach auf, kann man so analog reagieren, was der gesamten Karte zu einem durchgehenden Design und somit zu besserer Verständlichkeit verhilft.

Notizen machen

Da man beim genaueren Zeichnen einer Karte auch an die Details denkt, die später hinzugefügt werden sollen, ist es wichtig, dass man sich bei diesem Arbeitsschritt immer entsprechende Notizen macht. Dafür legt man sich am besten einen Notizblock oder eine geöffnete Textdatei zurecht.

Um den gewünschten chronologischen Ablauf der Radtour zu realisieren, muss beim nachfolgenden Zeichnen die Reihenfolge der Strecken dem natürlichen Ablauf angepasst werden. Beim Betrachter kann es sonst leicht zu Irritationen kommen, wenn die Gliederung am Seitenrand links neben der Karte nicht eindeutig geordnet ist und etwa die Fahrtroute des ersten Tages erst nach der des dritten Tages angezeigt wird. Die Fahrtrichtung beim Zeichnen der Teilstrecken zu beachten ist (noch) nicht erforderlich. Es ist aber durchaus denkbar, dass die Richtung in der Zeichensymbolik bei Google Maps Einzug halten wird, wie es in GIS-Systemen und Straßenkarten schon üblich ist. Bei Stadtplänen zum Beispiel ist die Richtung der Einbahnstraßen in Form kleiner Pfeile eingezeichnet.

Der chronologische Ablauf ist wichtig.

4.2.2 Zeichnen der Route

Nun kann es mit dem Zeichnen der einzelnen Tagesetappen losgehen. Dazu wird der Kartenausschnitt mit der jeweils einzuzeichnenden Strecke vollständig auf der Karte angezeigt. Bei längeren Strecken ermöglicht der Maßstab oft kein genaues Zeichnen. Dann können Sie natürlich immer einen Ausschnitt der Etappe genauer darstellen. Während des Editierens ist es möglich, den Kartenausschnitt zu verschieben sowie die Zoomstufe entsprechend den Anforderungen zu verändern.

Den Kartenausschnitt können Sie verschieben, indem Sie die linke Maustaste länger gedrückt halten. Daraufhin verändert der Cursor sein

Möglichkeiten beim Editieren

Aussehen und wird zur Führhand. Und nun kann der Kartenausschnitt mit gedrückter Maustaste an den gewünschten Ort verschoben werden.

Wenn Sie den Mauszeiger direkt auf das Plus- bzw. Minus-Zeichen der Maßstabsleiste führen, erfolgt bei einem Links-Klick ein Ein- oder Auszoomen der Karte. Schneller geht es, wenn Sie den Zeiger auf der Maßstabsleiste direkt mit der Maus bewegen.

Eine weitere Möglichkeit zum Zoomen kennen Sie schon aus der normalen Arbeit in der Google-Maps-Karte. Durch das Drehen des Scrollrades können Sie auch beim Editieren den Maßstab direkt verändern.

Und es existiert noch eine weitere Möglichkeit, diese und weitere Einstellungen zu erreichen. Dazu betätigen Sie kurz die rechte Maustaste (Abb. 4-5).

Abb. 4-5
Das Kontextmenü beim Editieren bietet verschiedene Optionen.

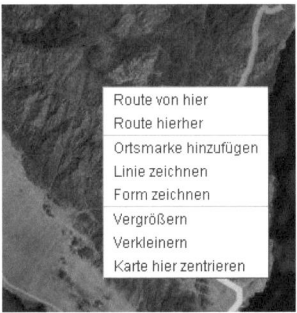

Nach Auswahl der gewünschten Tätigkeit aus dem Kontextmenü (insbesondere nutzen Sie hier die Funktionen: Vergrößern, Verkleinern und Karte zentrieren) kehren Sie automatisch in den Editiermodus zurück und können weiterzeichnen. Die Handhabung der Maus und der bereitgestellten Optionen setzen etwas Übung voraus, die Sie aber schnell bei der Arbeit erwerben. Welche der Möglichkeiten z. B. zum Zoomen genutzt werden, liegt einzig bei uns bzw. unseren Gewohnheiten. Die erzielten Effekte unterscheiden sich nicht voneinander.

Strecke löschen

Wenn eine Strecke beim Zeichnen misslungen ist, sollte man sich nicht scheuen, diese wieder zu löschen. Ein Nachbessern, welches weiter hinten in diesem Kapitel noch beschrieben wird, ist ebenfalls möglich. Die angebotenen Werkzeuge sind für umfangreichere Änderungen und Korrekturen jedoch weniger geeignet, wie Sie noch sehen werden.

Für das Erstellen der Radtourlinien wählen Sie bei den Bearbeitungssymbolen das Liniensymbol.

Abb. 4-6
Das Liniensymbol im Editiermodus

Nach dem Anklicken verändert der Cursor sein Aussehen. Der hervorgehobene Mittelpunkt des Fadenkreuzes ist die Stelle des Markierens.

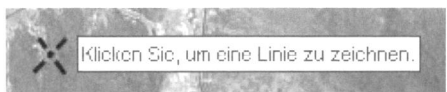

Jeder einfache Klick mit der linken Maustaste führt nun dazu, dass an der Stelle, an der sich gerade das Fadenkreuz befindet, ein Punkt der Linie gesetzt wird. Zwischen dem vorletzten angeklickten Ort und dem zuletzt gesetzten Punkt wird eine durchgehende Linie gezogen. So entsteht Stück für Stück unsere Polyline. Dabei werden die Linien durchgehend gezeichnet. Die neue Strecke wird vom zuletzt gesetzten Punkt als unterbrochene Linie mit der Mausbewegung mitgezogen. So haben Sie eine Kontrolle des Verlaufs, bevor der nächste Punkt gesetzt wird. Im Infofenster neben dem Mauszeiger wird zudem die Länge der bisherigen Gesamtstrecke ausgegeben. Diese Information dient der Orientierung (indem man die tatsächliche Strecke mit der Anzeige vergleicht und beispielsweise erwartete Wegpunkte leichter findet) und ist dann später Bestandteil des Informationsfensters. Dieser Wert wird automatisch in das Infofenster übertragen. Eine eigene Längenangabe sollte trotzdem nicht fehlen, denn beim Zeichnen ergeben sich Abweichungen zur tatsächlich gefahrenen Strecke. Umwege, z. B. zu nahe gelegenen Aussichtspunkten oder Raststellen, bzw. Abkürzungen werden ja häufig nicht eingezeichnet.

Beim ersten Zeichnen einer Strecke kommt es nicht gleich darauf an, diese ganz genau zu treffen. Vielmehr ist es praktisch, die Wegpunkte in nicht zu großen Abständen entsprechend des verwendeten Maßstabes zu setzen. Eine verfeinernde Nacharbeit in höherer Zoomstufe ist im Normalfall erforderlich und problemlos möglich. Damit erreichen Sie, dass die gewünschte Tagesstrecke mit relativ geringem Aufwand im Rohentwurf vorliegt. Abgeschlossen wird die jeweils in Arbeit befindliche Linie durch Doppelklick. Damit der letzte Punkt nicht verrutscht, ist es besser, erst die letzte Position einfach anzuklicken und anschließend durch den Doppelklick zu fixieren. Dieses Vorgehen ermöglicht ein sicheres Beenden des Zeichnens der Strecke.

Rohentwurf später verfeinern

Ist die Strecke abgeschlossen, wird vom System die Infobox für weitere Eingaben aufgeblendet. Hier können Sie nun in gewohnter Weise die gewünschten zusätzlichen Informationen, z. B. die gefahrene Streckenlänge laut Tagebuch, eintragen.

4.2.3 Route formatieren

Für eine individuelle Gestaltung der Linien stehen drei Optionen bereit. Sie sind durch Klick auf das Liniensymbol rechts oben in der Infobox erreichbar. Diese Einstellungen können Sie später auch wieder ändern, wenn Sie feststellen, dass die zuerst eingestellte Farbe doch nicht optimal in das Layout passt:

Abb. 4-8
Menü zur
Formatierung von
Linienzügen

Bei den *Linienfarben* bietet Ihnen eine kleine Farbtabelle eine Auswahl an, die Sie durch einen einfachen Klick auf den Farbbutton erreichen. Nun wählen Sie den gewünschten Farbton mit einem einfachen Klick aus.

Die *Linienbreite* wird in Pixeln angegeben. Wenn Sie selbst mit einer sehr großen Bildschirmauflösung arbeiten und breite Linien wegen der Sichtbarkeit erzeugen, kann es auf Monitoren mit wesentlich geringerer Auflösung zu unnötig breiten Balken kommen.

Wenn Sie dann noch die *Deckkraft* (als Maß für die Transparenz der Linie) zu groß (das Maximum ist 100) einstellen, werden sogar noch Bildteile überdeckt, die durchaus interessant sein können. Andere Linientypen als die angebotene durchgehende Linie stehen für die Darstellung nicht zur Verfügung.

Optionen für
Teilstrecken
Innerhalb einer Karte können Sie unterschiedliche Optionen für einzelne Teilstrecken festlegen – z. B. für einzelne Tagesetappen, unterschiedliche Schwierigkeitsgrade bei Wanderrouten, thematisch oder naturkundlich unterschiedliche Routen. Das ist sehr praktisch für das Zuordnen beim Betrachten und es können auch besondere Kontraste zur Umgebung gesetzt werden.

Feinschliff
Nachdem nun die ersten Arbeiten an der Strecke abgeschlossen wurden, kommen wir zum Feinschliff. In Abbildung 4-9 ist eine typische Bearbeitungssituation zu sehen. Dafür schalten Sie zuerst das

Abb. 4-9
Die zuvor gezeichneten
Wegpunkte sind
sichtbar, der
Linienverlauf kann
geändert werden.

Symbol zur Bearbeitung, die *Hand*, an. Bewegt man nun den Cursor auf die gezeichnete Linie, so sieht man helle Quadrate auf ihr.

Es sind die von uns zuvor gezeichneten Wegpunkte. Jeweils mittig zwischen zwei gezeichneten Punkten wurde vom System ein weiterer automatisch erzeugt. An genau diesen Stellen kann man nun die Linie anfassen und verschieben. Berührt man solch einen Punkt mit dem Cursor, so verändert er abermals sein Aussehen und zeigt durch einen kleinen Text Arbeitsbereitschaft an. Dann kann man zur Tat schreiten.

Abb. 4-10
Das Verschieben der
hellen Quadrate
ermöglicht ein
Verändern des
Linienzugs.

Doch etwas Vorsicht ist dabei geboten. Bearbeiten Sie einen Punkt, so werden danach zwei weitere Punkte – jeweils in der Mitte zum vorhergehenden und nachfolgenden Punkt – erzeugt. Von Vorteil ist dieser Modus, um weitere Verfeinerungen durchzuführen. Andererseits kann es bei häufigem Zugriff zu starken Häufungen in den bearbeiteten Bereichen kommen. Ein weiteres Arbeiten ist dann schwer möglich. Durch Hineinzoomen können Sie zwar wieder auf die einzelnen Punkte zugreifen, aber der notwendige Überblick geht dabei immer mehr verloren. Es ist leider nicht möglich, Punkte zu löschen bzw. einzelne Aktionen später rückgängig zu machen.

Bei unserem Korrigieren und Verfeinern kommt es selbstverständlich zu Veränderungen der Streckenlänge. Die sich dadurch ergebende neue gesamte Streckenlänge wird beim Editieren im gewohnten kleinen Infofenster am Cursor angezeigt und später beim Abschluss auch in die Anzeige übertragen.

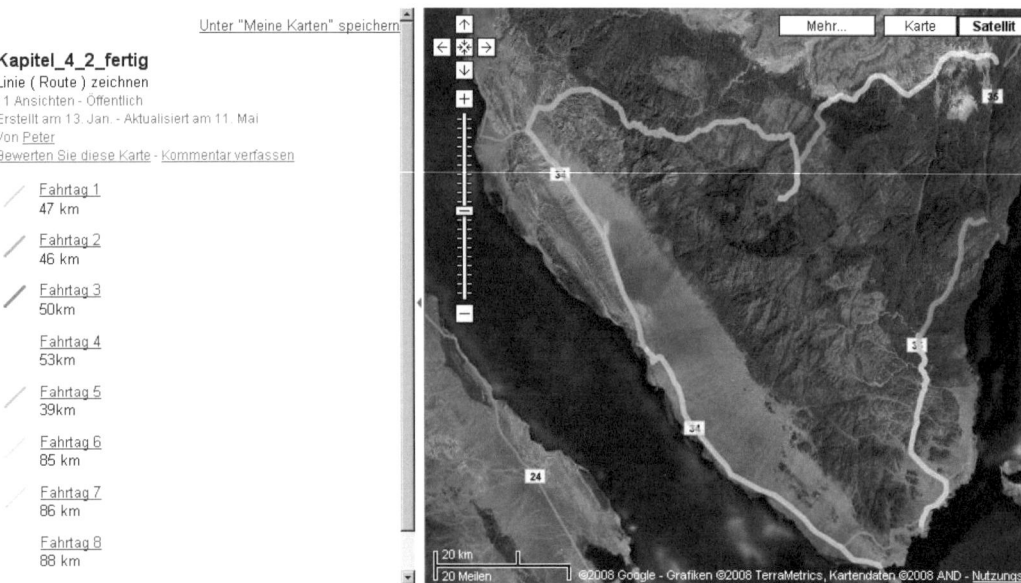

Unter "Meine Karten" speichern

Kapitel_4_2_fertig
Linie (Route) zeichnen
11 Ansichten - Öffentlich
Erstellt am 13. Jan. - Aktualisiert am 11. Mai
Von Peter
Bewerten Sie diese Karte - Kommentar verfassen

Fahrtag 1
47 km

Fahrtag 2
46 km

Fahrtag 3
50km

Fahrtag 4
53km

Fahrtag 5
39km

Fahrtag 6
85 km

Fahrtag 7
86 km

Fahrtag 8
88 km

Abb. 4-11
Die fertige Karte im
Überblick

Nach Abschluss der Arbeit an der Karte für die Radtour sehen Sie sich das Ganze noch einmal im Überblick an, um die Gesamtwirkung zu überprüfen (Abb. 4-11). Jeder einzelne Tag bei der Radtour ist hier separat mit einer eigenen Farbe dargestellt, und die Streckenlänge ist angegeben. Die Abstimmung der Farben der einzelnen Routenabschnitte kann nun besonders gut überprüft und eventuell korrigiert werden.

Als Letztes bleibt noch, sich an der oftmals doch aufwändigen, aber nun gelungenen Karte zu erfreuen und diese zu veröffentlichen.

4.3   Zusammenfassung

In diesem Kapitel haben Sie gelernt, wie Linienelemente (z. B. Rad- oder Wandertouren) in eine individuelle Karte eingefügt werden können. Eine Linie ist dabei nicht nur die direkte Verbindung zwischen zwei Punkten, sondern sie kann aus mehreren Segmenten bestehen.

grobe oder genaue
Darstellung

Vor dem Erstellen einer Karte müssen Sie zuerst entscheiden, ob eine grobe Darstellung der Strecke ausreichend ist oder ob eine genaue Darstellung für unsere Zwecke wichtig ist. Abhängig von dem Gebiet, wo Sie Ihre Linienelemente einzeichnen wollen, können verschiedene Probleme mit dem zu Grunde liegenden Kartenmaterial auftreten. Ungenaue Satellitenbilder, ungünstige Aufnahmeperspektiven oder fehlende und ungenaue Darstellungen der Straßen können uns die Arbeit erschweren. Da Ihnen eine Änderung der Kartendaten bei Google Maps nicht möglich ist, müssen Sie an diesen Stellen improvisieren und die Daten durch eigenes Wissen bereichern.

Beim Zeichnen mehrerer Strecken müssen Sie gerade bei mehrtägigen Touren auf die richtige zeitliche Reihenfolge achten, damit die Tour besser nachvollziehbar wird. Beim späteren Formatieren stehen uns dann Farben, Linienstärken und Transparenz als Gestaltungsmittel zur Verfügung, um eine optimale, ansprechende Darstellung der Routen zu erhalten. Nachdem Sie sich in diesem Kapitel ausführlich mit der Darstellung von Linien beschäftigt haben, werden Sie im nächsten Kapitel sehen, wie Flächenobjekte dargestellt werden können.

Reihenfolge beim Zeichnen

5 Flächen gestalten

In diesem Kapitel werden wir uns ausführlich mit dem dritten geometrischen Grundelement, der Fläche, beschäftigen. Damit können zum Beispiel Grundstücke, Parks, Seen oder die Fläche eines Campingplatzes dargestellt werden. Sie werden am Beispiel einer individuellen Karte zur Verwaltung von zum Verkauf stehenden Grundstücken sehen, wie Sie Flächen in Google Maps einfügen, bearbeiten und formatieren können.

5.1 Konzepte und Anwendungen

Bei Google Maps werden Flächen wie Grundstücke oder Seen als »Form« bezeichnet. An anderer Stelle (Fachliteratur, GIS-Software, ...) finden Sie diese zweidimensionalen Objekte unter dem Namen »Polygone«. Ein Polygon bzw. eine Form besteht aus einer Begrenzungslinie – einer Polyline – und einer Innenfläche.

Gerade aus der komplexeren Geometrie einer Fläche ergeben sich mehr Gestaltungsmöglichkeiten und Anwendungsgebiete, als es bei Punkten und Linien der Fall ist. Denken Sie z. B. daran, dass Sie in Kapitel 3 Punkte oftmals nur als Symbol für Flächen verwendet haben bzw. den Mittelpunkt oder einzelne Teile der Fläche mit den Ortsmarken dargestellt haben. Nehmen Sie stattdessen eine gestaltete Fläche, erhalten Sie deutlich mehr Informationen. In Kombination (siehe Kapitel 6) mit Punktsymbolen für Teile bzw. markante Stellen innerhalb der Fläche erhalten Sie später äußerst informative Karten.

Mehr Möglichkeiten als bei Punkten und Linien

Bevor wir mit der Erstellung einer individuellen Karte beginnen, wollen wir uns verschiedene Probleme ansehen, die in Zusammenhang mit Flächendarstellungen auf Karten entstehen, und wie Sie damit umgehen können.

5.1.1 Abweichende Flächengrößen

Wenn Sie flächenhafte Darstellungen auf Karten verwenden, müssen Sie sich immer bewusst sein, dass dabei im Vergleich mit den Punkten und

Linien die stärksten Abweichungen und Verzerrungen im Vergleich zum realen Objekt auftreten. Die Ursache dafür sind die Schwierigkeiten der Abbildung eines dreidimensionalen Geländes mit seinen Höhen und Tiefen auf die Kartenebene. Diese können zwar durch aufwändige Arbeiten beim Erstellen der Karten und Orthofotos minimiert, jedoch nie beseitigt werden. Dieser Sachverhalt wird bei Google Maps berücksichtigt: Haben Sie beim Zeichnen der Linien eine Information zur Länge eingeblendet bekommen, so fehlt hier diese Aussage zur Flächengröße beim Zeichnen. Auch die von anderen Herstellern angebotenen Tools zur Flächenberechnung liefern zwar Ergebnisse, die jedoch wegen der oben genannten Gründe ebenfalls mit Ungenauigkeiten behaftet sind.

Um eine genaue Darstellung und Messung zu gewährleisten, können nur echte 3D-Darstellungen helfen. Diese werden vereinzelt schon angeboten – allerdings »nur« zur Ansicht und nicht zum Bearbeiten für eigene Karten. Für unsere Zwecke kann man die angebotenen zweidimensionalen Karten und Orthofotos in Zusammenhang mit den Darstellungs- und Editiermöglichkeiten als durchaus gut und ausreichend ansehen. Wenn die Flächengröße eine wichtige Information für das abgebildete Objekt darstellt, können Sie diese als zusätzliche Sachinformation per Hand eintragen.

Wenn Ihnen hier und da professionelle Werkzeuge zum Editieren fehlen, wie Sie sie eventuell von anderen Systemen kennen, sollten Sie sich das Anliegen von Anbietern wie Google vor Augen führen. Hier handelt es sich nicht um individuelle Software mit den dazugehörigen speziellen Daten, sondern um eine Webapplikation mit für diesen Zweck sehr gutem Material. Zudem wird mit dieser Applikation ein weltweites, gleichzeitiges Arbeiten verschiedener Nutzer ermöglicht.

5.1.2 Genauigkeit der Darstellung

Bevor wir mit dem Erstellen einer Karte beginnen, steht die Sichtung des bereitgestellten Karten- und Bildmaterials für das interessierende Gebiet natürlich wieder an erster Stelle. Wesentliche Fragestellungen, die es zu beantworten gilt, sind z. B.:

- Ist das Kartenmaterial hinreichend genau?
- Bieten die Orthofotos in der gewünschten Zoomstufe noch ein ausreichend genaues Bild?
- Wie verhält es sich mit der Aussagekraft der Karte und des Orthofotos im verwendeten Gebiet?

Ihnen sollte immer klar sein, dass die hier verwendeten Karten mit Sicherheit nicht für professionelle Darstellungen, die als Beweismaterial z. B. in Rechtsstreiten dienen können, geeignet sind. Handelt es sich

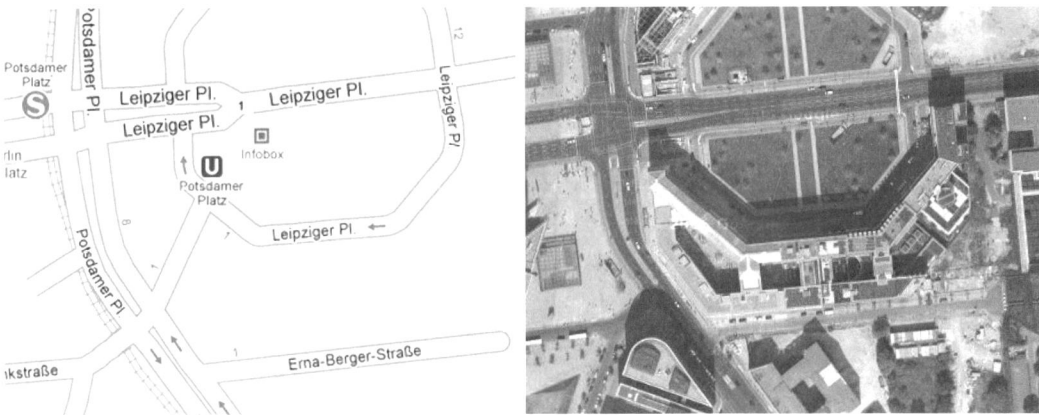

Abb. 5-1
Karte und
Satellitenbild im
Vergleich: Zu viele
Informationen können
auch verwirren.

um Karten- und Bildmaterial, das zu Diskussionen oder gar Streitigkeiten führen könnte, ist ein entsprechender Hinweis auf der Karte
angebracht, der auf die fehlende Rechtsgültigkeit verweist. Selbst äu-
ßerste Sorgfalt vorausgesetzt, haben Ihre eingezeichneten Objekte das
vorliegende Material als Grundlage und sind somit mit den gleichen
Fehlern/Ungenauigkeiten behaftet. Somit sind die erstellten Karten ausschließlich Informationsmaterial.

Bei der Entscheidung für die Verwendung der Google-Maps-Karte *Karte oder Orthofoto*
und/oder des Orthofotos ist es, ebenso wie bei der Darstellung der *als Grundlage?*
Punkte und Linien, ausschlaggebend, welche Detailgenauigkeit für die
zu veröffentlichende Karte angestrebt wird. Ist eine mehr schematische
Karte erwünscht, weil ein Überblick ausreichend ist, so kann eine aus-
schließliche Kartendarstellung als Grundlage vollauf genügen. Bei sehr
großen Flächen ist auch zu bedenken, dass das Orthofoto nebst Kar-
teninformationen für ein umfangreiches Gebiet sehr viel Datentransfer
und somit Wartezeit für den Betrachter bedeutet.

Aber auch eine möglichst genaue Darstellung kann ausschließlich
auf einer Karte beruhen. Denken Sie dabei an einen Innenstadtbereich,
der mit seinem Gewirr an Straßen, Gassen, Gebäuden, Grünanlagen
usw. besser als Karte denn als Bild dargestellt wird, wie in Abbildung
5-1. Eine zielgerichtete Suche kann dann schnell an der verwirrenden
Vielfalt scheitern. In den hohen Zoomstufen werden oft die Einzelheiten unscharf im Bild dargestellt und können so zusätzlich zur Verwirrung beitragen. Aber selbst bei guten Bildern führt die große Menge an
Informationen eher zu Unsicherheit als zu besserer Orientierung.

Es ist relativ einfach, ergänzende Text- und Bildinformationen im
beigefügten Informationsfenster anzubieten und zu gestalten. Wenn Sie

stattdessen bis in die einzelnen Pixel zoomen und dort zeichnen, verbessert das weder die Genauigkeit der Darstellung der Fläche noch trägt es zum besseren Verständnis des Sachverhaltes bei. Besser ist es, wenn Sie dem Benutzer nur beim Öffnen eine Betrachtungsvariante anbieten, die Sie ansprechend gestalten. Dieser kann dann bei Bedarf das Orthofoto zuschalten und so selbst den Betrachtungsmodus sowie die ihn interessierende Region nach seinen Wünschen variieren.

Anwendung für eine schematische Darstellung

Der Anwendungsbereich ist ein wesentlicher Gesichtspunkt bei der Wahl der voreingestellten Darstellungsart, in der die Karte beim Öffnen der Website erscheinen soll. Will man beispielsweise ein Gebiet des Vorkommens bestimmter Tier- und Pflanzenarten ausweisen, über ein Erholungsgebiet informieren, Zonen eines Lieferservices zur Kosteninformation aufzeigen oder das Areal für eine weiträumige Orientierungswanderung abstecken (Abb. 5-2), so reichen mit Sicherheit schematische Darstellungen in Form von Karten für die Orientierung aus.

Abb. 5-2
Diese Karte zeigt die Eingrenzung eines Wandergebiets.

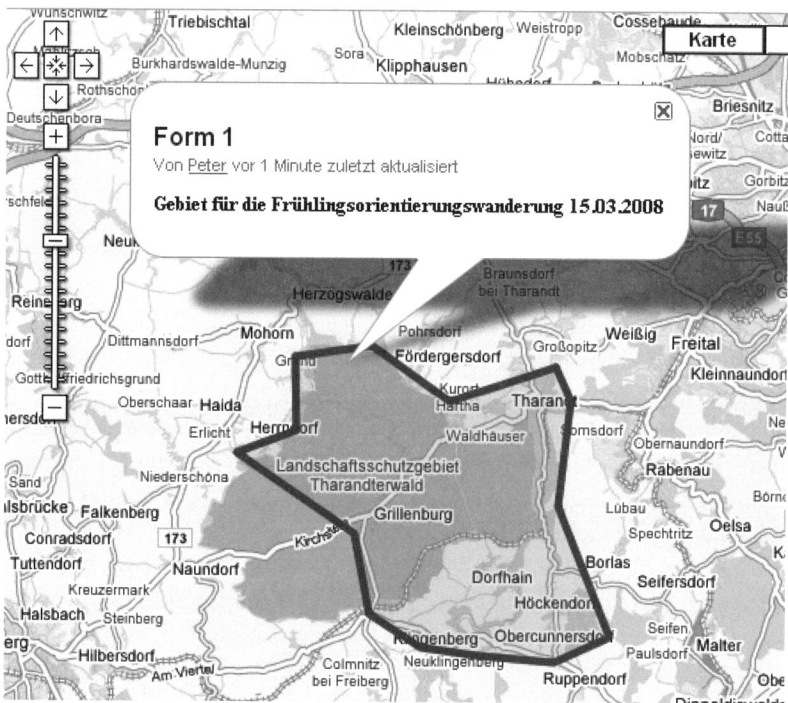

Für das Verständnis ist es nicht unbedingt erforderlich, dass die Begrenzungslinien direkten inhaltlichen Bezug zum Thema haben. Die eingezeichnete Fläche orientiert sich an markanten Orten auf der Karte, um sie für den Nutzer handhabbar zu machen. Hier ist wieder der aktive Nutzer gefragt, der bei Bedarf in Teilbereichen das Satellitenbild

Abb. 5-3
Schematische
Darstellung von
Parzellen

zuschalten und dort seine eigenen genaueren Betrachtungen anstellen kann.

Die Kartendarstellung geht oft nicht mit dem Orthofoto konform (erinnert sei hier an die Unterschiede bei der Darstellung von Straßen in Kapitel 4). Dieser Sachverhalt erschwert auch hier bei der Verwendung von Flächen unsere Arbeit. Im schlimmsten Fall können dadurch unsere Informationen dem Nutzer unglaubwürdig erscheinen. Gerade um solche Fälle zu vermeiden, muss man besonders aufmerksam das zu verwendende Material auswählen und die Zusatzinformationen feinfühlig gestalten bzw. formulieren.

Abweichung
Kartendarstellung und
Orthofoto

Bei unserem folgenden Anwendungsbeispiel zur Darstellung von Grundstücksparzellen in Abbildung 5-3 sind möglichst genaue Abbildungen erwünscht, um potenziellen Pächtern einen realistischen Eindruck von der Lage und der Umgebung der angebotenen Grundstücke zu vermitteln. Gerade das ist ein Beispiel dafür, unbedingt Hinweise zur nicht vorhandenen Rechtsverbindlichkeit hinzuzufügen, damit auf dem Bild beruhende Vermutungen nicht zu Unstimmigkeiten oder gar Streitigkeiten führen.

Anwendung für eine
genaue Darstellung

Im abgebildeten Beispiel sind die Parzellen deutlich voneinander getrennt, wie es in der Realität durch Wege der Fall ist. Hier liegt es im Ermessen des Kartenerstellers, ob diese Wege noch zusätzlich mit eingezeichnet oder im Begleittext genannt werden. Wenn nun die Parzellen direkt aneinandergrenzen oder der Weg entsprechend genau eingezeichnet werden soll, ist besondere Aufmerksamkeit geboten.

Hierbei wäre es sicher nützlich, ein Werkzeug zu haben, das beim genauen Zeichnen unterstützt, damit dann Kanten oder Eckpunkte benachbarter Flächen wirklich genau aufeinanderliegen. So kann es passieren, dass beim Zeichnen in einem groben Maßstab zwei Kanten direkt angrenzender Flächen wie eine Kante aussehen, zoomen sie jedoch

Einschränkungen bei
Google Maps

Abb. 5-4
Zwei gezeichnete
Flächen scheinen direkt
aneinanderzugrenzen.
Zoomen Sie weiter
hinein, liegen die
Flächenkanten doch
nicht aufeinander.

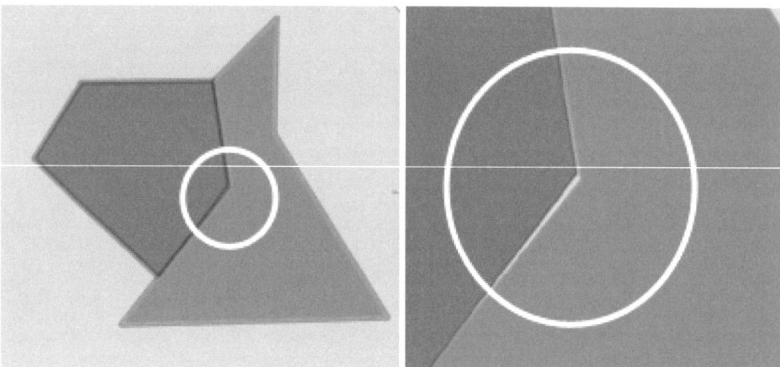

weiter in die Karte hinein, liegen die beiden Kanten doch nicht aufeinander (Abb. 5-4). Leider bietet uns Google Maps diese Möglichkeit des »Fangens von Punkten und Linien« nicht an, die standardmäßig z.B. bei Geografischen Informationssystemen enthalten ist.

Dieses Fehlen bedeutet für Sie etwas mehr manuellen Aufwand beim Einzeichnen, wenn Sie Kanten und/oder Eckpunkte benachbarter Flächen genau aufeinanderlegen möchten. Dazu zoomen Sie beim Zeichnen etwas näher hinein, um die Punkte/Linien besser mittig treffen zu können. Beim Betrachten der Karte im Ganzen werden Sie feststellen, dass die hier erzielte Genauigkeit ausreichend ist, denn die Abweichungen liegen bei sorgfältiger Arbeit innerhalb der Linienbreite der Kanten und sind somit de facto nicht sichtbar.

5.1.3   Gekrümmte Linien darstellen

Nun kommen wir zu einer problematischen Darstellung, welche auch schon bei den reinen Linien auftritt, aber in Kapitel 4 noch nicht erläutert wurde. Es handelt sich um das Problem der gebogenen Linien, die hier als Außenkanten unserer Flächen zu finden sind. Bei diesen Linien handelt es sich im verwendeten System Google Maps um die geometrischen Objekte »Polyline« die jeweils aus geradlinigen Teilstücken zusammengesetzt sind. Es wird hier kein gesondertes Symbol oder Tool angeboten, mit dem Sie z. B. »echte« Kreise, Kurven etc. direkt zeichnen können. Um dennoch den entsprechenden Eindruck zu erwecken, bleibt nur Handarbeit. Dazu zoomen Sie am besten sehr weit in den betroffenen Bereich hinein und erzeugen die Rundung mit vielen kleinen Abschnitten. Bei kleineren Zoomstufen erscheint es dann wie eine »echte« Rundung.

Nachdem Sie nun einen Eindruck davon gewonnen haben, auf welche Probleme Sie bei der Arbeit mit Flächen stoßen können, wollen

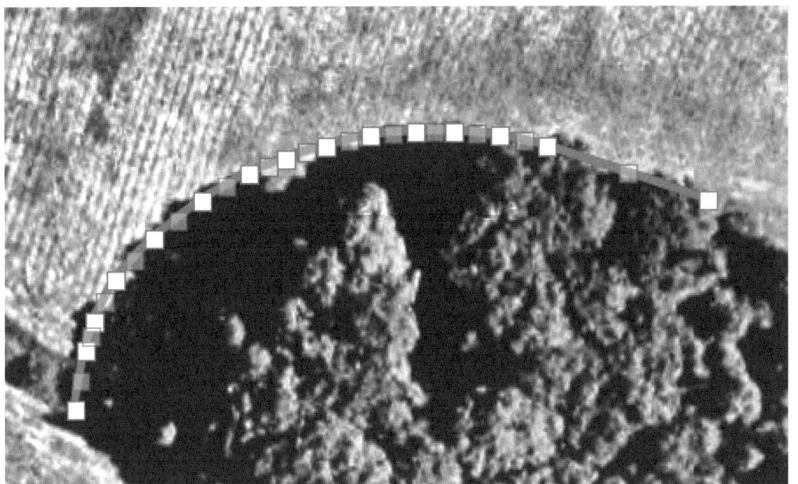

Abb. 5-5
*Eine Kurve als
kleingliedrige Polyline*

wir jetzt dazu übergehen, eine individuelle Beispielkarte mit Flächen in Google Maps zu erstellen. Unser Beispiel für die Darstellung von Flächen bei Google Maps ist dabei eine Karte mit Grundstücken, die ein Immobilienmakler im Angebot hat. Bei vielen Maklern ist es jetzt schon üblich, die Lage der angebotenen Grundstücke symbolisch auf Skizzen oder genauer auf Karten anzuzeigen. Dies wird im Internet auf den jeweiligen Webseiten und auch auf dem angebotenen Informationsmaterial in Papierform meist schon realisiert. So hat der Interessent eine grobe Orientierung zur Immobilie, was die Lage und das örtliche Umfeld angeht.

*Beispiel:
Grundstückskarte*

5.2 Arbeitsschritte in Google Maps

Wir werden für unser Beispiel einer Grundstückskarte nahezu reale Grundstücksformen in die Karte einfügen. Dadurch werden zusätzliche, wichtige Informationen zum Grundstück übermittelt, und das Angebot gewinnt wesentlich an Qualität. Wenn es dann noch (z. B. wegen der guten Qualität im Abbildungsmaßstab) möglich und sinnvoll ist, das Orthofoto einzublenden, werden weitere Informationen bereitgestellt. Insbesondere über das Grundstück selbst und natürlich über das nähere Umfeld kann der Betrachter die für ihn relevanten Fakten finden. Die Beschreibung des Objektes wird präziser und lesefreundlicher, wenn sie nur das Wesentliche, nämlich die individuellen Eigenschaften der Immobilie, enthält. Damit erübrigen sich z. B. ausführliche Beschreibungen zur Lage des Eingangsbereiches, der Form des Grundstückes, dem angrenzenden Umfeld der Grundstücke bis hin zur Bebauung und Verkehrsanbindung.

Die Interessenten bzw. die potenziellen Kunden können mit Hilfe dieser gestalteten bildlichen Informationen eine bessere Vorauswahl für weitere Recherchen treffen und dann zielgerichtet einige wenige Objekte besichtigen. So ergeben sich für alle Beteiligten – die Interessenten und die Immobilienanbieter – eine Reihe von nicht zu unterschätzenden Vorteilen und ebenso Einsparungen im Aufwand bei der Suche und Präsentation.

5.2.1 Vorarbeiten

Für unser Beispiel, dem Anbieten von Grundstücken zum Verkauf, sind einige spezielle Vorbetrachtungen und daran anschließend vorbereitende Arbeiten notwendig. Je mehr Mühe Sie sich mit den Vorarbeiten machen, desto einfacher wird es für Sie, später eine informative und ansprechende Karte zu gestalten. Es ist natürlich auch hier, wie bei allen Karten, ein Nachbessern möglich, aber ein schneller und umfassender Erfolg beim Erstellen (mit dem Ergebnis einer Webpräsenz, die schnell und aussagekräftig online steht) ist nicht nur für das Geschäft günstig, sondern wirkt sich mit Sicherheit auch stimulierend auf weitere Arbeiten aus.

Gruppierung der Objekte

In vielen Anwendungen haben Sie es nicht nur mit einer einzigen Fläche zu tun, sondern tragen mehrere, etwa verschiedene Grundstücke, dort ein. Damit der Betrachter Ihrer Karte die für ihn relevanten Objekte sofort sieht und diese auswählen kann, empfiehlt es sich, diese zu ordnen bzw. zu klassifizieren. Sie können diese Klassen/Gruppen anhand von eigenen Kriterien einteilen. Damit kann sich ein Interessent leichter auf der Karte zurechtfinden. Aber auch für uns selbst wird es einfacher, denn die Pflege des Datenbestandes gestaltet sich dann später unkomplizierter.

Gruppierung auf unterschiedlichen Karten

Folgende mögliche Gruppierungen der Objekte bieten sich für jeweils getrennte thematische Karten an:

- Alle Objekte, die von einem Mitarbeiter bearbeitet werden, befinden sich auf einer Karte. So kann zum Beispiel jeder Mitarbeiter im Maklerbüro seine eigene Karte pflegen.
- Es werden unterschiedliche Karten, nach Orten oder Regionen geordnet, angelegt. So kann sich ein Interessent beim Betrachten der Grundstücke auf die ihn interessierende Region konzentrieren.
- Unterschiedliche Arten von Immobilien (z. B. getrennt nach Gewerbe, Wohnraum, Lagerhallen) werden getrennt auf einzelnen Karten dargestellt.

Eine weitere Art der Klassifizierung ist dann zusätzlich innerhalb der Karte möglich. Diese wird am einfachsten durch unterschiedliche Farbgestaltung der Flächen realisiert. Gleichartige Immobilien erhalten dann die gleiche Farbe – Klassifizierungsmerkmale können sein:

Gruppierungen innerhalb einer Karte

> Erschließungsgrad: Hier kann unterschieden werden, ob ein Grundstück an das Straßennetz und an die Versorgungsleitungen angeschlossen ist bzw. ab wann dies geplant ist.
> Gewerbliche Nutzbarkeit: Hier kann zwischen gewerblich und nicht gewerblich nutzbaren Grundstücken unterschieden werden.
> Bebauung: Hier kann unterschieden werden, ob und wie ein Grundstück bebaut ist bzw. ob es bebaut werden darf.

Diese vorgeschlagene Gliederung in einzelne Karten kann selbstverständlich entsprechend Ihren Anforderungen noch verfeinert oder vergröbert werden. Ihren eigenen Ideen sind dabei kaum Grenzen gesetzt. Beachten Sie aber folgende Fragen: Wie viele Objekte sind innerhalb einer Karte sinnvoll? Was sind die technischen und organisatorischen Möglichkeiten und Grenzen der Datenbereitstellung? In welcher Qualität sind die zusätzlich verfügbaren Daten vorhanden? Was ist mein persönlicher Anspruch für die Karte, aber auch: Was erwartet der Kunde bzw. der Betrachter der Karte?

Bei unserem Beispiel ist es angebracht, zusätzliche Materialien, wie Grundrisse und Fotos, zu verwenden. Schon ein bereitliegender Lageplan erleichtert das Einzeichnen wesentlich. Für Grundstücke, die neu in den Bestand aufgenommen werden, sind die Einzelheiten und Besonderheiten noch nicht bis ins Einzelne bekannt. Auch, wenn die Ungenauigkeit der Karten und Orthofotos mancherorts verhindern, alle Details genau darzustellen, so soll doch der Kunde einen möglichst umfassenden Überblick bekommen. Es ist nun einmal unstrittig, dass der Umfang und die Qualität der Darstellung der Informationen das Verhalten der Interessenten stark beeinflussen. Ein gelungener Webauftritt mit den entsprechend sorgfältig gestalteten Karten als wichtigem Bestandteil spart mitunter an anderer Stelle kostenintensives Werbematerial beim Erstellen der Angebote.

Zusätzliche Materialien einbeziehen

5.2.2 Zeichnen der Flächen

Nachdem das erforderliche Material bereitliegt, kommen wir nun zu den praktischen Arbeiten. Die einleitenden Arbeiten zum Erstellen einer Karte unterscheiden sich auch hier nicht von denen der vorangegangenen Kapitel. Der Unterschied besteht in der Auswahl des Flächensymbols (*Form Zeichnen*) aus den Bearbeitungssymbolen.

Abb. 5-6
Das Form-Tool

Nach dem Anklicken des Buttons verändert der Cursor in der Karte sein Aussehen. Der hervorgehobene Mittelpunkt des Fadenkreuzes zeigt uns die Stelle des Markierens.

Abb. 5-7
*Schritt für Schritt wird
die Begrenzungslinie
aufgebaut.*

Durch jeweils einen einfachen Klick mit der linken Maustaste werden die einzelnen Eckpunkte nacheinander gesetzt. Die Verbindung zwischen ihnen wird als durchgezogene Polyline abgebildet. Die jeweils neue Linie seit dem letzten Punkt wird im Unterschied dazu als gestrichelte Linie mit der Cursorbewegung mitgeführt. So haben Sie eine Kontrolle des Verlaufs der Umfangslinie und gleichzeitig daraus resultierend der Form der Fläche.

Fläche schließen Es ist nicht erforderlich, beim Zeichnen genau zum Ausgangspunkt zurückzukehren. Beim abschließenden Doppelklick wird zuerst ein Punkt gesetzt und anschließend das Polygon von diesem zuletzt gesetzten Punkt hin zum Anfangspunkt automatisch geschlossen. Vor diesem Abschluss ist es praktisch, den Darstellungsmaßstab so weit zu verändern, dass die gesamte Fläche zu sehen ist. Bei komplizierten und großen Flächen ist es zusätzlich angebracht, vor dem Schließen bis in die Nähe des Ausgangspunktes hin zu zeichnen, um einen besseren Eindruck von der Gestalt und den Ausmaßen der Fläche zu gewinnen. So können Sie unliebsame Überraschungen beim Schließen der Fläche vermeiden, aus denen andernfalls umfangreiche Korrekturen oder gar das Löschen der gerade gezeichneten Fläche resultieren könnten.

Flächen korrigieren Zur Verfeinerung und Anpassung der Flächendarstellung können Sie noch Korrekturen vornehmen. Bei den Flächen verhält es sich ähnlich wie bei den Linien. Solange Sie sich im Bearbeiten-Modus befinden, reagieren die mit dem Cursor berührten Flächen und auch der Cursor selbst mit einer Veränderung des Aussehens. Bei den Flächen zeigen sich alle Punkte der Außenlinie, die beim ersten Anlegen bzw. nach schon erfolgten Korrekturen entstanden sind. An solchen Punkten kann die Fläche angefasst und umgeformt werden. Nach den Lageveränderungen mit Hilfe dieser Punkte entstehen wieder mittig zu den dazu benachbarten Punkten zwei neue Punkte. Durch die große Anzahl an erzeugten Punkten können Sie letztendlich die Formen der Fläche sehr gut ausarbeiten und z. B. auch die gekrümmten Außenlinien eines Polygons hinreichend genau zeichnen.

5.2.3 Flächen formatieren

Nach dem Zeichnen und Schließen erhält die Fläche die zuletzt verwendete (beim ersten Mal eine vom System zufällig eingestellte) Füllfarbe und eine durchgehende Außenlinie in der eingestellten bzw. einer ebenfalls zufällig ausgewählten Farbe. Außerdem erscheint, wie erwartet, das inzwischen hinlänglich bekannte Informationsfenster. Neben den formatierten Textinformationen und Bildern können Sie hier das Aussehen der zuvor gezeichneten Fläche entsprechend Ihrer Erfordernisse einstellen. Dazu reicht ein einfacher Klick auf das Symbol rechts oben im aktuellen Infobereich, und Sie erhalten folgendes Menü:

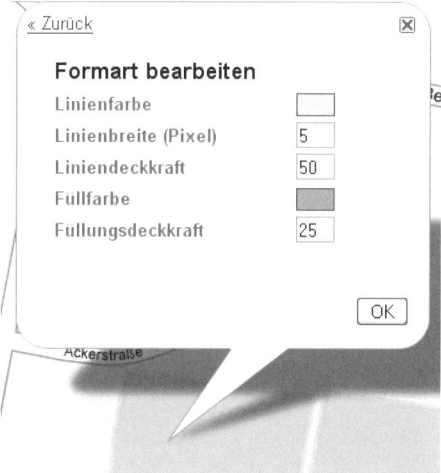

Abb. 5-8
Menü zum Einstellen der Eigenschaften der Fläche

Mit den drei oben stehenden Optionen zur Begrenzungslinie und den zwei darunter aufgeführten Möglichkeiten zur Flächengestaltung kann den einzelnen Flächen ein individuelles Aussehen gegeben werden. Es ist zudem möglich, die einzelnen Elemente innerhalb einer Karte unterschiedlich zu gestalten. So kann eine Klassifizierung bzw. eine entsprechende Abgrenzung der einzelnen Objekte untereinander äußerlich sichtbar gemacht werden, was eine Orientierung innerhalb des Angebotes erleichtert.

Begrenzungslinie formatieren

Die Optionen zur Linie sind uns noch aus dem vorhergehenden Kapitel von der Liniengestaltung bekannt. Sie sind hier analog zu bedienen.

Die *Linienfarben* können unabhängig von der jeweiligen Flächenfarbe ausgewählt werden, um einen deutlichen Abschluss der Flächen zu erzielen. So vermeiden Sie Missverständnisse bei der Zuordnung, wie sie bei einer Karte mit mehreren eng zusammenliegenden Objekten durchaus möglich sind. Es gilt dabei zu beachten, dass zu feine Abstufungen bei den Farben aneinandergrenzender Flächen bzw. zwischen Fläche und Außenlinie leider oft nicht wirkungsvoll sind. Nicht alle verwendeten Monitore und Internetbrowser stellen diese, bedingt durch individuelle technische Parameter und/oder anwenderspezifische Einstellungen, so dar, wie ursprünglich geplant. Um dennoch Unterschiede deutlich zu machen, kann man die farblichen Abstufungen verstärken.

Liniendeckkraft erhöhen

Eine weitere Möglichkeit zur besseren Differenzierung ist z. B. die Erhöhung der *Liniendeckkraft*. Damit wird der Kontrast zwischen den Flächen und ihren jeweiligen Umrandungen optisch verstärkt und damit einhergehend die Fläche deutlicher abgegrenzt und individualisiert.

Ein weiterer Wirkungsfaktor ist die *Linienbreite*. Das Aussehen sollten Sie ruhig einmal an Ihrem speziellen Beispiel testen. Oft ist eine schmale, aber kontrastreich abgesetzte Linie wirksamer als eine breitere. Eine störende und damit unnötige Unruhe im Gesamtbild entsteht bei der Verwendung unterschiedlich breiter Linien innerhalb einer Karte, wie man es in der nachfolgenden Abbildung sehen kann.

Innenfläche formatieren

Bei den Flächeneigenschaften können Sie die Farbe und die Deck-

Abb. 5-9
Ein Beispiel für irritierende Außenlinien

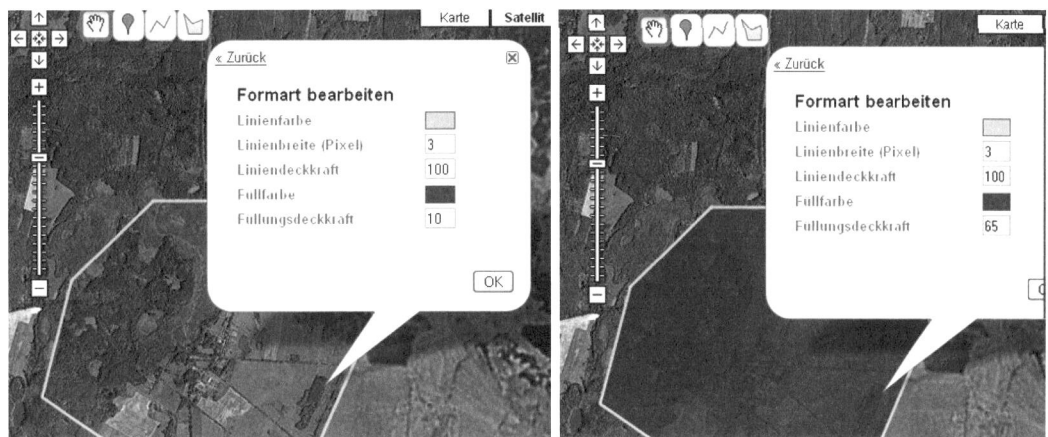

kraft einstellen. Die Farbe können Sie sich dabei aus einer angebotenen Palette auswählen. Gerade bei der Verwendung von Orthofotos ist jedoch Vorsicht geboten. Sind sich die Farben zu ähnlich, hebt sich die Fläche nicht genügend vom Hintergrund ab, und sie erscheint nicht mehr als eigenständiges Objekt. Sie können zwar die Deckkraft erhöhen, um die Sichtbarkeit zu verbessern, aber dann bleibt unter Umständen der aussagekräftige Hintergrund auf der Strecke. Wenn es sich dabei etwa um ein detailreiches Orthofoto handelt, ist dies besonders schade, zum einen wegen der entgangenen Informationen und zum anderen wegen des dann unnötigen Aufwandes zum Laden des Orthofotos. Entsprechend negative Beispiele soll die folgende Abbildung aufzeigen.

Leider stehen uns derzeit noch keine weiteren Möglichkeiten zur Gestaltung von Flächen, wie z. B. unterschiedliche Füllmuster, zur Verfügung. Diese Gestaltungsvariante ist bei professionellen GIS-Systemen möglich. Sie kann allerdings bei unvorsichtigem Einsatz schnell für zusätzliche Verwirrung und Unübersichtlichkeit sorgen. Diese Gefahr besteht insbesondere bei sehr detaillierten Karten und Orthofotos, wenn sich das Muster mit den Kartendetails mischt.

Jetzt können Sie zum Einzeichnen weiterer Flächen in unserer Karte übergehen, denn Sie haben eine ganze Reihe von Kenntnissen und Fertigkeiten beim Anfertigen der ersten Flächen erworben. Technische Stolpersteine sind bekannt und können umgangen werden. Die Ihnen gebotenen gestalterischen Möglichkeiten können Sie dabei zielgerichtet einsetzen.

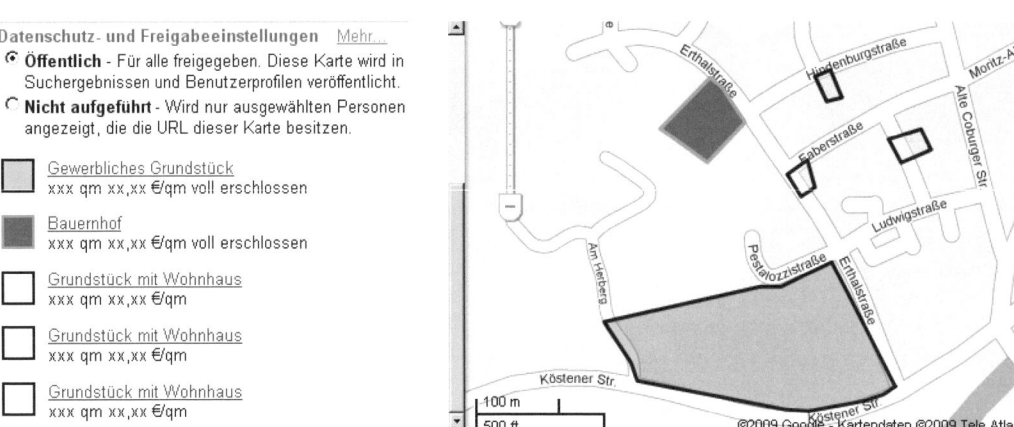

Datenschutz- und Freigabeeinstellungen   Mehr...
- **Öffentlich** - Für alle freigegeben. Diese Karte wird in Suchergebnissen und Benutzerprofilen veröffentlicht.
- **Nicht aufgeführt** - Wird nur ausgewählten Personen angezeigt, die die URL dieser Karte besitzen.

Gewerbliches Grundstück
xxx qm xx,xx €/qm voll erschlossen

Bauernhof
xxx qm xx,xx €/qm voll erschlossen

Grundstück mit Wohnhaus
xxx qm xx,xx €/qm

Grundstück mit Wohnhaus
xxx qm xx,xx €/qm

Grundstück mit Wohnhaus
xxx qm xx,xx €/qm

Abb. 5-11
Die fertige Karte mit unterschiedlichen Immobilientypen

Ein Beispiel, wie die fertige Karte aussehen kann, ist in Abbildung 5-11 zu sehen. Die unterschiedlichen Immobilientypen (Wohnhaus und Gewerbe) wurden durch verschiedene Typen der Umrandungslinien und verschiedene Füllfarben voneinander abgegrenzt. Unterscheiden sich die dargestellten Grundstücke sehr in ihrer Größe und liegen zudem noch relativ verteilt, sind die kleineren Immobilien etwas schwerer auszumachen. Eine kontrastreiche Darstellung erleichtert in diesem Falle sicher das Auffinden in der Karte. In der Gliederung links sind sie natürlich gleichwertig aufgeführt und können durch Anklicken erreicht werden. Im Infofenster sind zusätzlich einige technische Daten zu den Grundstücken aufgeführt. Da es sich um eine öffentliche Karte handelt, wird hier selbstverständlich auf persönliche Daten (z. B. Vorbesitzer oder Gründe für den Verkauf) verzichtet.

Mit diesem Beispiel sind die Arbeiten an unserer thematischen Karte »Immobilienangebot« vorerst abgeschlossen, und der Link zu dieser Karte kann veröffentlicht, in die Firmen-Website eingebunden sowie Interessenten direkt mitgeteilt werden.

Ständige Aktualisierung ist wichtig.

So lange die Karte im Internet präsentiert wird, müssen Sie darauf achten, dass der Datenbestand immer wieder aktualisiert wird, mögliche Fehler beseitigt werden und auch neue Informationen und Bilder zu bereits angebotenen Objekten bereitgestellt werden. Diese Arbeiten stellen auch in der Zeit nach der ersten Veröffentlichung einen nicht zu unterschätzenden Aufwand dar, der jedoch notwendig ist. Eine Website, die nicht lebendig bleibt und sich verändert, wird mit Sicherheit immer seltener aufgerufen. Interessenten entscheiden sich im Allgemeinen nicht schon beim ersten Besuch der Website und registrieren sehr sensibel, ob Daten nur einfach so abgelegt sind oder Veränderungen von aktivem Interesse und Kenntnis des Anbieters zeugen.

Und schließlich können Sie die auf der Karte bereitzustellenden Daten reduzieren und damit die Ladezeit der Website beeinflussen. Erinnern Sie sich daran, wie ärgerlich es ist, wenn sich eine Website nur sehr langsam aufbaut und man schnell geneigt ist, eine andere auszuwählen. Umfassende und informative Daten haben keinen Nutzen, wenn sie zu umfangreich werden und Details schließlich in der Fülle untergehen.

Ladezeit der Webseite

5.3 Zusammenfassung

In diesem Kapitel haben Sie die Möglichkeiten der Darstellung von Flächen näher kennengelernt. Ein Vorteil beim Einsatz von Flächen auf Karten im Netz ist, dass man mehr gestalterische Möglichkeiten hat als bei Punkten und Linien. Allerdings haben Flächen auf Karten den Nachteil, dass sie – auf Grund der Abbildung einer dreidimensionalen Fläche in eine zweidimensionale Form – auch die größten Ungenauigkeiten im Vergleich zur Realität aufweisen.

Bevor Sie eine eigene Karte mit Flächen erstellen können, müssen Sie sich daher Gedanken zur Genauigkeit der Darstellung und zur Formatierung machen. Dies hängt von der gewünschten Anwendung, aber auch vom Kartenhintergrund ab. In Google Maps finden wir einige Einschränkungen. So können Sie beispielsweise keine kurvigen Flächen zeichnen, sondern müssen diese mit kleingliedrigen Polylines approximieren. Ein Werkzeug, um Flächen genau an ein anderes Objekt anschließend zu zeichnen, fehlt ebenfalls. Zudem stehen Ihnen keine Flächenfüllmuster zur Verfügung, sondern die Möglichkeit, die Farbe und die Transparenz der Fläche zu beeinflussen. Eine beliebige Auswahl bzw. ein eigenes Erstellen von Mustern, wie bei den Punktsymbolen, ist hier nicht möglich. Diese Einschränkungen sind bei vielen Anwendungen im privaten und semiprofessionellen Bereich nicht schwerwiegend. Die von Google Maps angebotenen Möglichkeiten zum Anfertigen von qualitativ hochwertigem Informationsmaterial reichen jedoch, wenn keine Rechtsgültigkeit angestrebt wird.

Genauigkeit und Formatierung

Das Kennenlernen der Grundelemente in Google Maps – Punkte, Linien und Flächen – können wir mit diesem Kapitel beenden. Weiterführende und komplexere Gestaltungsvarianten lernen Sie in den folgenden Kapiteln kennen. Diese werden Ihnen dabei helfen, Ihre Karten noch aussagekräftiger und interessanter zu gestalten.

6 Kombination verschiedener Elemente

In diesem Kapitel werden Möglichkeiten erarbeitet und Varianten aufgezeigt, um die geometrischen Elemente Punkt, Linie und Fläche in einer Karte miteinander zu verbinden. Bei der Darstellung und Übermittlung von Informationen werden Sie die Vorteile der jeweiligen geometrischen Bausteine in verschiedenen Anwendungen gezielt nutzen.

6.1 Geometrische Grundelemente verbinden

In den vorangegangenen Kapiteln haben Sie die einzelnen geometrischen Elemente und die dazugehörigen Werkzeuge kennengelernt, die Ihnen für das Erstellen und Veröffentlichen von selbst gestalteten Karten vom Portal Google Maps zur Verfügung gestellt werden.

Der Punkt, das einfachste Symbol bei der Darstellung, sollte nicht in seinen Möglichkeiten unterschätzt werden. Der direkte und unmittelbare Verweis auf versteckte bzw. besondere Orte sowie punktgenaue Informationen sind die Stärken dieses Darstellungselementes. *Punkt*

Linien können genauso gut in kleinformatigen wie in großformatigen Karten verwendet werden und sind vielseitig einsetzbar: von der Darstellung von Touren per Rad, Boot, Auto aus dem Freizeitbereich bis hin zu Routen- oder Streckenvorgaben in kommerziellen Anwendungen. *Linie*

Die zuletzt vorgestellte Variante der geometrischen Elemente, die Fläche, bietet ebenso vorteilhafte Besonderheiten. Die Konzentration auf ein Gebiet, das entsprechend der Anwendung großflächig (mehr ein grobes, symbolisches Eingrenzen) oder fein (Detailinformationen, jedoch nicht rechtsverbindlich) eingegrenzt wird, bietet viele Gestaltungsmöglichkeiten für Informationen. *Fläche*

In jedem Falle haben Sie außerdem die Möglichkeit, durch stilistische Gestaltung (z. B. Farbe, Form, Transparenz) der Elemente selbst die gesetzten Schwerpunkte zu betonen. Vergessen werden darf dabei selbstverständlich nicht das Informationsfenster, das mit gestalteten Texten wesentlich zum Gelingen des Internetauftritts beiträgt.

In Google Maps ist es grundsätzlich möglich, Karten zu erstellen, in denen die drei geometrischen Grundformen gemeinsam und gemischt vorkommen können. Die Gliederung/Reihenfolge der Elemente richtet sich ausschließlich nach inhaltlichen Gesichtspunkten bzw. den gestalterischen Ideen des Kartenerstellers oder seines Auftraggebers.

Material sichten
Wie bei allen anderen Themen erfolgt vor dem ersten Schritt zum Aufbauen der Karte das Sichten, Sortieren und Ergänzen des Materials. Auf dieser Grundlage entwickelt sich die gestalterische Idee einschließlich der Planung der zu verwendenden geometrischen Elemente in ihrem Aussehen und dem verständlichen Eingliedern in die Hierarchie der Gesamtkarte.

Reihenfolge der zu zeichnenden Elemente
Unsere Hierarchie ergibt sich durch die Reihenfolge beim Zeichnen der einzelnen Objekte in der Karte, was eine entsprechende Planung voraussetzt. Es ist in Google Maps nicht möglich, Elemente nachträglich weiter oben in die Hierarchie einzufügen oder anderweitig die Reihenfolge zu ändern. Karten, bei denen Ihnen Hierarchien für die anzuzeigenden Elemente nebst entsprechenden Sortierungen begegnet sind (vergleiche etwa Abb. 1-3), die vielleicht sogar interaktiv verändert werden können, bedürfen einer entsprechenden Programmierung, auf die an dieser Stelle nicht eingegangen wird.

Hier folgen im Anschluss drei Beispiele, in denen Sie grundlegende Verfahren und Ideen verwirklichen können, bei denen verschiedene geometrische Elemente verwendet werden. Diese Beispiele können selbstverständlich verallgemeinert und als Anregung für ähnlich gelagerte Anwendungen verstanden werden.

6.2 Beispiel 1: Flächen und Punkte

In unserem ersten Beispiel sollen Pflanzen in einem abgegrenzten Gebiet, etwa einem Botanischen Garten oder einem Naturschutzgebiet, dargestellt werden. Diese Art von Karten ist für Besucher des Botanischen Gartens wichtig, um den berühmten Goethe-Gingko auch bestimmt nicht zu verpassen, oder für Wanderer im Naturschutzgebiet, um die seltenen Orchideen zu finden. Im Rahmen der Vorbetrachtungen für unser Beispiel können Sie nun verschiedene Ideen zur Gestaltung entwickeln.

Gedanken zur Reihenfolge der zu zeichnenden Elemente

Bei der Planung ist die Reihenfolge der einzelnen Elemente (Pflanzen, Gebiete) in der Gliederung, die sich links neben der Karte befindet, besonders wichtig. Diese Gliederung beeinflusst die Reihenfolge des Zeichnens, denn die einmal gezeichneten Elemente lassen sich in der Gliederung nicht mehr verschieben.

Zwei grundlegende Möglichkeiten bieten sich bei der Positionierung des Flächenelements innerhalb der Gliederung an:

Die Fläche als erstes Element: Für die Gliederung bedeutet dies, dass die Fläche als Kartenelement ganz oben erscheint. Der wesentliche *Vorteil* liegt darin, dass ein direkter und schnell erreichbarer Aufruf der betroffenen Gegend möglich ist. Da die einzelnen Elemente in der Reihenfolge ihres Zeichnens abgelegt werden, zeichnen Sie die Fläche zuerst und haben damit gleichzeitig eine gute Orientierung für die weitere Arbeit.

Fläche zuerst zeichnen

Wenn für unser Beispiel die Standorte der Pflanzen im Mittelpunkt stehen, die Fläche aber zuerst angezeigt wird, dann erscheinen die in der Liste nachfolgenden Pflanzenstandorte dem Benutzer vielleicht weniger wichtig. Wenn zudem der Name der selbst erstellten Karte und der Name der Fläche identisch sind (z. B. »Botanischer Garten«), dann kann es den Benutzer irritieren, dass er dieselbe Bezeichnung gleich zweimal hintereinander liest (zuerst als Name der Karte und direkt darunter als Name der Fläche).

Die Fläche als letztes Element: Als *Vorteil* dieser Reihenfolge ist anzusehen, dass die Hauptakteure der Karte – die vereinzelt und selten vorkommenden Pflanzen – ganz oben in der Gliederung stehen. Die Fläche – hier das betrachtete Gebiet – steht zwar ganz unten in der Liste, ist aber auf der Karte allgegenwärtig. Bei entsprechender Gestaltung werden viele Informationen schon bei genauerer Betrachtung vermittelt.

Fläche zuletzt zeichnen

Wenn die Punktelemente gezeichnet werden, bedarf es einer erhöhten Aufmerksamkeit, da die alles umfassende Fläche noch nicht zum Orientieren vorhanden ist, da sie ja erst als letztes Element angelegt wird.

Ungünstig bei dieser Zeichenreihenfolge ist es jedoch, wenn im Infoteil des Flächenelements viele verschiedene Informationen, z. B. die Öffnungszeiten oder Hinweise auf regelmäßige Veranstaltungen, abgelegt sind und der Nutzer erst lange blättern muss, um zu diesen Informationen zu gelangen.

Abb. 6-1
Das Arbeitsgebiet mit
transparenter
Hilfsfläche

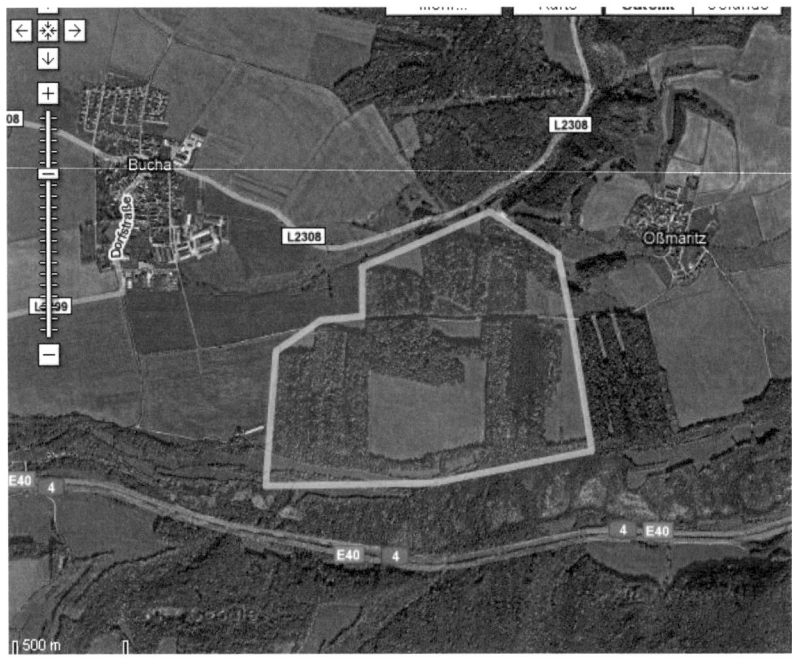

Hilfsfläche zeichnen

Im hier folgenden praktischen Beispiel werden wir der zweiten Variante den Vorzug geben, damit die Pflanzenstandorte zuerst angezeigt werden. Daraus ergibt sich für uns als erste Aufgabe die Wahl eines geeigneten Kartennamens, um schon damit möglichst viele Informationen zu übermitteln und gleichzeitig unnötiges Blättern zu vermeiden; wir wählen: *»Seltene Pflanzen auf dem Kernberg entlang der Autobahn«.*

Wenn Sie zuerst die seltenen Pflanzen als Punktobjekte einzeichnen, kann es passieren, dass Sie dabei auch Punkte zeichnen, die gar nicht zum betrachteten Gebiet (der Fläche) gehören. Daher gilt es den entscheidenden Nachteil (fehlende Fläche zum Orientieren beim Zeichnen) zu beseitigen. Als Hilfsmittel, welches später wieder entfernt wird, zeichnen Sie als Erstes eine Hilfsfläche ein. Sie wird transparent gestaltet, damit die Orientierung und das Zeichnen der Punkte erleichtert werden. Wenn Sie später mit dem Zeichnen der Pflanzenstandorte fertig sind, kann die Hilfsfläche wieder gelöscht werden.

Nun werden in diese vorbereitete Karte die Pflanzen mit ihren Standorten eingezeichnet. Hierbei nutzen Sie die Ihnen bekannten Gestaltungseigenschaften der Punktobjekte. Für eine übersichtliche Anordnung können Sie verschiedene Pflanzenarten mit jeweils dem gleichen Symbol darstellen. Als Ortsmarke können jedoch auch eigene Fotos der seltenen Pflanzen verwendet werden. Wie Sie diese Idee umsetzen können, ist in Abschnitt 3.3 beschrieben.

Erstellt von mir
☑ **Kapitel_6_1**

Die Eintragungen sind fiktiv
Datenschutzeinstellungen   Mehr
○ Öffentlich -- Anderen erlauben, diese Karte in
   Suchergebnissen und in Ihrem Profil zu finden.
○ Nicht aufgeführt

   "unser" Gebiet

   Purpurknabenkraut

   Purpurknabenkraut

   Nestwurz

   Frauenschuh

Ob Sie beim Zeichnen erst die Verteilung einer Pflanzenart darstellen und dann mit der nächsten beginnen oder zuerst in ein Teilgebiet hineinzoomen und dort alle Pflanzen zeichnen und dann ein anderes Teilgebiet betrachten, ist eine individuelle Entscheidung. Sie hängt von der Anzahl der Arten und der Größe des Gesamtgebietes sowie den einzelnen Häufungen von Pflanzen ab. In unserem Beispiel handelt es sich um ein relativ kleines Gebiet mit wenigen Standorten – daher werden die Pflanzen nicht geordnet nach Pflanzenart dargestellt. Selbstverständlich erhält jede Pflanzengruppe ein eigenes Symbol.

Im vorletzten Schritt zeichnen Sie die Fläche noch einmal und gestalten sie entsprechend Ihren Wünschen mit Flächenfüllung und Rand. Nun ist der Zeitpunkt gekommen, die erste (Hilfs-)Fläche, die nur als Orientierungshilfe diente, zu löschen. Dazu klicken Sie die Hilfsfläche an. Im dazugehörigen Infofenster gehen Sie dann auf den Link *Löschen*. Damit haben Sie die angestrebte Reihenfolge der Elemente erreicht. Nach den letzten Korrekturen ist die Karte entsprechend Ihren Wünschen fertiggestellt.

Abb. 6-2
Die ersten Orchideen sind in die Hilfsfläche eingezeichnet. Dabei hat jede Pflanzengruppe ein eigenes Symbol bekommen.

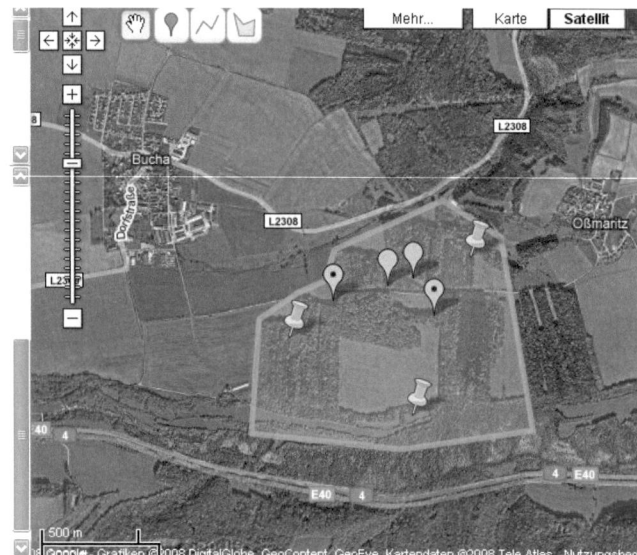

Purpurknabenkraut

Nestwurz

Frauenschuh

Frauenschuh

Nestwurz

Purpurknabenkraut

Fläche fertig

Abb. 6-3
Die Karte zum
Naturschutzgebiet ist
fertig.

6.3 Beispiel 2: Linien mit Punkten und Flächen

In diesem zweiten Beispiel werden Sie eine Karte erstellen, in der alle drei geometrischen Elemente verbunden werden. Dazu greifen wir das Thema »mehrtägige Radtour« wieder auf. Dieses Mal werden die Informationen wesentlich umfassender ausfallen, denn neben der eigentlichen Tour als Linienthema sollen als Punktthema die Übernachtungsstellen und als Flächenthema interessante Gebiete (Parks, Naturschutzgebiete, ...), die am Weg lagen, eingefügt werden.

Die chronologische Abfolge der Tagestouren mit den entsprechenden Übernachtungsstellen ergibt sich aus dem Thema selbst und ist eine eindeutige Vorgabe für das Zeichnen der Kartenelemente. Bleiben noch die interessanten Gebiete, die unmittelbar an der Strecke bzw. in er-

Zeichenreihenfolge reichbarer Entfernung zu finden waren. Hier müssen Sie sich für eine
festlegen der drei folgenden Varianten bei der Gliederung entscheiden.

▢ *Die Flächen vor den anderen Objekten:* Der *Vorteil* dieses Verfahrens besteht darin, die Sehenswürdigkeiten als Ankündigung zu erhalten, quasi als Motivation und Stärkung der Vorfreude. *Nachteilig* wirkt sich bei dieser Darstellung aus, dass die Positionen der einzelnen Objekte innerhalb der Tour nur schwer zu erkennen sind.

Die Flächen nach den anderen Objekten: Entscheiden Sie sich für diese Variante, ist der *Vorteil* darin zu sehen, dass die Sehenswürdigkeiten noch einmal am Ende der Tour zusammengefasst werden und somit nicht in der Tour selbst untergehen. Hier besteht der gleiche *Nachteil* wie bei der vorherigen Variante, d. h., der Betrachter muss schon genauer in der Karte suchen und aufgrund der Lage schlussfolgern, welchem Tourtag die Besichtigung zugeordnet werden kann.

Die Flächen in den Tourplan integrieren: Es kann durchaus von *Vorteil* sein, die Sehenswürdigkeiten in den Tourplan zu integrieren, um so die einzelnen Höhepunkte besser hervorzuheben und eindeutig dem allgemeinen Zeitplan zuzuordnen. Allerdings kann es in diesem Zusammenhang passieren, dass Gebiete bei dieser Darstellungsvariante etwas im Tourplan untergehen. Dieser *Nachteil* kann besonders dann auftreten, wenn die Tour sehr komplex ausfällt.

Unabhängig davon, wo Sie die Einträge platzieren, in der Karte sind die Gebiete jederzeit sichtbar und können demzufolge den Tagesetappen bedingt zugeordnet werden. Wenn jemand die Tour nachfahren möchte, nimmt er diese Karte höchstwahrscheinlich eher als allgemeine Anleitung denn als strenge Vorschrift. Aus diesen Überlegungen heraus empfehlen wir die zweite Variante. Sie zeichnen also die entsprechenden Gebiete an das Ende des Tourplans, um so die beiden Schwerpunkte – einerseits die gefahrene Tour und andererseits die erlebten Sehenswürdigkeiten – jewels in sich geordnet zusammenfassen.

Die Tour beginnt mit dem Treffpunkt aller Teilnehmer. Von hier an werden die Linien- und Punktsymbole immer im Wechsel erscheinen, um die Fahrstrecke und den Endpunkt der Tagesetappe darzustellen. Doch schon am ersten Fahrtag gibt es eine Abweichung von dieser Struktur, denn hier wurde nicht alles mit dem Rad gefahren. Um dem Stadtverkehr des Kerngebietes zu entgehen, wurde eine Vorortbahn genutzt.

Darstellung der Tagesetappen

In der Karte erfolgt die Gestaltung dieser Teilstrecke nicht im Stil der restlichen Tour. Zunächst wird für diese Strecke eine andere Farbe verwendet. Bei den eigentlichen Radstrecken zeichnen Sie die Tour relativ genau in den Straßenverlauf ein. Die Bahnetappe wird dagegen stilisiert eingezeichnet. Sie wird als einfache Gerade vom Start- zum Endbahnhof ohne Berücksichtigung der eigentlichen Bahnlinie bzw. Fahrstrecke gezeichnet, deren genauer Verlauf in diesem Falle auch nicht besonders wichtig war (wie es z. B. bei einer historischen Strecke der Fall gewesen wäre). Damit haben Sie alle relevanten Informationen gebündelt. Der neu entstandene Startort wird mit einem anderen Symbol eingezeichnet.

Gestaltung einer Teilstrecke

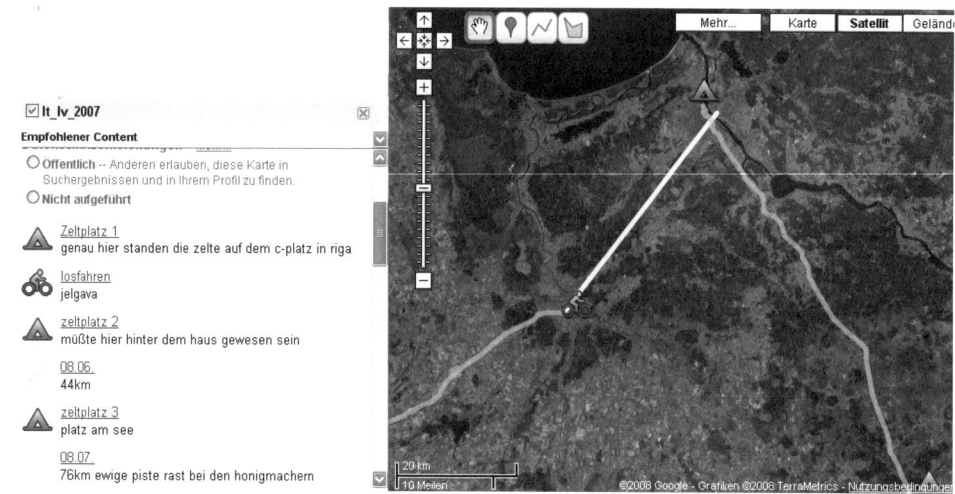

Im Bildbereich:

☑ lt_lv_2007 ☒

Empfohlener Content

○ Öffentlich -- Anderen erlauben, diese Karte in Suchergebnissen und in Ihrem Profil zu finden.
○ Nicht aufgeführt

△ Zeltplatz 1
genau hier standen die zelte auf dem c-platz in riga

🚲 losfahren
jelgava

△ zeltplatz 2
müßte hier hinter dem haus gewesen sein

08.06.
44km

△ zeltplatz 3
platz am see

08.07.
76km ewige piste rast bei den honigmachern

20 km
10 Meilen
©2008 Google - Grafiken ©2008 TerraMetrics - Nutzungsbedingungen

Abb. 6-4
*Der Anfang der Tour –
mit unterschiedlichen
Linien für Zug- und
Radstrecken*

Im Folgenden wird der Verlauf der Radstrecke in einzelnen Tagesetappen eingezeichnet. Eine weitere Zugstrecke im Tourverlauf können Sie im Stil der ersten Strecke zeichnen. Damit ist die Wiedererkennbarkeit und Zuordnung zum Gesamtverlauf gesichert.

Sollten sich im Tourverlauf weitere Sonderstrecken (z. B. örtliche Rundwege, mögliche Abkürzungen bzw. Erweiterungen) ergeben, werden diese ebenso in die Karte mit einem eigenen Stil eingefügt. Dadurch ist gewährleistet, dass die eigentliche Tour immer deutlich erkennbar bleibt und die Besonderheiten und Abweichungen als solche sofort erkennbar sind. Eine mögliche Karte zeigt Abbildung 6-5, hier sind Tagesstrecken und die Zeltplätze (mit einer Standardortsmarke) eingezeichnet.

Wie vorgesehen, kommen wir nun zum letzten Schritt, dem Zeichnen der Flächen. Da es sich in unserer Anwendung um Gebiete handelt, die zur Besichtigung vorgeschlagen werden, sollten sie doch relativ transparent dargestellt werden. So kann man – ein gutes Orthofoto vorausgesetzt – zur Vorbereitung seines Besuches sich schon einmal einen Eindruck von dem Gebiet verschaffen. Im Verhältnis zur Gesamttour werden die Parks etc. jeweils eine relativ kleine Fläche einnehmen. Ein schmaler, aber gut sichtbarer Rand ist daher vorteilhafter als ein breiter, der die eigentliche Fläche in der Darstellung erdrückt, wie in Abbildung 6-6 zu sehen ist.

Als letzten Schritt führen Sie wie bei allen unseren Karten noch einmal eine Kontrolle der Lage der einzelnen Elemente durch. Diese beginnt bei den Positionen der Punktelemente und geht weiter zur Plausibilität und Genauigkeit der Streckenführung bis hin zum Gesamtein-

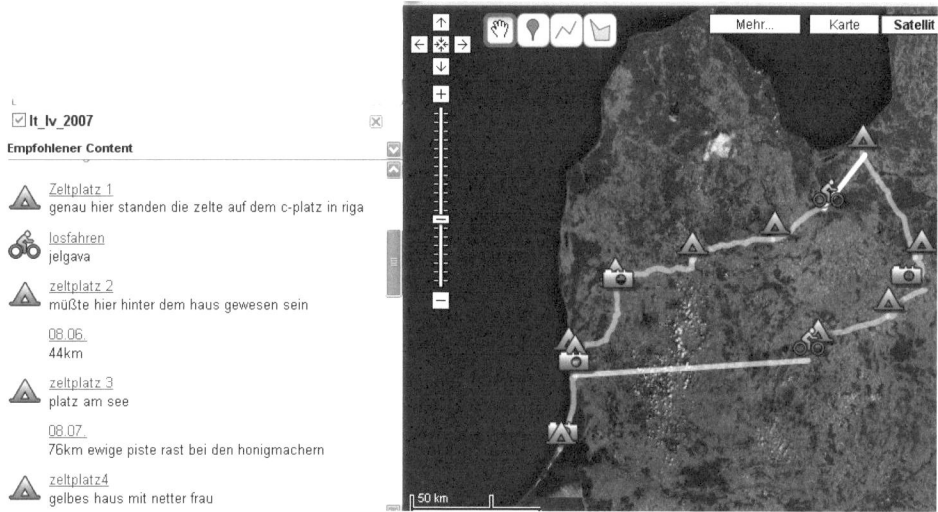

Abb. 6-5
*Die Tourlinien und
-punkte*

druck der Gestaltung. Nach den letzten notwendigen Korrekturen stellen Sie noch die optimale Größe der Karte für den Aufruf ein, damit der Interessent für seine Neugierde belohnt wird und noch länger verweilt.

Für eine bessere Orientierung sind noch weitere Punktsymbole in die Karte gezeichnet. Das hier von uns verwendete Standardsymbol, der Fotoapparat, zeigt interessante Orte an. Ein solcher Ort kann auch ein Park, also eine Fläche, sein. Dass für eine solche Fläche trotzdem zusätzlich ein Punktsymbol verwendet wird, hat folgenden Hintergrund: Im Gesamtüberblick kann es passieren, dass Flächen wegen ihrer geringen Größe übersehen werden. Da die Symbolgröße von Punkten unabhängig vom Darstellungsmaßstab ist, setzen Sie damit einen in jeder Darstellung sichtbaren Hinweis. Beim Hineinzoomen an diesen Stellen

Abb. 6-6
*Mit einem breiten
Rand wirkt das
eingezeichnete Objekt
eher wie eine Linie, erst
beim Hineinzoomen ist
die Fläche gut zu
erkennen.*

Abb. 6-7
Alle Elemente sind vertreten.

erscheinen dann auch die Flächen in ihrer Form und Ausdehnung, und der Betrachter kann seinen Informationshunger stillen oder einfach seine Neugierde befriedigen.

6.4 Beispiel 3: Fläche mit weiteren Flächen, Linien und Punkten

Ein weiteres Beispiel zum Bündeln und Anbieten von Informationen kann nun hier als Erweiterung des Immobilienszenarios aus Kapitel 5 mit der komplexen und gemischten Darstellung von

- Gewerbegebieten mit einzelnen Teilflächen als Flächenelemente,
- Nahverkehrsrouten als Linien und
- Haltestellen des Nahverkehrs als Punktobjekte

realisiert werden.

In der Vielzahl und der Kombination dieser verschiedenen Elemente liegt hier die besondere Herausforderung. Speziell die Anordnung von Flächen in Flächen stellt auch an die Gestaltung hohe Anforderungen, denn die verschiedenen Elemente und die im Einzelnen zu ihnen abgelegten Informationen sollen übersichtlich dargestellt werden, und die Seite als Ganzes soll durch ein ansprechendes Aussehen den Besucher zum Verweilen einladen.

Zu diesen Flächen kommen in der Karte auch noch die Linien (Fahrtroute des Nahverkehrs) und Punkte (Haltestellen des Nahverkehrs) hinzu. Auf Grund der Vielzahl der in der Karte abzubildenden Informationen müssen wir aber aufpassen, dass das eigentliche Anliegen der Kartendarstellung nicht untergeht und die Karte überladen wirkt. Weniger ist manchmal mehr, denn schließlich tragen auch noch die Karte und/oder das Orthofoto ihren Teil zur Information und Gestaltung bei.

In der Hierarchie der Informationen, wichtig für die Zeichenreihenfolge, stehen die Teilflächen eindeutig im Mittelpunkt des Interesses – d.h. beim Zeichnen am Anfang. Die Fläche, auf der Sie sich befinden, dient eher der allgemeinen Lagebestimmung mit pauschalen Informationen:

Charakter des umgebenden Gebietes
Gemeinsamkeiten mit anderen Teilstücken (z. B. Stromversorgung)
Einteilung in (Verkehrs-)Zonen
verschiedene Einzugsgebiete: hier ein die Gewerbefläche umgebender Raum, aus dem die Kunden des Gewerbes stammen oder in dem Zulieferer für die Gewerbefläche angesiedelt sind

Die Gewerbegebiete sind zwar im Allgemeinen an den Nahverkehr angebunden, aber selbst größere Gewerbegebiete sind meist nicht mit einem umfassenden Liniennetz überzogen. Daher werden bei diesem Beispiel relativ wenige Linien- und Punktelemente verwendet, die aber trotzdem mit der notwendigen Sorgfalt gestaltet und angelegt werden.

Fangen wir also zuerst bei den Flächen an. Dieses Mal soll die Grundfläche, das gesamte Gewerbegebiet, als Erstes gezeichnet und auch anschließend an dieser Stelle in der Gliederung belassen werden. Diese Gestaltungsvariante ist dann besonders vorteilhaft, wenn Sie auf der Karte mehrere Gewerbegebiete darstellen wollen. So sieht man als Erstes in der Gliederung das Gebiet quasi als Überschrift. In diesem Zusammenhang legen Sie noch eine Hintergrundfarbe für das Gebiet fest. Diese Regelung bringt besonders beim Betrachten der Karte immense Vorteile, weil alle zusammengehörigen Elemente über diesen Farbcode auf den ersten Blick zugeordnet werden können.

Beginn bei den Flächen

Durch Farbabstufungen können gleichartige Teilflächen innerhalb einer – z.B. blauen – Grundfläche markiert werden. So kann man Grundstücke gleicher Nutzung bzw. gleichartiger Planung mit dem gleichen Farbton (z. B. hellerem Blau) gestalten. Weiterführende Informationen erhält der Benutzer der Website durch den Namen des Elements in der Gliederung bzw. durch Informationen im Infofenster. Aber immer ist der Farbton allgegenwärtig, der eine Zuordnung ermöglicht.

Nach der Grundfläche – dem Gewerbegebiet – kommen Sie nun zum Einzeichnen der einzelnen Teilflächen. Hat man sich dazu bei der

Einzeichnen von Teilflächen

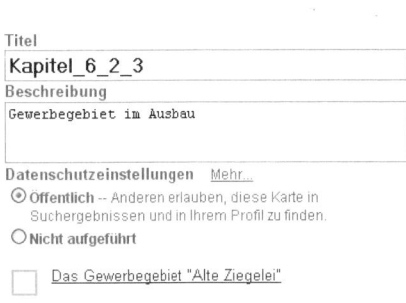

Titel
Kapitel_6_2_3
Beschreibung
Gewerbegebiet im Ausbau

Datenschutzeinstellungen   Mehr...
⊙ Öffentlich -- Anderen erlauben, diese Karte in
   Suchergebnissen und in Ihrem Profil zu finden.
○ Nicht aufgeführt

☐ Das Gewerbegebiet "Alte Ziegelei"

Abb. 6-8
*Die Karte nach
Einrichten der
Grundfläche*

Vorbereitung den Bebauungsplan bereitgelegt, ist es dann relativ un-problematisch, eine hinreichend genaue Darstellung zu erreichen. Be-sonders erleichtert wird die Arbeit, wenn hierzu in Google Maps gute Orthofotos des betroffenen Gebietes bereitgestellt werden.

Natürlich kann es passieren, dass dieses Foto im gewünschten Ar-beitsmaßstab keine zufriedenstellende Qualität hat und auch die Karte noch nicht so weit aktualisiert ist, um als Zeichengrundlage zu dienen.

*Wenn die
Kartengrundlage nicht
nutzbar ist*

Der gleiche Fall kann auftreten, wenn ein Gewerbegebiet auf der *grünen Wiese* gebaut werden soll. Auch hier gibt es keine Fotos und Kartendaten, die Sie unterstützen können.

In diesen Fällen müssen Sie sich Hilfsmittel suchen, damit die ge-wünschte Karte doch noch entstehen kann. Hier ist es unerlässlich, einen Bebauungsplan vorliegen zu haben. Eine genaue Ortskenntnis ist dabei, wie bei den meisten Karten, die Sie zeichnen, sehr von Vorteil.

Hilfslinien und -punkte

Bevor Sie jetzt die einzelnen Teilflächen zeichnen, schaffen Sie sich eine eigene Orientierung mit Hilfe von Linien und Punkten. Bei entspre-chender Erfahrung beim Zeichnen und Kenntnis des Terrains ist man in der Lage, eine hinreichend genaue Karte mit notwendigen Orientie-runghilfen zu erstellen. Für die Karte aus Abbildung 6-9 wurden zu-künftige Wege anhand des Bebauungsplans und in der Realität vorhan-dene, aber noch nicht in Google Maps enthaltene Straßen als Hilfslini-en eingezeichnet. Als Orientierungspunkt kann eine Ecke eines Wald-stücks, ein schon vorhandenes Gebäude oder ein markanter Baum die-nen.

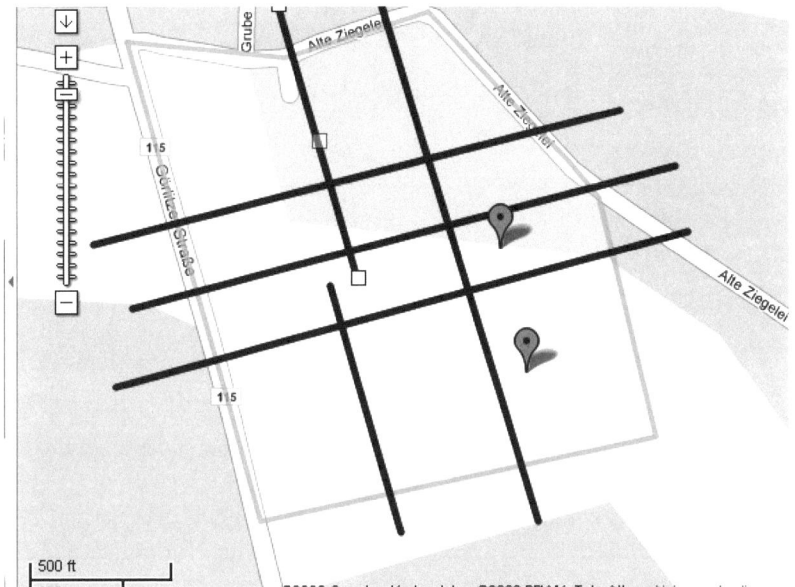

Abb. 6-9
*Unsere Karte mit
Hilfslinien und
Orientierungspunkten*

Anhand dieser selbst geschaffenen Hilfsmittel und dem Bebauungsplan werden nun die Teilflächen eingezeichnet und entsprechend farblich gestaltet, wie in Abbildung 6-10 gezeigt ist. Nach dem Fertigstellen
der Karte können Sie dann diese Hilfslinien und Orientierungspunkte
wieder löschen – und zurück bleiben die hinreichend genau gezeichneten Flächen.

Mit dem Löschen der Hilfslinien sollten Sie gegebenenfalls zu diesem Zeitpunkt noch warten, um sie für die letzten Bildelemente (die
Zufahrtsstraßen, Buslinien, Haltestellen) eventuell auch noch zu benutzen.

Bei der Entscheidung, ob Sie die Straßen nun einzeichnen oder
nicht, spielen eine ganze Reihe von Faktoren eine Rolle. Idealfall ist eine detaillierte Karte nebst gut erkennbarem Orthofoto. Dies erleichtert
die Arbeit enorm, da ja alles schon gut zu sehen und oft auch erklärt
(Straßennamen) ist.

Ist die Vorlage nicht so gut, fällt die Entscheidung schon wesentlich
schwerer. Haben Sie die Teilflächen genau angrenzend gezeichnet, sind
entsprechende Streifen frei, die dann leicht als Straßen zu deuten sind.
Entscheiden Sie sich letztendlich zum Einzeichnen, bleibt immer noch
die Frage nach dem »Wie«. Reicht eine einfache Linie, die recht verloren aussehen kann? Oder machen Sie sich mehr Mühe und bilden den
Straßenverlauf als doppelte Linie ab, sodass dazwischen die Straßen-
fläche frei bleibt? Diese Entscheidung kann hier nicht geklärt werden,

*Einzeichnen der
Straßen*

Abb. 6-10
*Die fertigen Flächen
mit den Hilfslinien*

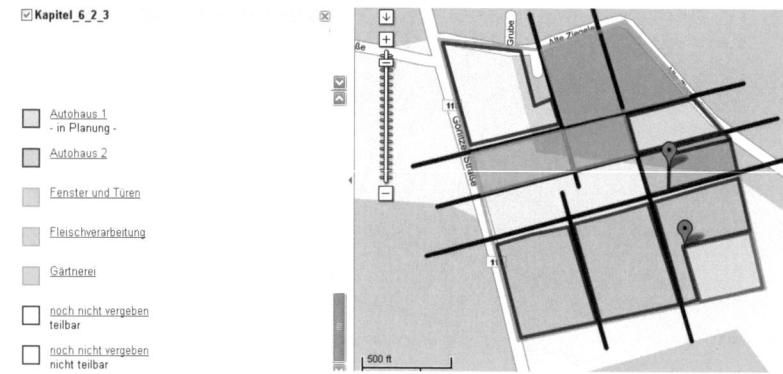

denn die Antwort hängt vom Anspruch des Kartenerstellers bzw. vom Auftraggeber ab.

Als weiteres geplantes Linienelement gibt es noch den Verlauf des öffentlichen Nahverkehrs. Diese Linien kommen im Normalfall auf die Straße. Wenn es sich schon um eine sehr volle Karte mit vielen Elementen und Doppellinien für die Straßen handelt, leistet man jetzt einen Beitrag zur vollkommenen Verwirrung (mindestens jedoch zur Unübersichtlichkeit). Daraus folgt: Weniger ist manchmal mehr.

Und schließlich folgt das letzte von uns geplante Element – die Haltestellen des Nahverkehrs –, als Punktsymbol dargestellt. Hier ergeben sich eigentlich keine schwerwiegenden Probleme. Wenn die Orte der Haltestellen bekannt sind, werden sie aufgesucht und eingezeichnet. Als Ortsmarkensymbol eignet sich hier eines aus der bereitgestellten Palette. Die fertige Karte ist in Abbildung 6-11 dargestellt.

6.5   Zusammenfassung

In diesem Kapitel haben Sie anhand dreier Beispiele gesehen, wie Sie die Grundelemente Punkt, Linie und Fläche auch in einer Karte kombinieren können. Dadurch haben wir viele weitere Darstellungsmöglichkeiten gewinnen können.

Um eine Karte mit verschiedenen Grundelementen zu erstellen, müssen Sie zunächst eine ganze Reihe von Entscheidungen fällen. Hierzu gehören:

-   die Frage nach dem grundlegenden Aufbau der Gliederung der Elemente: Die Zeichenreihenfolge beeinflusst die Reihenfolge der Anzeige in der Legende der Karte, die nachträglich nicht verändert werden kann.

Fleischverarbeitung

Gärtnerei

noch nicht vergeben
teilbar

noch nicht vergeben
nicht teilbar

Bus- Linie 7

Haltestelle

Haltestelle

Abb. 6-11
*Die fertige Karte zum
Gewerbegebiet*

die Frage nach dem Design der einzelnen sehr unterschiedlichen Elemente: Dies betrifft etwa die farbliche Abstimmung der einzelnen Elemente.

Aspekte der Orientierung: Hier müssen wir Überlegungen zur Genauigkeit der Karte treffen.

die Überlegung, welche Elemente man überhaupt verwenden möchte, und auf welche man im konkreten Fall verzichten kann

Hinzu kommen noch die Vorüberlegungen, das Sammeln des notwendigen Materials und natürlich die Arbeit der Kartenerstellung selbst.

Im nächsten Kapitel wollen wir weitere Möglichkeiten bei der Gestaltung von Karten kennenlernen. Dies reicht vom Einbinden von Bildern und Videos in eine Karte über das Einbinden der fertigen Karte in die eigene Webseite.

7 Einbinden von Bildern in Karten

In diesem Kapitel werden Sie lernen, wie Sie die Aussage der Karten mit zusätzlichen Informationen anreichern können – unabhängig davon, ob es sich um die allgemeine, für alle ohne Anmeldung verfügbare Google-Maps-Karte oder eine von Ihnen selbst erstellte Google-Maps-Karte handelt. Dazu werden Sie Ihre eigenen Bilder verwenden, die Sie bisher z. B. als Gedächtnisstütze beim Erstellen individueller Karten in die Arbeit einbezogen haben. Nun werden Sie diese auf verschiedene Weise selbst mit in die Karte einbinden. Ob es sich dabei um Fotos oder anderweitige Bilder/Grafiken handelt, die selbstverständlich in digitaler Form vorliegen müssen (zu bevorzugen ist dabei das Format JPG), ist für das Einarbeiten ohne Bedeutung.

7.1 Bilder in die eigene Karte einbinden

Wenn Sie sich häufiger Google-Maps-Karten anschauen, dann wird Ihnen auffallen, dass viele Karten nicht nur mit den bisher beschriebenen Informationen angereichert werden (Linien, Flächen, Symbole, Texte). Oft wird auch Bildmaterial in die Karten integriert. Voraussetzung dafür sind zum einen die aktiven Nutzer, die diese Bilder bereitstellen, und zum anderen die Dienste im Web, die eine solche Einbindung ermöglichen. Die Dienste Flickr, Picasa, Fotoalbum.eu oder bilderspeicher.de unterstützen das Erstellen und Verwalten von Online-Fotoalben. Für Ihre Arbeit reicht normalerweise die Nutzung eines einzigen solchen Webdienstes aus, mit dem Sie eigene Fotos im Web verwalten, die Webadresse eines Fotos ablesen und diese später in anderen Anwendungen (z. B. in einer Google-Maps-Karte) verwenden können. Unter diesen Diensten können Sie Ihren persönlichen Favoriten wählen.

7.1.1 Konzepte

Die vorangegangenen Kapitel verfolgten das Ziel, die Kenntnisse und Fertigkeiten zum Erstellen von Karten zu vermitteln und zu festigen. Nunmehr sind Sie in der Lage, die dafür benötigten geometrischen

Elemente (Punkte, Linien und Flächen) einzeln und in Kombination darzustellen. Und damit ist nicht nur das rein mechanische Zeichnen bzw. zielgerichtete Einfügen gemeint, sondern ebenfalls das optische Gestalten der einzelnen Elemente über Farbe, Transparenz etc. bis hin zur Anordnung und Klassifikation der einzelnen Objekte. So erreichen Sie mehr Übersichtlichkeit und erhöhen die Aussagekraft im gesamten Webauftritt.

Die Erweiterung der bisherigen Szenarien um Bilder steht nun im Mittelpunkt unseres Interesses. Bei diesen Bildern geht es aber nicht ausschließlich um Fotos, sondern um digitale Abbildungen im weitesten Sinne – also Fotos, Zeichnungen, Darstellungen und Grundrisse angebotener Immobilien.

Eigene Bilder vorbereiten

Verwenden Sie eigene bzw. fremde Fotos, so müssen diese meist aufbereitet werden, damit sie problemlos eingefügt werden können. Bei nichtdigitalen Vorlagen – Bilder und andere Unterlagen (Lagepläne, Grundrisse, ...) – beginnt die Palette der notwendigen Arbeiten oft beim Einscannen, da diese dann meist in Papierform vorliegen. Für die hier anfallenden Arbeiten an den digitalen Objekten ist der gute Umgang mit einem Bildbearbeitungsprogramm unerlässlich, um eine optimale Aufbereitung zu erzielen.

Optimieren für das Web

Neben der Gestaltung müssen vor allen Dingen die Speicher- und Bildgröße sowie das Dateiformat der Verwendung im Web angepasst werden. Bilder, die zu viel Speicherplatz und demzufolge auch sehr viel Zeit zum Laden benötigen, sind eher ungeeignet. Aber nicht nur zu große, auch zu kleine Bilder können Probleme bereiten. Wenn ein Bild eine sehr geringe Auflösung hat, ist es für den interessierten Betrachter nicht vergrößerbar. Dieser möchte oft noch ein paar mehr Details sehen, landet aber nur im Pixelnirwana. Unserer Erfahrung nach eignet sich bei Google Maps am besten eine Speichergröße von 6 kByte und eine maximale Bildgröße von ca. 150-mal 150 Pixeln für die erste Vorschau im Infofenster. Damit wird das Infofenster, welches sich der Größe des Bildes anpasst, nicht über Gebühr aufgebläht.

Durch entsprechende Verweise, die Sie im Text platzieren, können Sie auf größere, detailliertere und qualitativ bessere Bilder in online verfügbaren Fotoalben oder auf andere Webseiten hinweisen. Bei großen Bildern werden als geeignete Datenformate *jpg* und *gif* angesehen. Einerseits bieten diese Formate trotz Komprimierung die erforderliche Qualität und zum anderen handelt es sich dabei um gängige Formate, sodass keine ungewöhnlichen Konvertierungen bzw. exotischen Bildbearbeitungsprogramme nötig sind, um die Bilder aufzubereiten.

7.1.2 Arbeitsschritte in Google Maps

Wir wollen an einem praktischen Beispiel zeigen, wie das Einbinden von Bildern in die eigene Karte funktioniert. Als Beispiel verwenden wir die Karte der mehrtägigen Radtour aus Kapitel 4. Während der Tour haben wir Fotos, zum Beispiel von den Zeltplätzen gemacht, die wir nun in Google Maps einbinden wollen. Mit einem Foto des Zeltplatzes werden dann langwierige Beschreibungen überflüssig, weil sich jeder Betrachter schnell einen Eindruck von der Örtlichkeit machen kann.

Bei einer Anmeldung unter Google Maps steht uns direkt das Webalbum von Picasa zur Verfügung. Das bietet uns mehrere Vorteile: *Verwenden der Picasa-Webalben*

Man muss sich nicht extra bei einem gesonderten Bilderdienst anmelden.
Beim Arbeiten muss man nicht ständig zwischen verschiedenen Webseiten wechseln.
Beim Hochladen werden die Bilder gleich im optimalen Format und der passenden Größe abgelegt.

Wie dieses Hochladen der Bilder/Fotos in das Picasa-Webalbum abläuft, haben Sie schon in Kapitel 3 gesehen. Dort haben Sie eigene Bilder und Zeichnungen als Ortsmarken verwendet. Hier führen Sie die gleiche Schrittfolge durch:

Anlegen eines neuen Fotoalbums bei Picasa über den Button *Hochladen* und den Link *erstellen Sie ein neues Album* im Dialogfenster
Einfügen der Fotos in das Album über den Button *Durchsuchen* und die Auswahl der entsprechenden Datei

Der Übersichtlichkeit halber legen Sie hier am besten mehrere Fotoalben an. Das Ordnungsprinzip für die Alben ist wieder ganz individuell und z. B. auch von der Anzahl der verwendeten Bilder abhängig. Sie können:

1. die Fotos nach Sachgebieten ordnen (z.B. Reisen, Jahrgänge, Begriffe, Immobilientyp)
2. die Fotos nach Sachgebieten ordnen, aber die Bilder für die Ortsmarken extra ablegen
3. alle Bilder für eine Karte in ein Album legen
4. prinzipiell alles in ein Album legen, aber auch hier die Ortsmarkenbilder gesondert ablegen

Wenn Sie Ihre Picasa-Alben nach einer solchen individuellen Ordnung aufbauen, wird es Ihnen später sehr viel leichter fallen, die Bilder aufzufinden und in die Karte einzufügen bzw. sie zu aktualisieren. Neue *Ordnung hilft*

Bilder, die Ihren Bildbestand erweitern sollen, können einfach hinzugefügt und gleich an der richtigen Stelle abgelegt werden. Dieses Vorgehen erleichtert es Ihnen, den Kartennutzern eine aktuelle und im Bildmaterial variierende Karte anzubieten.

Nachdem Sie Ihr Album bei Picasa aufgebaut und mit Ihren Urlaubsfotos gefüllt haben, werden Sie nun gezielt Bilder in das Infofenster zu einer bestimmten Ortsmarke, Linie oder Fläche einfügen, damit der Betrachter einen Eindruck von den besuchten Zeltplätzen oder der Beschaffenheit der Radstrecke bekommt.

Eigene Bilder in das Infofenster einfügen

Nach der Anmeldung bei Google Maps (falls Sie vorher noch nicht angemeldet waren) gehen Sie hierzu als Erstes in das Picasa-Fotoalbum mit dem vorgesehenen Bild; das ist in unserem Fall das Foto des Zeltplatzes. Durch Klicken mit der rechten Maustaste auf das Foto erreichen Sie das Kontextmenü wie in Abbildung 7-1 gezeigt und wählen hier *Grafikadresse kopieren* aus. Damit haben Sie die vollständige Adresse der Grafik in die Zwischenablage kopiert.

Abb. 7-1
Kopieren der
Grafikadresse

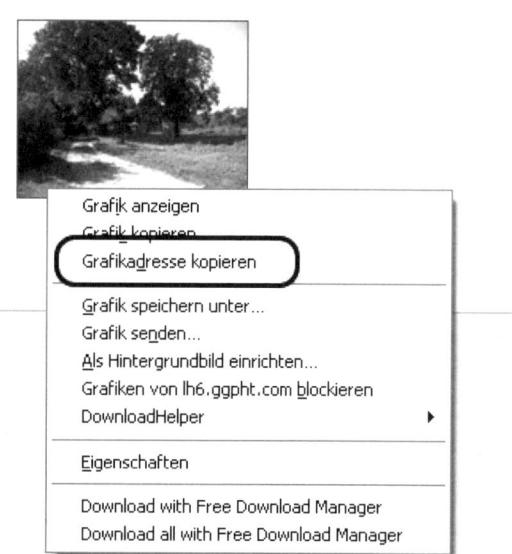

Jetzt begeben Sie sich in den Kartenarbeitsbereich und wählen die Karte der Radtour zum Bearbeiten aus. Nun klicken Sie das Element an – hier die Ortsmarke, an der sich der Zeltplatz befand –, welche nun mit Ihrem Foto illustriert werden soll. Beim Typ der Beschreibung wählen Sie *RTF* aus (vergleiche Abb. 7-2). In diesem Modus ist es besonders einfach, Texte zu formatieren und auch Bilder einzufügen, denn die einzelnen Funktionen können intuitiv genutzt werden. Hinzu kommt, dass Sie dazu keine HTML-Kenntnisse für die Formatierung des Textes benötigen und das Resultat sofort schön formatiert im Infofenster sichtbar ist.

In diesem RTF-Modus können Sie sehr einfach das Bild in das Infofenster integrieren. Den Text als kleine Information zum Zeltplatz geben Sie ein und formatieren ihn mit den bereitgestellten Werkzeugen. An der gewünschten/vorgesehenen Stelle im Text, wo das Bild eingefügt werden soll, positionieren Sie den Cursor. Für das eigentliche Einfügen nutzen Sie das Tool *Bild einfügen* – siehe Pfeil in Abbildung 7-2.

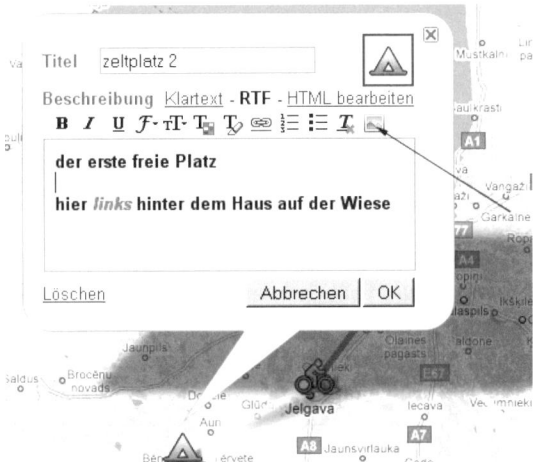

Abb. 7-2
Das Infofenster ist zum Bearbeiten geöffnet.

In das Fenster, das sich nach dem Anklicken (Abb. 7-3) öffnet, geben Sie dann die gespeicherte Adresse des Bildes ein. Dazu nutzen Sie wieder die Zwischenablage, um die sehr lange URL nicht erneut tippen zu müssen. Entweder klicken Sie dazu wieder die rechte Maustaste – der Zeiger muss im Eingabefenster stehen – und die Funktion *Einfügen*, oder Sie drücken die Tastenkombination *Strg + V*. Bitte achten Sie darauf, dass der Adressteil http:// am Ende nur einmal im Eingabefeld steht, da sonst die URL nicht gefunden werden kann.

Bild-Adresse angeben

Das Bild erscheint sofort im Fenster. Ist es an der falschen Position oder sind sonstige Fehler aufgetreten, können Sie das Bild einfach anklicken (also markieren) und über die *Entf*-Taste wieder löschen. Anschließend können Sie den Ablauf entsprechend wiederholen, um das Bild wie gewünscht einzufügen. Es ist auch möglich, mehrere Bilder in ein Infofenster einzufügen. Dieses vergrößert sich dann selbstständig, sodass dem Betrachter keine Bildinformationen verloren gehen.

Nachträgliche Korrektur

Abb. 7-3
Eingabe der
Bild-Adresse

Abb. 7-3
Eingabe der
Bild-Adresse

Abb. 7-4
Das fertige Infofenster
mit Bild und Text

In Abbildung 7-4 ist das fertige Infofenster zu sehen, das erscheint, wenn jemand die Ortsmarke des ersten Zeltplatzes auf unserer Karte anklickt. Hier haben wir den Text etwas formatiert und das Bild entsprechend eingebettet, sodass wir letztendlich ein sehr aussagekräftiges Infofenster erhalten haben.

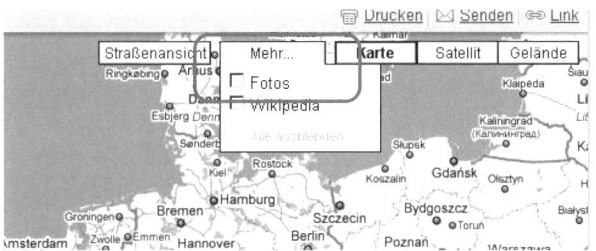

Abb. 7-5
Anzeigen von frei
positionierten Bildern

7.2   Bilder in die allgemeine Karte einbinden

Schon beim Anzeigen der Startseite von Google Maps können Sie sich Bilder ansehen. Dabei handelt es sich um Fotos, die von anderen Nutzern erstellt, mit einer Position auf der Karte versehen und freigegeben wurden. Diese Anzeige erfolgt ohne eine Anbindung an eine individuelle Karte. In Abbildung 7-5 ist zu sehen, wo der Optionsschalter auf der Webseite zu finden ist, der diesen Modus einschaltet.

Wir wollen uns nun ebenfalls an diesem allgemeinen Service beteiligen. Auf diese Art können Sie Bilder veröffentlichen, ohne vorher eine Karte erstellen zu müssen. Die Bilder werden zudem einer breiteren Öffentlichkeit zugänglich gemacht, ohne dass Sie dazu die URL unserer Karte an einzelne Teilnehmer verschicken müssen. Nachteilig ist in diesem Zusammenhang allerdings, dass Sie das Bild nicht mit zusätzlichen Informationen anreichern können.

Bilder ohne eigene
Karte veröffentlichen

Wie auch schon bei den Bildern für die eigenen Karten werden Sie auch in diesem Falle einen Internetservice nutzen, der frei zugänglich ist. Panoramio ist ein Service, der dafür entwickelt wurde, um Fotos, die mit Koordinaten verknüpft sind, in Google Earth zu integrieren. Dieser Service wurde mittlerweile von Google übernommen und ermöglicht nun auch die Integration von Fotos, die mit einer Position versehen sind, in Google Maps. Um sicherzustellen, dass die Fotos auch eine gute Qualität aufweisen, wird jedes Foto bei Panoramio zunächst geprüft, bevor es in Google Earth oder Google Maps angezeigt wird. Weist das Foto eine mindere Qualität auf, wird die Anzeige abgelehnt.

Panoramio

Um diesen Service zu nutzen, melden Sie sich auf der Panoramio-Webseite `www.panoramio.com` an – beim ersten Mal ist allerdings auch hier das Registrieren unumgänglich.[1] Haben Sie das gewünschte Foto hochgeladen, können Sie dem Bild neben einem Titel noch einen Kommentar hinzufügen und – was das Wichtigste in diesem Moment ist – die Position festlegen. Über den Link *Platzieren Sie Ihre Fotos* (siehe Abb. 7-6) gelangen Sie Schritt für Schritt zur Position des Bildes auf der

Foto hochladen und
positionieren

---

[1]Für das Registrieren reicht eine gültige Mailadresse.

Karte. Zuerst werden Sie nach der Stadt gefragt. Da die Position eines Fotos oftmals auch außerhalb von Ortschaften zu finden ist, reicht eine Angabe einer Stadt aus der (relativen) Nähe des Erstellungsorts des Fotos. Im nächsten Schritt finden Sie sich auf der Karte bei der eben ausgewählten Stadt wieder. Durch Bewegen der Karte im selbst gewählten Maßstab positionieren Sie das Ortsmarkentool, denn um nichts anderes handelt es sich hier. Nur öffnet sich nach dem Absetzen nicht das Infofenster zum Bearbeiten, sondern Sie bestätigen lediglich noch die Richtigkeit der Position. Sollte es doch die falsche Position zum Foto sein, können Sie das später jederzeit und problemlos korrigieren.

Abb. 7-6
Position des
hochgeladenen Bildes
festlegen

Bis das Bild für alle frei zugänglich auf der Karte erscheint, kann allerdings noch etwas Zeit vergehen, denn es wird bei Panoramio erst noch geprüft und dann von dem Webdienst zur Anzeige freigegeben. Diese Fotos lassen sich unter maps.google.de über das Google-Maps-Menü *Mehr* (Abb. 7-7) erst einmal mit Position und in Miniformat orten und mit dem entsprechenden Anklicken vollständig anzeigen.

7.3   Zusammenfassung

Foto in eigener Karte
darstellen

In diesem Kapitel haben Sie gesehen, wie Sie Ihre Google-Maps-Karte mit eigenen Fotos anreichern können. Dazu werden die Fotos in ein Online-Fotoalbum des Webdienstes Picasa oder eines vergleichbaren Dienstes hochgeladen. Damit wird jedes Foto mit einer eigenen Webadresse versehen. Diese wird dann verwendet, um ein Foto an einer bestimmten Stelle auf der Karte jederzeit anzeigen zu können.

Foto in allgemeiner
Karte darstellen

Außerdem ist es möglich, eigene Fotos direkt in die für alle Webnutzer offene allgemeine Google-Maps-Karte zu positionieren. Dazu wird der Webdienst Panoramio verwendet. Hier kann ein Foto hochgeladen und direkt der Karte zugeordnet werden. Nach einer erfolgreichen Qua-

Abb. 7-7

*Anzeige des
hochgeladenen Fotos
auf der allgemeinen
Google-Maps-Karte*

litätsprüfung durch den Webdienst ist es dann für alle Benutzer von
Google Maps sichtbar.

In Google Maps sichtbare Orte können aber nicht nur durch Fotos,
sondern auch durch selbst erstellte Videos mit Informationen angereichert werden. Dies werden wir im nächsten Kapitel kennenlernen.

8 Einbinden von Videos in Karten

Unsere und auch die auf Google Maps allgemein zugänglichen Karten haben bereits eine erste wesentliche Aufwertung ihrer Aussage durch das Hinzufügen von Bildern erreicht. Im Folgenden werden Sie die Aussagen und Informationen der Karten durch den Einsatz von Videos erweitern, die Sie zielgerichtet in den Karten positionieren.

8.1 Konzepte

Nachdem wir unsere Radtour um Bilder im Infofenster erweitert haben, wollen wir noch einen Schritt weiter gehen und Videoclips in die Darstellung einarbeiten. Schließlich ist solch ein Video auch als Amateur schnell und leicht aufgezeichnet – sei es mit Hilfe einer Digitalkamera oder eines Handys. So einfach sich das Aufnehmen realisieren lässt, so schlecht ist oftmals aber auch leider die Qualität. Ein Video vom Handy, auf dem Computermonitor abgespielt, lässt doch viele Wünsche offen. Insbesondere die stark verpixelte Darstellung bei zu großem Wiedergabeformat verleidet das Ansehen.

Videos können beispielsweise zur Illustration einer Karte eingesetzt werden für

Einsatz von Videos

Rundblicke/Panoramen für Webseiten, auf denen Reisen präsentiert werden

Rundblicke in Räumen auf einer Immobilienwebseite

Tierbeobachtungen auf einer Webseite von Tierfreunden

Gebäudedarstellungen, zum Beispiel auf der Webseite des örtlichen Touristikbüros, um einen Rundblick über den Markt darzustellen oder einen Eindruck von interessanten Straßenzügen der Stadt zu vermitteln

Gebäudedarstellungen von großen Gebäuden, die auf einem Foto entweder nicht vollständig oder nur aus großer Entfernung gezeigt werden können

Sportler beim Wettkampf auf der Webseite eines Sportvereins

Kunden und Mitarbeiter bei der Beratung für die Webseite eines Dienstleistungsunternehmens

Kurze Videoclips reichen   In jedem Falle verwenden Sie am besten kurze Videoclips. Das bietet Ihnen die Möglichkeit, die einzelnen Punkte, die Sie in die Karte gezeichnet haben, mit individuellen und kurzweiligen Informationen zu versehen. Bei Immobilien könnte man theoretisch eine vollständige Begehung aufzeichnen bzw. zusammenschneiden. Das würde aber mit Sicherheit sehr langatmig. Zudem wollen Immobilieninteressenten oft schnell auf bestimmte Details zugreifen und nicht in einem langen Video hin- und herspulen. Es ist daher besser, kurze Clips an interessante Positionen zu setzen und dort einzeln mit zusätzlichen Informationen zu erweitern, z. B. mit Texten und Standbildern. Und vergessen Sie nicht die hemmende Wirkung von langwierigen Wartephasen, die das Laden großer Videos beim Interessenten bewirken würde.

YouTube   Wir werden in einem praktischen Beispiel mit der Videobibliothek YouTube arbeiten, die in die Arbeitsfläche von Google Maps integriert ist (vergleiche Abb. 8-1).

Abb. 8-1
Der Bereich für Videoclips

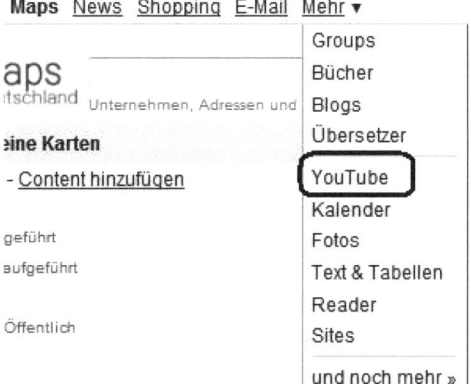

8.2 Videos aus YouTube in das Infofenster einbetten

Um Videos aus YouTube in unsere Karte einzufügen, nutzen Sie den Textbutton *YouTube* (siehe Abb. 8-1) bei Google Maps. Hiermit erreichen Sie die Webseite von YouTube. Im linken unteren Bereich finden Sie die Möglichkeit zum privaten Login. Sie können sich hier nicht mit Ihrem Google-Account anmelden, sondern müssen ein neues Konto anlegen. Damit steht Ihnen dann die benötigte Funktionalität – das Hochladen und Abrufen von Videos – zur Verfügung. Die weiteren Funktionen, die Sie mit Ihrer Anmeldung bei YouTube nutzen können, sind für unser aktuelles Beispiel nicht relevant.

Abb. 8-2
*Eingang in den
Nutzerbereich von
YouTube*

In Ihrem Bereich sehen Sie die von Ihnen bereits hochgeladenen Videos und verschiedene Buttons (Video hochladen, Bearbeiten, ...). Uns interessiert besonders die *Wiedergabe*, denn hier können Sie sich nicht nur das hochgeladene Video anschauen, sondern auch den HTML-Code holen, den Sie zum Einbetten des Videos benötigen. Es wäre zwar möglich – entsprechende HTML-Kenntnisse vorausgesetzt –, diese Anbindung selbst zu schreiben, aber so sparen Sie sich diese Arbeit und haben sofort den richtigen HTML-Code parat.

Für ein Beispiel haben wir auf unserer Radtour bei einem Zeltplatz ein Video von einem Einsiedlerkrebs gedreht, das wir in YouTube geladen haben und nun ablaufen lassen können. Rechts neben dem wiedergegebenen Video finden Sie den abgebildeten Arbeitsbereich (Abb. 8-3). Unter dem Begriff *Einbetten* finden Sie den gesuchten HTML-Code. Durch Anklicken wird er vollständig markiert und kann über das Kon-

Abb. 8-3
*Rechts neben dem
wiedergegebenen
Video finden Sie den
HTML-Code, den Sie
zum Einbetten in
unsere Karte
benötigen.*

textmenü – rechte Maustaste – in die Zwischenablage zur weiteren Verwendung kopiert werden.

Wollen Sie keine weiteren Videos in Ihre Karte einbauen, melden Sie sich von der YouTube-Seite wieder ab und gehen zu der Karte, in die das Video eingearbeitet werden soll. Wir verwenden die Beispielkarte aus Kapitel 4, die wir schon für unsere Radtour angelegt haben. Diese Karte wird zum Bearbeiten geöffnet. Wir gehen zur Ortsmarke des Zeltplatzes, wo wir das Video gedreht haben. Hier öffnen wir das Infofenster zum Editieren.

Einbettung in das Infofenster

In das Infofenster kann, wie auch bei den anderen Beispielen, über RTF formatierter Text eingetragen werden. Für das Einbetten des Videos ist es allerdings unerlässlich, in den HTML- Eingabemodus zu wechseln. An der entsprechenden Cursorposition im Text wird dann der zwischengespeicherte Einlagerungsquelltext aus YouTube hineinkopiert. Zum Beenden dieses Arbeitsschrittes ist es praktisch, gleich mit dem Button Fertig das Einfügen zu beenden und die Einstellungen zu sichern. Damit ist die bisherige Arbeit gespeichert, und Sie können sich sofort das Ergebnis ansehen.

Abb. 8-4
Das Infofenster für den Zeltplatz zum Einlagern des Videos

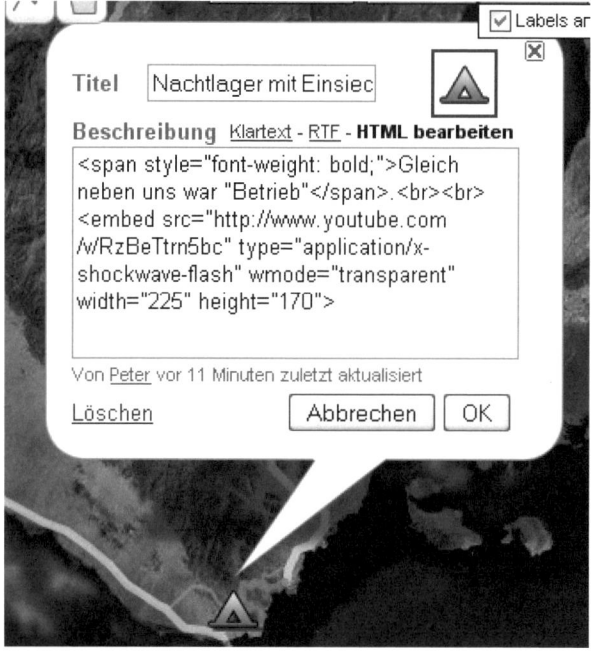

Meist wird es nötig sein, wiederholt in den Modus Bearbeiten zu gehen, um noch gestalterische Veränderungen vorzunehmen. Sei es, um

den Text inhaltlich zu verändern,
ihn anders zu formatieren,
Abstände zwischen dem Text und dem Videoplayer zu vergrößern oder zu verkleinern[1] oder
die Größe des Videoplayers zu verändern.

Der Einlagerungstext im Infofenster wurde beim Eintragen in das hier verwendete RT-Format konvertiert. Sie können direkt in diesem Text Änderungen vornehmen. Der Parameter *width*="425" teilt die Breite und der Parameter *height*="349" die Höhe des Players in Pixeln mit. Halbieren Sie die Angaben (dabei immer ganzzahlige Werte verwenden), erhalten Sie ein entsprechend kleineres Playerfenster und, da sich das Infofenster anpasst, auch ein kleineres Infofenster. Dieses füllt nun das Kartenblatt nicht mehr vollständig aus.

Abb. 8-5
Das eingebettete Video

---

[1]Dazu wird die Zeichenfolge <BR>, die für einen Zeilenumbruch steht, eingefügt bzw. entfernt.

Mit ein paar kleinen Korrekturen und anschließenden Tests[2] erhalten Sie ein Infofenster, welches dann samt Karte eine interessante Information für den Betrachter ergibt.

8.3 Zusammenfassung

Die Integration von eigenen Videos in selbst erstellte Google-Maps-Karten gestaltet sich recht einfach. Das Video kann über YouTube ins Internet geladen werden. Damit erhält es eine eigene Adresse, die dann als Grundlage für das Einfügen an eine bestimmte Position in Google Maps verwendet und weltweit abgerufen werden kann.

Google Maps bietet sich jedoch nicht nur dazu an, eigene Karten zu erstellen und anderen Nutzern zur Verfügung zu stellen. Es ist auch möglich, Karteninhalte gemeinsam zu erarbeiten und die Karte dann zusammen weiterzubearbeiten. Wie dies funktioniert, werden Sie im nächsten Kapitel sehen.

---

[2]Dazu öffnen Sie am besten ein neues Browserfenster und rufen dort den Kartenlink auf. Jeweils das *Neu Laden* nicht vergessen, um die neueste Variante betrachten zu können.

9 Teamarbeit

Das Anlegen und Pflegen der individuellen Karten, das Bereitstellen und Recherchieren des Materials, der Bilder und Videos – all das gehört zum Komplex einer Webkartenpräsentation. Hier im Team zu arbeiten, was eine Verteilung des Aufwandes und auch die Nutzung spezieller Fähigkeiten Einzelner impliziert, bietet sich an. Im folgenden Kapitel werden wir darauf eingehen, wie diese Zusammenarbeit an einer gemeinsamen Karte über das Internet organisiert werden kann.

9.1 Konzepte

Bei der bisherigen Arbeit an den Karten konnten Sie feststellen, dass es sich dabei um eine oftmals sehr aufwändige Arbeit handelt. Die dreigeteilte Arbeit:

> die Vorbereitung mit Idee, Gestaltung, Datenrecherche und -planung,
> das Erstellen der Karte sowie
> die Pflege der Karte

kann schnell zum nicht enden wollenden Albtraum werden. Zum Beispiel muss bei unvollständiger Vorbereitung das Erstellen der Karte immer wieder unterbrochen werden. Gründe dafür können unvollständige Datenbestände und Informationen sein. Dann kommen noch neue Gestaltungsideen hinzu, die weitere vorbereitende Arbeiten notwendig machen (Scannen, Bearbeiten und Hochladen weiterer Bilder, Erstellen und Bearbeiten von Videoclips, ...) und ebenfalls sehr zeitaufwändig sind.

Pflegeaufwand teilen

Schließlich bleibt noch die Pflege der Karte, die natürlich sehr unterschiedlich ausfallen kann. Eine bereits durchgeführte Urlaubstour benötigt einen eher geringen nachträglichen Pflegeaufwand – Fehlerberichtigung, hier und da mal ein Bild oder Video neu eintragen. Die Karte eines Wandervereins zu pflegen, ist da schon aufwändiger. Um geplante oder bereits abgeschlossene Touren in die Website aufzunehmen, muss man Daten, Bilder und Videos austauschen bzw. erweitern. Der kommerzielle Einsatz von Karten im Immobiliengeschäft kann als sehr aufwändig eingestuft werden: Aktualisieren der Angebote, Erweitern und Korrigieren der Daten, Austauschen von Bild- und Videomaterial – solch eine Seite muss leben, weil sonst ein wiederkehrender Betrachter schnell das Interesse verliert und dann wegbleibt.

Während etwa die Karte zu einer Urlaubstour von Ihnen sicher selbst gestaltet wird, da Sie ja auch selbst dabei waren, und Sie eventuell noch Fotos und Videos der anderen Mitreisenden übernehmen, ist das Wissen über die Wandertouren des Wandervereins oder über die zum Verkauf stehenden Immobilien auf mehrere Personen verteilt. Hier führt die Verteilung von Aufgaben auf mehrere Schultern sicher schneller zum Ziel, denn jeder Beteiligte kann sein Wissen und seine Daten dazu beitragen.

9.2 Teamarbeit mit Google Maps

Arbeit sinnvoll verteilen

Um alle Interessierten an der direkten Mitarbeit zu beteiligen, stehen Ihnen zwei Varianten offen:

1. Sie teilen allen die Zugangsdaten zu Ihrem eigenen Account bei Google Maps und den anderen benötigten Webseiten mit.
2. Alle Beteiligten arbeiten jeweils getrennt und unabhängig voneinander an der gleichen Karte.

Die erste Variante ist zwar praktikabel, aber mit der Herausgabe von Passwörtern verbunden. Die zweite, sinnvollere Variante wird von Google Maps sehr gut unterstützt. Die einzige Bedingung ist, dass jeder der Beteiligten einen Account bei Google Maps anlegt. Dieser Account hier beim gleichen Anbieter eröffnet auch die Möglichkeit, in Google Mail über Mail bzw. auch direkt im Chat zu kommunizieren, was natürlich auch den Austausch über Ideen zur gemeinsamen Karte vereinfacht. Eine Reihe weiterer Dienste steht ebenso zur Verfügung, auf die hier aber nicht näher eingegangen werden soll.

Einen Mitbearbeiter einladen

Ein potenzieller Mitbearbeiter an einer Karte kann sich nicht selbst zur Mitarbeit einladen. Diese Einladung muss der Kartenbesitzer aussprechen. Die Mitbearbeiter an der eigenen Karte können Sie in einem Menü verwalten. Dorthin gelangen Sie, indem Sie zuerst die entsprechende Karte öffnen. Über den Button *Bearbeiten* und den im folgenden Bereich erscheinenden Textbutton *Zusammenarbeiten* gelangen Sie zu dem Menüfenster, das Sie in Abbildung 9-1 sehen.

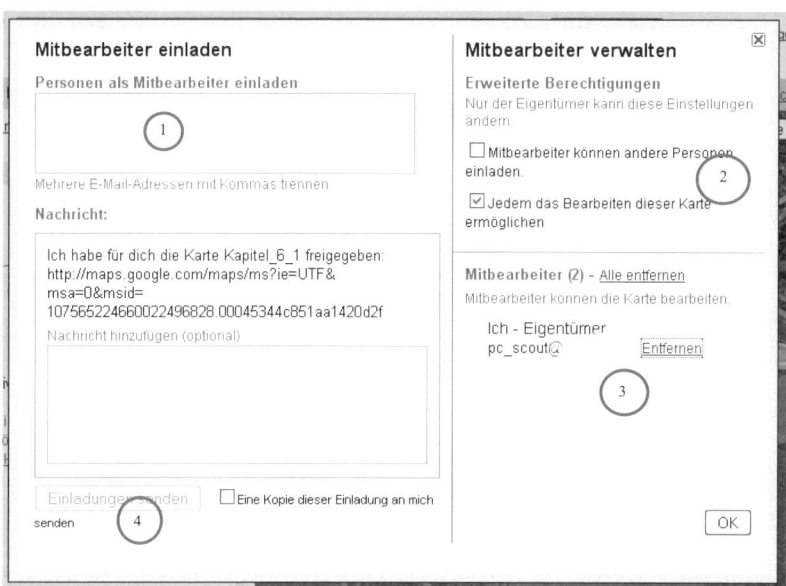

Abb. 9-1
Das Menü zur
Verwaltung der
Mitbearbeiter an dieser
Karte

Die einzelnen Bereiche des Menüfensters haben folgende Funktionen:

1. Im linken oberen Viertel des Fensters in Abbildung 9-1 (Markierung ①) tragen Sie die Mailadressen aller vorgesehenen Mitbearbeiter ein – dafür können Sie sowohl vorhandene Google-Accounts als auch beliebige andere Mailadressen nutzen. Diese Einladung ist keine unverrückbare Einstellung. Sie können jederzeit weitere Mitbearbeiter hinzufügen bzw. entfernen (vergleiche Markierung ③). Auf der linken Hälfte des Fensters sehen Sie den Text, der standardmäßig mit der E-Mail versendet wird, sowie den Link auf die Karte, die beide an die angegebenen Mailadressen versandt werden. Einen eigenen, persönlichen Text können Sie hinzufügen.

   Mitbearbeiter festlegen

2. Als ursprünglicher Besitzer der Karte können Sie Bearbeitungsoptionen vergeben (Markierung ②). Um die Übersicht über die Mitbearbeiter zu behalten, empfiehlt sich die abgebildete Einstellung.
3. Wie bereits erwähnt, können Sie Mitbearbeitern diesen Status auch wieder entziehen (Markierung ③).
4. Es ist erforderlich, die Einladung explizit zu versenden. Diese Aufforderung finden Sie in Form eines Buttons im linken unteren Viertel des Fensters (siehe Markierung ④).

   Einladung versenden

Mit diesem Verfahren geben Sie die Mitarbeit lediglich für diejenige Karte frei, die Sie gerade aufgeschlagen haben. Alle Ihre weiteren Karten sind für die Mitbearbeiter nicht sichtbar und natürlich erst recht nicht veränderbar.

Folgende Mail geht dann bei den Mitbearbeitern ein (siehe Abbildung 9-2).

```
Ich habe für dich die Karte Kapitel_6_1 freigegeben:
Sie können diese Karte unter
http://maps.google.de/maps/ms?ie=UTF8&hl=de&oe=UTF8&msa=0&msid=107565224660022496828.00045344c851aa1420d2f
anzeigen
und bearbeiten.

Hinweis: Um diese Karte zu bearbeiten, müssen Sie sich mit dieser
E-Mail-Adresse bei Google anmelden. Wenn Sie eine andere E-Mail-Adresse
verwenden möchten, antworten Sie einfach auf diese Nachricht und bitten Sie
um eine Einladung für Ihre andere E-Mail-Adresse. Falls Sie noch kein
Google-Konto besitzen, können Sie unter
http://www.google.com/accounts/NewAccount?reqemail=pc_scout@yahoo.de eines
erstellen.
```

Abb. 9-2

Maileingang bei den eingeladenen Mitbearbeitern

Eine eigene Anleitung zur Kartenbearbeitung mitzuschicken, ist nicht erforderlich, denn grundlegende Hinweise befinden sich in der Mail. Zwei Bemerkungen, die Sie den Mitbearbeitern neben den Bedienhinweisen mit Google Maps mit auf den Weg geben können, sind:

- Ist die Mailadresse, an der Ihr Mitarbeiter die Nachricht erhält, keine Google-Mailadresse, dann kann er Ihre Karte nur betrachten, aber nicht bearbeiten. Für die Kartenbearbeitung ist ein Google-Account erforderlich.
- Für eine Mitarbeit benötigt jeder noch den Link zu dieser speziellen Karte. Dieser kann übernommen werden, wenn der Eingeladene den Link aus der Mail heraus startet und anschließend den Textbutton *Unter »Meine Karten« speichern* betätigt. Muss er jedoch erst einmal einen Account anmelden, so sollte er dieses erst tun und dann der Einfachheit halber den Link in der Mail noch einmal aufrufen.

Nach der erfolgreichen Anmeldung sowie der Anbindung an die gewünschte Karte können Sie selbst und alle eingeladenen Mitbearbeiter Veränderungen an der nun gemeinsamen Karte vornehmen. Nachdem die Veränderung vorgenommen und der Button *Speichern* oder *Fertig* betätigt wurde, können alle Beteiligten die neue Karte sehen. Wird die Karte gerade von jemand anderem bearbeitet, so ist es erforderlich, die aktuelle Seite im Browser neu zu laden, denn es erfolgt keine automatische Aktualisierung.

Diese eben beschriebene Arbeitsweise zur Zusammenarbeit ist für vielerlei Szenarien eine optimale Variante, um Karten zu erstellen, zu erweitern bzw. zu aktualisieren. Hier folgen nun lediglich einige Beispiele, die an anderer Stelle bereits Erwähnung fanden.

Anwendungsbeispiele

Möchte man zum Beispiel, wie in Kapitel 3 illustriert, die Sehenswürdigkeiten bzw. für Touristen interessanten Punkte auf einer Karte in Szene setzen, bietet sich eine Aufteilung in verschiedene Themenbereiche an, die man dann personell auf die verschiedenen Arbeitsgruppen verteilen kann. Die jeweilige Zuordnung von Mitbearbeitern ergibt sich ganz individuell nach Thema, persönlichem Engagement, ...

Sehenswürdigkeiten

Denkbar wäre beispielsweise eine Einteilung nach:

Stadtbezirken /Wohnbereichen, denn diejenigen, die dort wohnen, kennen sich am besten aus

allgemeinen Sachverhalten – Aussichtspunkte, Sehenswürdigkeiten, Parkplätze

inhaltlichen Schwerpunkten – Museen, Denkmale, Ausstellungen, Kinos, Theater

organisatorischen Gegebenheiten – Parkplätze, Bahnhöfe, Toiletten, Ämter

wirtschaftlichen Gesichtspunkten – wichtige Firmen, Banken, Einkaufspassagen oder auch

bildungspolitischen Standorten – Schulen, Universitäten, Instituten

Gemeinsam ist allen Beispielen, dass Sie den Mitgestaltern der Karte ihr jeweiliges Sachgebiet zuordnen können und so das spezielle Fach- und Detailwissen direkt, also ohne Transport- und Zeitverlust, einfließen lassen können.

Bereits in Kapitel 5, in dem Sie die Verwendung von Karten bei der Darstellung von Immobilienangeboten gesehen haben, war die Rede von einer Einteilung der Angebote nach Themen oder auch Mitarbeitern. Hierdurch können Mitarbeiter, die nicht direkt im Verkauf, aber im internen Bereich beschäftigt sind, nun unmittelbar in den Aufbau, die Korrektur und die Pflege der Karten einbezogen werden. Diese Fachleute, die die Informationen zusammentragen und meist auch aufbereiten (z. B. Bauplan einscannen, Fotos und Videos anfertigen und bearbeiten), können diese nun direkt in die Karten integrieren. Dies garantiert eine direkte und effiziente Pflege des Kartenmaterials mit den verfügbaren personellen Ressourcen. Mit der Unterstützung durch viele Mitarbeiter kann das Immobilienangebot immer aktuell und mit zusätzlichen Informationen versehen präsentiert werden.

Immobilienangebot

Vorkommen von
seltenen Pflanzen

Auch an der Karte zum Vorkommen seltener Pflanzen, die wir in Kapitel 6 vorgestellt haben, finden sich Anknüpfungspunkte zur Teamarbeit. Seltene Pflanzen in der freien Natur haben nun einmal die Eigenart, nicht jedem – auch nicht dem Kartenautor – sofort ins Auge zu stechen. Hinzu kommt noch das biologische Fachwissen, um seltene Pflanzen immer zweifelsfrei zu erkennen. Da ist es selbstverständlich, dass Sie mit entsprechenden Fachleuten zusammenarbeiten, um eine fachlich korrekte Karte zu erzeugen. Diese an einer Zusammenarbeit interessierten Fachleute mit in die Arbeit einzubinden, ist problemlos über eine wie oben beschriebene Einladung realisierbar. Zu guter Letzt gibt es auch noch die Möglichkeit, einer breiten Masse von Nutzern der Karte ein gewisses Mitspracherecht zu gewähren, ohne deshalb alle zu gleichberechtigten Mitarbeitern an unserer Karte zu machen. Über einen entsprechenden Kontakthinweis auf der Karte oder das Einbinden eines Gästebuches auf der Website, auf der sich die Karte befindet, können Interessierte, z.B. naturkundlich sensibilisierte Wanderer und Spaziergänger, Informationen zur Verbreitung der vorhandenen oder zum Vorkommen neuer Wildpflanzen beitragen.

9.3 Zusammenfassung

Für einige Anwendungen bietet es sich geradezu an, dass mehrere Mitarbeiter gemeinsam an einer Karte arbeiten. Dazu können Sie Ihre Karte für andere zum Bearbeiten freigeben. Jeder Beteiligte benötigt zur Mitarbeit einen Account bei Google Maps, und schon kann die gemeinsame Arbeit beginnen.

Das altbekannte Sprichwort: »Geteiltes Leid ist halbes Leid und geteilte Freud ist doppelte Freud« wird auch bei der gemeinsamen Arbeit an Karten und deren Veröffentlichung bestätigt: Bei der Teamarbeit an Karten verringern Sie den Aufwand für den Einzelnen und kommen zu einem optimalen und für alle zufriedenstellenden Ergebnis.

10 Eine Karte in die eigene Webseite einbinden

In einigen Fällen ist eine Karte selbsterklärend, wie z. B. die Karte einer Urlaubstour, deren URL Sie Freunden und Bekannten mitteilen. Das Übermitteln der entsprechenden Webadresse kann zum Beispiel direkt per Mail erfolgen oder als Link in ein elektronisches Dokument eingebettet sein, das dann versendet wird. Ein weiterer Teil der Karten wird in den Kontext einer Webseite eingefügt und dient damit einer anschaulichen Erklärung anderer Inhalte der Webseite (z. B. einer Radtour oder seltener Pflanzen in einem Gebiet) oder ist ein unverzichtbarer Bestandteil des jeweiligen Webauftritts (z. B. bei der Darstellung von Immobilienangeboten).

10.1 Einleitung

Geht es um die Lage eines Hauses, das Umfeld zu einer Adresse, die Verkehrsanbindung etc., reicht ein Blick auf die Karte – und schon ist vieles klarer. Dazu kommen noch unsere eigenen thematischen Karten, zum Beispiel zur letzten Urlaubstour, die Informationen individuell aufbereitet anbieten.

Das allein genügt den Ansprüchen jedoch nicht immer. Sei es, dass weitere Informationen (längere Texte, spezielle Bilder und Videos, ...) ohne Ortsbezug zusätzlich dargeboten werden sollen oder Sie eine Reaktion des Betrachters erwarten (Einschätzungen, weiterführende Informationen, ...) – all das kann die Karte allein nicht.

Zusätzliche Informationen anbieten

Eine Website jedoch bietet diese zusätzlichen Funktionen: Hier können umfangreiche Informationen dargestellt und mit weiteren verknüpft werden. Wenn Sie diese zusätzlichen Funktionalitäten wünschen, sollten Sie Ihre Karte in die eigene Webseite integrieren. Die bisherige Variante, den Link unserer Karte anderen per Mail zu senden, bleibt Ihnen natürlich erhalten, denn die Karte bleibt weiterhin ein eigenständiges Objekt unter Google Maps.

Die Karte mit den seltenen Pflanzen aus dem vorigen Kapitel kann beispielsweise in die Webseite eines Naturschutzvereins eingebunden werden. Auf der Webseite kann sich der Verein mit seinen Zielen vorstellen, auf Veranstaltungen wie naturkundliche Wanderungen hinweisen, ein Gästebuch führen, seltene Pflanzen näher vorstellen und vieles mehr. Diese von uns eingebettete und voll funktionstüchtige Karte bietet dann zusätzliche Informationen, zum Beispiel zu Wanderstrecken oder Standorten seltener Pflanzen.

3 Varianten zur Einbettung einer Karte

Drei Varianten stehen uns beim Einbetten der Karte zur Verfügung:

1. Die einfachste Lösung ist das Einbinden des Links zur Karte in die Webseite. Damit kann dann der Nutzer der Webseite entscheiden, ob er die Karte sehen möchte. Er ruft sie dazu direkt über einen Link in Textform, als Grafik oder einen Button, bei dem der Link hinterlegt wurde, auf. Diese Möglichkeit ist sowohl für private als auch für kommerzielle Anwendungen erlaubt.

2. Bei der zweiten Möglichkeit wird die Karte als eigenes Objekt direkt und sichtbar in die Webseite integriert. Einzelne Funktionalitäten wie das Zoomen und das Bewegen des Kartenausschnitts sind möglich. Hier werden allerdings HTML-Kenntnisse benötigt, um diese Lösung zu realisieren. Diese Möglichkeit ist für kommerzielle Anwendungen bisher noch nicht erlaubt.

3. Die dritte Möglichkeit ist das Einbinden der Karte über die Programmierschnittstelle[1] von Google Maps in die eigene Webseite. Damit können dann auf der Webseite eine Reihe von zusätzlichen Funktionen von Google Maps bereitgestellt werden. Diese Variante ist für kommerzielle und private Anwendungen möglich.

Für welche Variante Sie sich bei Ihrem Projekt entscheiden, liegt am Thema, an der Zielgruppe, dem Auftraggeber und den eigenen Fähigkeiten, etwa bei den HTML-Kenntnissen. Zudem ist die zweite Variante ja für Unternehmen bisher nicht zulässig. In den folgenden Abschnitten werden die ersten beiden Varianten näher beschrieben. Die Google Maps API werden Sie dann im dritten Teil des Buches kennenlernen.

---

[1]API, engl. »Application Programming Interface«, deutsch: »Schnittstelle zur Anwendungsprogrammierung«. Eine solche Schnittstelle ermöglicht den Zugriff auf eine Anwendung mit vom Anwendungshersteller bereitgestellten Befehlen. Dadurch kann diese Anwendung mit eigenen Funktionen erweitert werden.

10.2 Einbinden der Linkadresse der Karte in die Webseite

Um an die Webadresse der Karte unserer seltenen Pflanzen zu kommen, die Sie zuvor selbst erstellt haben, müssen Sie sich zunächst in Google Maps anmelden und die entsprechende Karte aus Ihrem Fundus auswählen. Nachdem Sie sie aufgeblendet haben, nutzen Sie den rechts über der abgebildeten Karte befindlichen Button *Link*. Nach dessen Betätigen sehen Sie eine Darstellung wie in Abbildung 10-1. Der meist sehr lange Linktext muss vollständig markiert sein, denn sonst können Sie ihn nicht ordnungsgemäß verwenden. Den Link kopieren Sie einfach und übernehmen ihn in Ihre eigene Webseite.

Adresse der Karte ermitteln

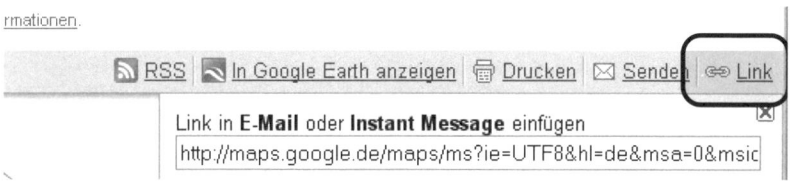

Abb. 10-1
Linkadresse der Karte

Der Link zur Karte kann natürlich auch in anderen Anwendungen verwendet werden. Eine Möglichkeit ist das Einfügen der URL in ein Textdokument, welches beispielsweise mit OpenOffice erstellt wurde. Als Erstes markieren Sie den Teil des schon geschriebenen Textes, der mit Ihrer Karte verlinkt werden soll. Dabei kann es sich um ein Wort, eine Textpassage oder eine Grafik handeln. Über die *Eigenschaften*[2] kommen Sie zum Reiter *Hyperlink*, der Sie in folgendes Menü führt:

Linkadresse in einem Textdokument am Beispiel OpenOffice Writer

Abb. 10-2
Linkadresse der Karte in den Text eintragen

Hier tragen Sie in das Feld *URL* den Link mit *Strg + V* aus der Zwischenablage ein. Nun erhält der Text automatisch eine andere Farbe und wird unterstrichen. Mit der Kombination *Strg* + Klick mit der

---

[2]Bei Text: *Format ⇒ Text*; bei Grafiken: *Format ⇒ Bild*

linken Maustaste starten Sie den Standardbrowser, der dann seinerseits die angeforderte Karte lädt. Analog funktioniert dieses Verfahren auch in anderen Text- und Präsentationsprogrammen.[3] Das Einbinden von Links in Dokumente hat natürlich nur Sinn, wenn Sie diese dann elektronisch zur Verfügung stellen und der Leser außerdem Zugang zum Internet hat. Im Rahmen einer Mailaktion an Interessenten der nächsten naturkundlichen Wanderung oder eine Präsentation des Naturschutzvereins ist dies sicherlich eine sinnvolle Option.

Linkadresse in die eigene Webseite einbetten

Eine häufig genutzte Variante ist die direkte Verwendung des Kartenlinks in einer Webseite. Sie können den Link zur Karte als Text in Ihre Webseite einarbeiten. Dabei gehen Sie am besten folgendermaßen vor:

- Sie schreiben den Text der Webseite.
- Anschließend ersetzen Sie das gewünschte Wort bzw. die vorgesehene Passage durch folgenden Text:

Abb. 10-3
Linkadresse der Karte in die Webseite eintragen

In dieser

```
<a href="http://maps.google.com/maps/ms?ie=UTF8&hl=de&msa=0&
    msid=10756522466002249682 8.00045344c851aa1420d2f&t=h&z=15" >
Karte

</a>
```

können Sie die Standorte ....

Dabei werden die Adresse zur Karte und das Wort »Karte« in die Begrenzer eines Links <a> und </a> eingeschlossen. Hinter href= steht die Link-Adresse in die Anführungsstriche " eingeschlossen. Das oben markierte Wort »Karte« wird in unserem Fall als Link zur eigentlichen Karte bei Google Maps fungieren.

Hier wurde die rein manuelle Variante des Einfügens ausführlich erläutert, um das grundsätzliche Verständnis für die Arbeitsweise eines Links in einer Webseite herzustellen. In den meisten Fällen werden Sie jedoch HTML-Editoren[4] verwenden, die Sie dabei unterstützen.

---

[3] In Microsoft Word beispielsweise wird der zu verlinkende Text ebenfalls markiert, und über das Kontextmenü kann dann der Befehl *Hyperlink* aufgerufen werden. Hier kann bei *Adresse* dann der Link aus der Zwischenablage übernommen werden. Später kann der Link dann mit *Strg* + Klick mit der linken Maustaste aufgerufen und damit die Karte geöffnet werden.

[4] Beispiel für freie HTML-Editoren: Phase5, Webocton-Scriptly

10.3 Direktes Einbetten der Karte in die eigene Webseite

Die zweite Variante besteht im direkten Einbetten der Karte in die eigene Webseite. Dieses Verfahren bewirkt, dass die Karte als Bild auf Ihrer Webseite erscheint. Es ist aber nicht nur ein einfaches Bild, sondern eine voll funktionstüchtige Karte mit den üblichen Funktionen zum Zoomen und Bewegen der Karte durch den Betrachter. Die in diesem Abschnitt beschriebene Variante der Einbettung ist bisher nicht für kommerzielle Anwendungen erlaubt.

Bei Google Maps erhalten Sie für diese Arbeiten eine sehr gute Unterstützung. Nach dem Laden der gewünschten Karte bedienen Sie sich auch hier des Buttons Link, um an den Quellcode zu gelangen (siehe Abb. 10-4).

Im Bereich von Markierung ① in Abbildung 10-4 finden Sie den Quelltext, der mit den Standardeinstellungen arbeitet. Über den Link, der bei Markierung ② steht, erreichen Sie das Konfigurationsmenü (Abb. 10-5). Mit dessen Hilfe können Sie einige individuelle Einstellungen vornehmen. Später können Sie diese noch im HTML-Text manuell ändern, aber hier bekommen Sie schon einmal ein gutes Gefühl für die Möglichkeiten und deren Auswirkungen.

Nachdem Sie mit den verschiedenen Einstellungen experimentiert und Ihren Favoriten ausgewählt haben, können Sie den speziellen Quellcode übernehmen, um ihn dann in unsere Webseite einzubetten. Dazu ist es jedoch erforderlich, den gesamten Text bei der Markierung ① in Abbildung 10-4 zu markieren und dann in die Zwischenablage zu kopieren.

Für die Aufteilung Ihrer Webseite sowie die Darstellung verschiedener Elemente eignet sich besonders die Aufteilung der Seite in eine

Abb. 10-4
Einbettungscode der Karte holen

Abb. 10-5
Konfiguration der einzubettenden Karte

Tabelle. Beim grundsätzlichen Aufbau einer solchen Tabelle unterstützen Sie HTML-Editoren. In das vorgesehene Tabellenfeld können Sie nun den Quelltext (und somit die Karte) aus der Zwischenablage einfügen. In unserem Beispiel sieht das Resultat eher spartanisch aus, jedoch zeigt es die einzelnen Elemente noch einmal deutlich (Tabelle, Überschrift, die eingebettete Karte und einen Button zum Verlassen dieser Seite). Die weitere Gestaltung der Webseite mit Farben, Hintergründen etc. ist auch nicht Gegenstand der momentanen Arbeit und wird somit nicht weiter erklärt. Das fertige Ergebnis ist in Abbildung 10-6 dargestellt.

Abb. 10-6

*Webseitenausschnitt
mit Einbettung*

Der HTML-Quelltext dieser geschilderten Webseite beginnt folgendermaßen:

```
1 <html>
2 <head>
```

Zunächst wird der Titel der Webseite festgelegt.

```
3 <title>Orchideengebiet</title>
4 <meta http-equiv="Content-Type"
          content="text/html;
          charset=iso-8859-1">
5 <style type="text/css">
```

Formatierung festlegen   Anschließend definieren Sie drei Formatdefinitionen, die Sie Still, Ctab und Ltab nennen, mit Cascading Stylesheets für den Text bzw. die Tabelle, die später aufgerufen werden. Diese Cascading Stylesheets vereinfachen die Arbeit so, dass die Formate an den entsprechenden Stellen nicht jedesmal neu eingegeben werden müssen. Die Website kann damit ein einheitliches Aussehen bekommen. Des Weiteren werden nachträgliche Änderungen vereinfacht. Wenn Sie das Design später ändern wollen, so nehmen Sie diese Änderungen nur im entsprechenden Style vor, und das Design ist dann an allen Stellen, wo es verwendet wird, sofort verändert.

Der Style Still legt eine grüne, fett gedruckte Schrift fest:

```
6  .Still{
7        color:green; font-weight:bold;
8        }
```

Ctab ist für Tabellenfelder gedacht. Diese sollen eine doppelte, graue Umrandung und eine grüne Hintergrundfarbe erhalten, der Tabellenfeldinhalt ist zentriert darzustellen:

```
9  .Ctab {
10       width:360px;
11       border:gray; border-style:double;
         border-collapse:collapse;
12       background-color:#DDFABB;
         text-align:center;
13       }
```

Der Style Ltab schließlich legt nur die linksbündige Darstellung fest:

```
14 .Ltab {
15       text-align:left;
16       }
17 </style>
18 </head>
19 <body>
```

Tabelle erstellen   Eine Form, eine Webseite in verschiedene Bereiche aufzuteilen, um diese später definiert zu füllen, ist das Element Tabelle. Sie erstellen hier eine Tabelle, die lediglich aus einer Spalte und drei Zeilen besteht. Für die Tabelle wird der Stil Ctab festgelegt, den Sie vorher definiert haben.

```
20  <table class="Ctab">
21   <tr>
22    <td >
23     <span class="Still">
24       Das ist unsere Karte mit den Standorten
        der Orchideen
```

```
25        </span>
26      </td>
27      </tr>
```

In der ersten Tabellenzeile steht ein Text, der mit dem definierten Stil Stil1 formatiert wird.

Ab Zeile 30 wird der Einbettungscode, den Sie von Google Maps erhalten haben (vergleiche Abb. 10-4, Markierung ②), eingefügt:

Einbettungscode für die Karte eintragen

```
28      <tr>
29      <td height="103">
30        <iframe
            width="340" height="300" frameborder="0"
31          scrolling="no" marginheight="0"
32          marginwidth="0"
33          src=
          "http://maps.google.com/maps/ms?ie=UTF8&amp;
          hl=de&amp;t=h&amp;
          s=AARTsJr8rf92tHRrV_ZBMFESlHq9wsS-6A&amp;
          msa=0&amp;
          msid=107565224660022496828.
                            00045344c851aa1420d2f&amp;
          ll=50.874445,11.530666&amp;
          spn=0.016248,0.025749&amp;
          z=14&amp;output=embed">
34        </iframe>
35        <br>
36        <small>
37        <br>
```

In den Quelltextzeilen 38 bis 39 wird der Link eingefügt, um die Karte direkt bei Google Maps aufrufen zu können (vergleiche Abb. 10-4, Markierung ①):

Link zur Karte bei Google Maps einfügen

```
38        <a href=
          "http://maps.google.com/maps/ms?ie=UTF8&amp;
          hl=de&amp;t=h&amp;msa=0&amp;
          msid=107565224660022496828.
                            00045344c851aa1420d2f&amp;
          ll=50.874445,11.530666&amp;
          spn=0.016248,0.025749&amp;
          z=14&amp;source=embed" style="color:#0000FF;
          text-align:left">Größere Kartenansicht
39        </a>
40      </small>
41      </td>
42      </tr>
```

OK-Button einfügen In die letzte Zeile der Tabelle wird ein *OK*-Button eingefügt, um die Seite neu zu laden:

```
43  <tr>
44    <td class="Ltab">
45  <br>
46  <form name="form1" method="post" action="">
47        <input type="submit" name="Submit"
                  value="neu laden">
48    </form>
49    </td>
50  </tr>
51  </table>
52 </body>
53 </html>
```

Dieses Tabellenfeld hat wieder ein eigenes Format (Stil: `Ltab`), welches in Zeile 44 aufgerufen wird. Damit wird der *OK*-Button linksbündig dargestellt. Erneute Stilaufrufe ersetzen dabei immer den bisher wirksamen Stil.

Der obige Quellcode kann z. B. mit einem freien Editor (zum Beispiel notepad++ oder Webocton-Scriptly) getippt und in einer unformatierten Textdatei mit der Erweiterung `html` oder `htm` abgespeichert und dann mit Doppelklick gestartet werden. Zu beachten ist noch für das obige Beispiel, dass jeweils der gesamte Text in eine Zeile geschrieben wird, der erst bei der neuen Zeilennummer endet.

Eine Tabelle mit HTML erstellen

Zum Aufteilen verschiedener Sachverhalte (Bilder, Texte, ...) auf einer Webseite ist die Tabellenstruktur sehr geeignet, da sie visuell ansprechend und relativ leicht zu verwalten ist. Folgende Befehle dienen dem Aufbau einer Tabelle:

<table border=0>	Beginn der Tabelle,
	(border = Rahmen, 0 = kein Rahmen)
<tr>	Beginn einer Tabellenzeile
<td>	Beginn einer Tabellenspalte
hier steht der Inhalt der Zelle	
< /td>	Ende einer Tabellenspalte
< /tr>	Ende einer Tabellenzeile
< /table>	Ende der Tabelle

In unserem Beispiel wurde eine Tabelle (Quelltextzeilen 20–51) mit drei Tabellenzeilen (Quelltextzeile 21–27, 28–42 und 43–50) und einer Spalte, in die jeweils die Tabellenspalten eingelagert sind (z. B. Quelltextzeile 22–26 für die erste Tabellenzeile) eingefügt.

Beim Doppelklick auf diese Textdatei öffnet sich der Standardbrowser und lädt den Text, baut die Tabelle auf und holt sich die Karte aus dem Internet, die dann wunschgemäß in das Tabellenfeld eingebettet wird. Ein paar Funktionen – nämlich genau die des Startfensters – sind auch für dieses kleine Fenster mitgeliefert.

Webseite testen

Somit haben Sie nun ein Beispiel mit Quelltext, der auf verschiedene Art verwendet werden kann. Die Anwendungsmöglichkeiten reichen von einer Seite im WWW über den Auftritt im Intranet (z. B. einer Firma) bis hin zur rein individuellen Nutzung auf dem eigenen PC, einen Internetanschluss natürlich vorausgesetzt.

Auf der eingebetteten Karte befindet sich unten der Textbutton *Größere Kartenansicht* – Quelltextzeile 38. Mit dessen Hilfe gelangt man auf die originale Karte direkt bei Google Maps. Hier sehen Sie dann die Legende zur Karte und erhalten alle Möglichkeiten einer Google-Maps-Karte.

10.4 Zusammenfassung

Die Einbindung einer Google-Maps-Karte in das eigene Webangebot stellt eine interessante Erweiterung der Arbeit mit Google Maps dar. Dort angebotene textuelle und mediale Informationen können mit Kartendaten angereichert und Bedienkomfort versehen werden. Zwei Möglichkeiten zur Einbindung einer Google-Maps-Karte in die eigene Website haben Sie hier kennengelernt – die Einbettung eines Links mit der Adresse der Karte bei Google Maps und die Integration mit Hilfe eines iframes über den HTML-Code. Die zweite Variante darf für kommerzielle Webauftritte nicht genutzt werden.

Die Einbindung einer Google-Maps-Karte in die eigene Webpräsenz mit der Google Maps API mit JavaScript-Unterstützung werden Sie im nächsten Kapitel kennenlernen. Damit können Sie dann auch kleine Erweiterungen in Ihre Anwendung integrieren.

Teil III
Programmieren mit der Google Maps API

11 Einführung

Mit der Google Maps API können Sie Ihre Kartenanwendung in die eigene Webseite einbinden und auch um selbst geschriebene Funktionalitäten erweitern. In diesem Kapitel werden Sie einen ersten Einblick in die Arbeit mit der Google Maps API und damit Ideen für eigene Anwendungen bekommen. Sie werden eine erste kleine Anwendung erstellen und dabei einige JavaScript- und API-Befehle kennenlernen.

11.1 Konzepte und Anwendungen

11.1.1 Konzepte

Werden Inhalte des Webs, wie Texte, Videos, Bilder oder Karten, aus verschiedenen Diensten neu kombiniert, sprechen wir auch von Mashups. Dafür werden Programmierschnittstellen wie etwa die Google Maps API von den Webanwendungen zur Verfügung gestellt.

Mashups

Mit Hilfe der API-Funktionen von Google Maps ist es möglich, eigene Anwendungen zu erstellen und individuell zu gestalten. Damit können sich für die fortgeschrittenen Nutzer sehr vielseitige Anwendungen ergeben. Sie werden in diesem Kapitel ein erstes, nachvollziehbares Beispiel erarbeiten, um einen Einblick in diese Arbeitsweise zu bekommen. Nach einer Einführung in die Programmierung, speziell mit Java-Script, in Kapitel 12 werden Sie weiterführende Anwendungsbeispiele in Kapitel 13 erarbeiten.

Vielfältige Anwendungen mit der API

Google Maps bietet verschiedene APIs an. Wir werden uns hier ausschließlich auf die JavaScript-API beziehen. Neben HTML, welches Sie in den vorherigen Abschnitten bereits verwendet haben, benötigen Sie hier noch zusätzlich Programmierkenntnisse mit JavaScript. Mit Hilfe dieser Skriptsprache können Sie komplexere Abläufe gestalten, als es allein mit HTML möglich ist. Weiterhin werden Sie durch JavaScript in die Lage versetzt, die Programmfunktionen (die API) von Google Maps aktiv zu nutzen. In diesem Zusammenhang können interaktive Webseiten entstehen, auf denen Interessenten oder Kunden (z. B. bei Immobilienangeboten) aktiv agieren können – natürlich im Rahmen der von

JavaScript-API von Google Maps

Ihnen vorgegebenen (programmierten) Möglichkeiten. Das setzt einerseits einen qualifizierten bzw. gut von Ihnen angeleiteten Nutzer voraus, bietet aber andererseits ungleich mehr Möglichkeiten als eine statische Karte.

Rechtliche Hinweise   Die Webseite, in die die Google Maps API eingebaut wird, muss den Anwendern kostenlos und frei zur Verfügung stehen. Wird eine Google-Maps-Karte als Service in Webseiten eingebunden, die für die Betrachter kostenpflichtig sind oder die nur innerhalb eines Unternehmens oder im Intranet verfügbar sein sollen, muss die kostenpflichtige Variante von Google Maps erworben werden.

Sichere Anwendungen   JavaScript ist eine Sprache, mit deren Hilfe die Möglichkeiten von HTML erweitert werden können. Es handelt sich um eine sogenannte clientseitige Sprache, d. h., alles läuft direkt im Browser ab, und es werden keine speziellen Voraussetzungen beim Webserver benötigt. Allerdings gibt es immer wieder Schwachstellen und Sicherheitslücken in Browsern, die durch Ausführung von JavaScript-Code zu Schäden auf den Anwenderrechnern führen können. Das Bundesamt für Sicherheit in der Informationstechnik z. B. thematisiert Gefahren und Schutzmöglichkeiten auf seiner Webseite[1].

Browser   Um das fertige Ergebnis darzustellen, wird natürlich ein Browser benötigt. Da Sie JavaScript-Befehle verwenden werden, muss JavaScript im Browser aktiviert sein (kann bei den *Einstellungen* im Browser vorgenommen werden), ansonsten wird Ihre Google-Maps-API-Anwendung nicht angezeigt. Wenn Sie eine solche Anwendung für das Web entwickeln, ist es zudem nützlich, wenn Sie diese auf mehreren Browsern testen. Damit stellen Sie sicher, dass Ihre Anwendung auch in allen Browsern funktioniert.

Bevor Sie jedoch eine erste eigene Anwendung entwickeln, wollen wir uns zunächst Anwendungsbeispiele ansehen, um Anregungen zu bekommen.

11.1.2   Anwendungsbeispiele

Eine ganze Reihe von Mashups mit Integration von Karten gibt es schon im Netz, eine gute Übersicht bietet die englischsprachige Webseite `www.programmableweb.com/tag/mapping`. Dort finden sich etwa Kartenanwendungen, die zusätzliche Informationen (z. B. über Sportereignisse) bereitstellen oder auch Karten mit Videos, Text und Bildern verknüpfen. Zwei Anwendungen wollen wir uns näher anschauen. Sie bieten sicher auch Anregungen für spätere eigene Applikationen.

---

[1] `https://www.bsi.bund.de/cln_164/DE/Themen/InternetSicherheit/Gefaehr-dungen/AktiveInhalte/aktiveinhalte_node.html`

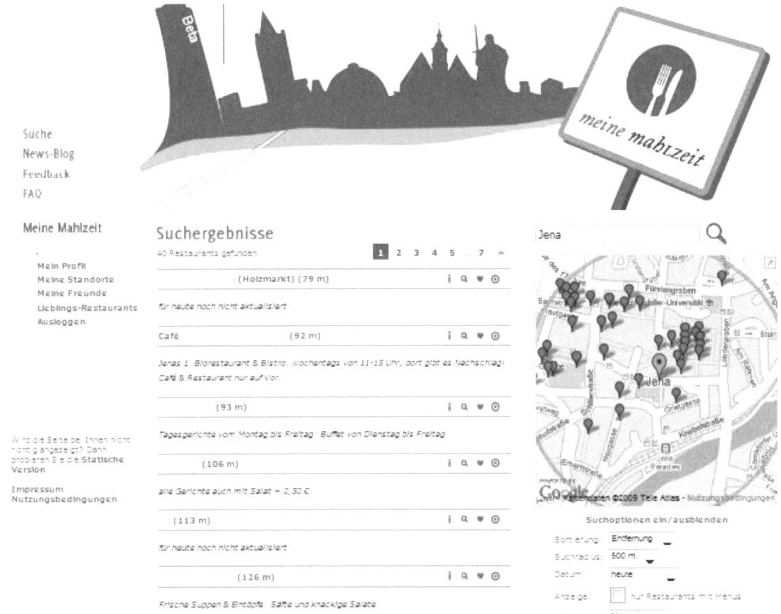

Abb. 11-1
Beispiel 1: Mittagessen
in Jena

Eine nette Anwendung ist unter www.meine-mahlzeit.de zu finden. Ist Mittagszeit im Büro, stellt sich immer die Frage, wo in der näheren Umgebung ein Restaurant oder ein Imbiss liegt, bei dem man preiswert und dem eigenen Appetit entsprechend essen gehen kann. Auf der Webseite können sich Restaurantbesitzer registrieren und ihren Lokalstandort und das aktuelle Essensangebot einstellen. Ein hungriger Website-Besucher kann dann alle Restaurants um seinen aktuellen Standort herum suchen und bekommt diese auf einer Google-Maps-Karte angezeigt. Auch die aktuellen Mittagsangebote und Preise werden ausgegeben.

Beispiel 1: Mittagessen in der Umgebung

Eine andere interessante Anwendung findet sich unter radar.zhaw. ch/radar.html. Über Transponder werden die Echtzeitdaten der Flugzeuge, die im Raum Zürich unterwegs sind, übermittelt. Damit kann auf einer Google Maps Karte dargestellt werden, wo und in welcher Höhe sich ein Flugzeug befindet (Abb. 11-2). Eine solche Echtzeitanwendung ist natürlich sehr aufwändig in der Realisierung.

Beispiel 2: Flugzeuge über Zürich

Nachdem Sie nun einen kleinen Einblick in Anwendungen mit der Google Maps API bekommen haben, können Sie Ihre erste kleine Anwendung erstellen.

Abb. 11-2
Beispiel 2: Aktueller
Flugverkehr über
Zürich

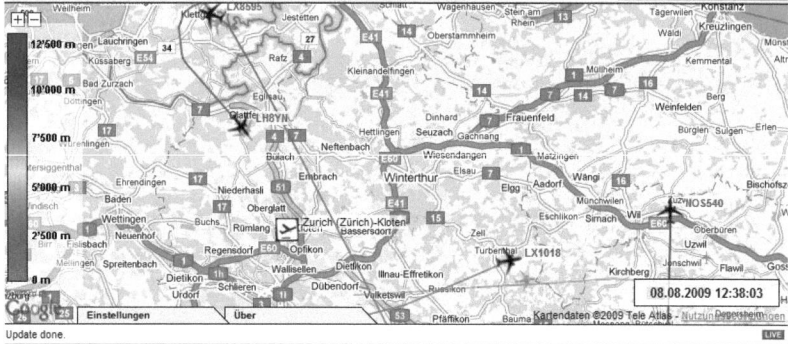

11.2 Erste Anwendung mit der Google Maps API

Für eine erste eigene Anwendung soll eine Google-Maps-Karte auf der eigenen Website eingebunden werden. Dies ist dann die dritte Möglichkeit, um eine Google-Maps-Karte zu integrieren (zusätzlich zu den beiden in Kapitel 10 vorgestellten Varianten). Um die Möglichkeiten der API ein bisschen kennenzulernen, wollen wir unsere Anwendung durch eine Adressensuche ergänzen, sodass der Benutzer eine Adresse eingeben kann, die dann auf der Karte angezeigt wird.

Editor

Zum Erfassen des Quelltextes benötigen Sie auch hier, wie schon beim HTML-Quelltext, einen geeigneten Editor. Die bereits erwähnten freien Editoren sind hier weiter verwendbar, da die Syntaxhervorhebung und die Bedientools ebenfalls für JavaScript funktionieren. Außerdem sind wir bereits mit dem Editor unserer Wahl eingearbeitet.

Vorbereitung: Google API-Key besorgen

Für den Einsatz der Google Maps API benötigen Sie einen Entwickler-Key, auch API-Key genannt. Diesen Key können Sie kostenlos auf der Google-Maps-API-Seite[2] anfordern. Persönliche Informationen, wie Name, Anschrift oder andere Daten, müssen Sie dabei nicht hinterlassen. Sie benötigen jedoch ein Google-Konto.

Ein einzelner Maps-API-Schlüssel gilt für ein einzelnes Verzeichnis oder eine einzelne Domain. Wenn der Schlüssel also für `http://www.meine-seite.de` registriert wird, gilt er auch für Unterverzeichnisse wie `http://www.meine-seite.de/karten`.

Entwicklung auf einem lokalen Laufwerk

Dieser Key wird in jedem Falle benötigt – auch wenn es sich um eine lokal abgelegte Webseite handelt, wie es bei unserer geplanten Anwendung der Fall ist. Letztendlich wird immer auf den Google-Maps-Server zugegriffen und dessen Service genutzt. Wenn Sie die Entwicklung auf Ihrem lokalen Laufwerk durchführen, wird die Schlüsselüberprüfung

---

[2] `code.google.com/apis/maps/signup.html`

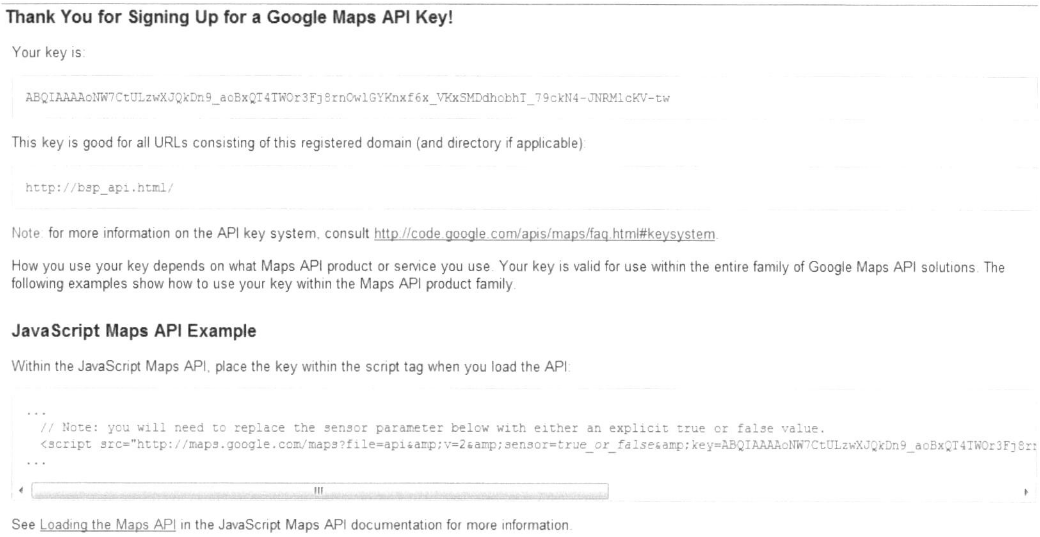

Thank You for Signing Up for a Google Maps API Key!

Your key is:

```
ABQIAAAAoNW7CtULzwXJQkDn9_aoBxQT4TWOr3Fj8rnOwlGYKnxf6x_VKxSMDdhobhI_79ckN4-JNRMlcKV-tw
```

This key is good for all URLs consisting of this registered domain (and directory if applicable):

```
http://bsp_api.html/
```

Note: for more information on the API key system, consult http://code.google.com/apis/maps/faq.html#keysystem.

How you use your key depends on what Maps API product or service you use. Your key is valid for use within the entire family of Google Maps API solutions. The following examples show how to use your key within the Maps API product family.

JavaScript Maps API Example

Within the JavaScript Maps API, place the key within the script tag when you load the API:

```
...
  // Note: you will need to replace the sensor parameter below with either an explicit true or false value.
  <script src="http://maps.google.com/maps?file=api&amp;v=2&amp;sensor=true_or_false&amp;key=ABQIAAAAoNW7CtULzwXJQkDn9_aoBxQT4TWOr3Fj8r:
...
```

See Loading the Maps API in the JavaScript Maps API documentation for more information.

Abb. 11-3
Der gelieferte Key mit dem Beispiel für die Einbindung mit der JavaScript Maps API

beim Aufrufen jedoch übersprungen. Bei der API-Key-Registrierung werden Sie aufgefordert, den Namen der Webseite anzugeben, für die die API-Anbindung vorgesehen ist. Wenn Sie lokal entwickeln, können Sie entweder eine Adresse beginnend mit file:// angeben, z. B. file:///D:/bsp_api.html, wenn Ihre Datei im Laufwerk D diesen Namen bekommen soll. Da die Schlüsselprüfung bei lokalen Seiten jedoch nicht durchgeführt wird, kann auch eine andere Adresse angegeben werden. Sollten Sie die lokal entwickelte Seite jedoch später auf einen Webserver stellen, müssen Sie bei Google einen neuen Entwicklerschlüssel für die entsprechende Webadresse registrieren und diesen Schlüssel dann im Code gegen den alten austauschen.

Wenn die Adresse eingegeben ist, für die der Schlüssel registriert wird, sollten Sie noch die Nutzungsbedingungen für die API genau lesen und bestätigen und das Ganze abschicken. Erst dann erhalten Sie den Key (siehe Abb. 11-3). Sehr hilfreich ist die Anzeige des Quellcodes, den Sie per Copy & Paste direkt in die Webseite übertragen können und so den Key fehlerfrei einarbeiten.

Auf der Webseite sollen nun zusätzlich zu einer Karte ein Zoomregler sowie die Möglichkeit zum Umschalten zwischen Karte und Satellitenbild angeboten werden. Als weiterer Service soll den Nutzern die Suche nach einer Adresse bereitgestellt werden. Eine solche Adresssuche kennen Sie zwar schon als Standard bei Google Maps, aber einerseits bauen Sie den Service individuell ein und andererseits lernen Sie an diesem übersichtlichen und bekannten Beispiel leichter die nachfolgenden Programmierschritte verstehen.

api_11_1.txt

Nun kommen wir zum Quelltext der ersten API-Anwendung, in der Sie JavaScript nutzen werden. Ein solcher Programmbereich beginnt mit <script ....> und endet mit </script>.

Quellcode: API-Key übergeben

Die so gekennzeichneten JavaScript-Teile befinden sich im oberen Teil des Textes der HTML-Seite. Damit ist gewährleistet, dass dieser Teil beim Aufruf der Webseite mit geladen wird, sodass er später im Ablauf (z. B. bei der Auswertung von Formularen) aufgerufen werden kann. Schrittweise werden Sie sich nun den Quelltext der Webseite ansehen, die Sie in Abbildung 11-4 sehen können.

```
1   <!DOCTYPE HTML PUBLIC "-//W3C//DTD HTML 4.01
        Transitional//EN"
        "http://www.w3.org/TR/html4/loose.dtd">
2   <html>
3   <head>
4   <meta http-equiv="content-type"
            content="text/html; charset=UTF-8"/>
5   <title>Google Maps API Beispiel 1</title>
6   <script src="http://maps.google.com/maps?
        file=Abbildungen/api&amp;v=2.x&amp;
        key=ABQIAAAAoNW7CtULzwXJQkDn9_aoBxQT4TWO
        r3Fj8rnOwlGYKnxf6x_VKxSMDdhobhT_79c
        kN4-JNRM1cKV-tw" type="text/javascript">
    </script>
```

Schauen Sie sich diese ersten Zeilen des Beispiel-Quellcodes näher an. Zunächst kommen einige vorausgehende Informationen:

Zeile	Bedeutung
1–2	Standardbeginn der Webseite
3	Beginn des Kopfbereiches – Ende in Zeile 40
4	Festlegung des Zeichensatzes
5	Titel für die Kopfzeile des Browsers
6	Übergabe des Google Maps API Keys (kopiert aus der Registrierung auf der Google-Seite)

Quellcode: Karte initialisieren

Nun folgt der Anfang des JavaScript-Teils mit dem Initialisieren der Karte:

```
7    <script type="text/javascript">
8    //<![CDATA[
9
10   function Karte_initialisieren() {
11    if (GBrowserIsCompatible()) {
12      var Karte = new GMap2(
            document.getElementById("map_harz"));
13
14      Karte.setCenter(new GLatLng(51.799167,
                                    10.616226), 11);
15      Karte.addControl(new GLargeMapControl());
16      Karte.addControl(new GMapTypeControl());
17      var Geocoder = new GClientGeocoder();
18    } // Ende if
19   } // Ende function
```

Zeile	Bedeutung
7–8	Beginn des Skriptteils (endet in den Zeilen 38 und 39)
8	Diese Zeile ist notwendig, um JavaScript in HTML-Dokumente einzubinden. Mit <![CDATA[wird verhindert, dass Zeichen interpretiert werden. Da ältere Browser diesen Befehl nicht verstehen, wird er mit // auskommentiert. Der so eingerahmte Block endet erst in Zeile 38 (siehe Quelltext unten) mit //]]>.
10–19	Funktion zum Initialisieren der Karte auf der Webseite
11	Die Karte soll nur initialisiert werden, wenn der Browser kompatibel ist
12	Die Variable Karte wird deklariert und deren Inhalt definiert.
14	Hier werden der Mittelpunkt durch Angabe seiner Koordinaten[3] sowie die Zoomstufe der Anfangskarte festgelegt. Für unser Beispiel wurde als Mittelpunkt der Brocken im Harz gewählt.
15	Steuerelement: Linker Steuerbereich der Karte, in dem später die Zoomstufe individuell geändert werden kann
16	Steuerelement: Der Typ der Karte (Straßenkarte, Satellit usw.) kann in der Anzeige geändert werden
17	Hier wird die Variable Geocoder deklariert und für das Geokodieren initialisiert, das zu einem späteren Zeitpunkt stattfindet.

---

[3]Um die Koordinaten zu einem Punkt auf der Karte zu bestimmen, können Sie beispielsweise den Dienst auf der Seite www.geokodierung.net nutzen. Nach Eingabe einer Postadresse bekommen Sie die geografische Längen- und Breitenangabe angezeigt.

Für die Adresssuche benötigen Sie eine weitere Funktion, die bei Eingabe einer Postadresse in Ihrer Webanwendung diese Adresse findet, geokodiert und auf der Karte darstellt:

```
20   function showAddress(Adresse) {
21    if (Geocoder) {
22     Geocoder.getLatLng(Adresse,
23       function(point) {
24        if (!point) {
25         window.alert(Adresse
                          + " nicht gefunden");
26        }
27        else {
28         Karte.setCenter(point, 13);
29         var Markierung = new GMarker(point);
30         Karte.addOverlay(Markierung);
31         Markierung.openInfoWindowHtml(Adresse);
32        } // Ende else
33       } // Ende function (point)
34     ); // Ende Arbeit Geocoder
35    } // Ende if
36   } // Ende function showAddress
37
38   //]]>
39   </script>
40  </head>
```

Die vom Benutzer eingegebene Adresse wird an den Geokodierer von Google geschickt (ab Zeile 22). Falls die Adresse nicht gefunden werden kann, wird eine Fehlermeldung ausgegeben (Zeile 25). Ansonsten soll der Mittelpunkt der anzuzeigenden Karte auf diesen Adresspunkt gesetzt (Zeile 28) und mit einem Marker dargestellt (Zeile 29–30) werden. Schließlich soll ein Infofenster mit der Adresse als Text angezeigt werden (Zeile 31).

Der Teil mit der eigentlichen JavaScript-Programmierung, der in Zeile 7 begann, endet hiermit in Zeile 39.

*Quellcode: Aussehen
der Webseite* Nun ist das Laden der entsprechenden Karte mit den von uns vorgegebenen Parametern vorbereitet und der Body der Webseite einschließlich weiterer Gestaltungsmöglichkeiten kann angelegt werden:

```
41   <body onload="Karte_initializieren()"
                          onunload="GUnload()">
42     <form action="#" onsubmit="showAddress(
                    this.Adresse.value);
                    return false">
43       <p>
44         <input type="text" size="60"
                    name="Adresse"
                    value="Strasse, Stadt, Land" />
45         <input type="submit" value="Suche!" />
46       </p>
47       <div id="map_harz" style="width: 500px;
                          height: 300px"></div>
48     </form>
49
50   </body>
51 </html>
```

Die Zeilen 42 bis 48 definieren ein Eingabeformular, in das der Benutzer unserer Anwendung eine Adresse eingeben kann. Nach Betätigen des Sendebuttons werden die eingegebenen Daten dann entprechend ausgewertet:

Zeile	Bedeutung
42	Vorbereiten des Eingabefeldes: Welches Skript soll mit welchen Daten gestartet werden: Aufruf unserer Funktion showAddress (ab Zeile 25)
44	Initialisieren des Adresseingabefeldes mit Typ, Anzahl der Zeichen, Variablenname und Vorgabedaten, hier kann der Nutzer einen Text eingeben, als Hilfestellung ist die Reihenfolge der Eingabe mit Strasse, Stadt, Land vorgegeben
45	Vorbereiten des Sendebuttons (Beschriftung Suche!), damit bei dessen Drücken alle Eingabewerte abgeschickt werden
47	Initialisieren der Karte mit den neuen Werten und dann neu laden

Damit ist das Ende des Quelltextes der Webseite einschließlich der Nutzung der Google Maps API mittels JavaScript erreicht. Diese erste Webseite ist erstellt und kann interaktiv benutzt werden (siehe Abb. 11-4), ohne dass Sie direkt zu Google Maps wechseln müssen. Im dargestellten Beispiel haben wir zu Testzwecken eine real existierende Straße in Mainz suchen lassen und bekommen diese anschließend ordnungsgemäß angezeigt. Die gewünschten Services zum Zoomen und

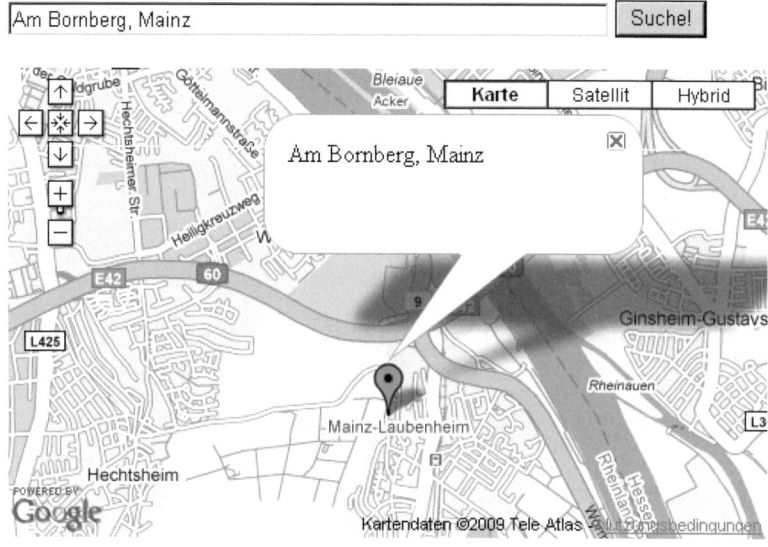

möglichem Wechsel zwischen Karten- und Satellitenbild stehen uns – respektive dem Nutzer – zur Verfügung.

11.3 Fehlersuche

Beim Tippen von Quelltext kommt es immer wieder vor, dass sich Fehler einschleichen. Das können falsch getippte Befehle sein (z. B. wurde die Groß- und Kleinschreibung nicht beachtet, Buchstabendreher treten auf – z.B. vra statt var) oder auch eine fehlerhafte Syntax (z. B. Klammern werden falsch gesetzt). Diese und andere Fehler führen zum falschen Abarbeiten des Skriptes bzw. stoppen das Abarbeiten der vorgegebenen Befehlsfolge. Diese fehlerhafte Stelle gilt es nun im Quelltext zu finden. Bei dieser Arbeit werden wir von den Browsern unterstützt. Daher wollen wir uns anschauen, wie man solche Fehler mit den beiden derzeit gebräuchlichsten Browsern – dem Internet Explorer und dem Mozilla Firefox – finden und korrigieren kann.

Wird beim Internet Explorer ein fehlerhaftes Skript abgearbeitet, erfolgt eine entsprechende Benachrichtigung durch den Internet Explorer selbst. Die weitere Abarbeitung des Skripts wird abgebrochen und es erscheint ein entsprechendes Fehlersymbol links unten im Browser (vergleiche Abb. 11-5 Markierung (①).

Ein zusätzliches Infofenster erhalten Sie durch Doppelklick auf dieses Symbol. Hier finden sich weitere Informationen, um den Fehler zu lokalisieren. Dazu muss noch der *Detail*-Button betätigt werden. Am

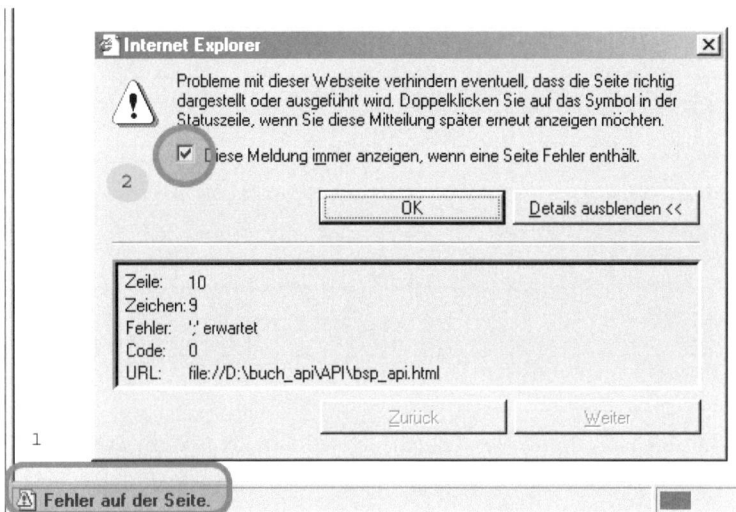

hilfreichsten sind die Aussagen zur Zeile und auch zur Zeichenposition des Fehlers. Setzen Sie den Haken (vergleiche Abb. 11-5 Markierung ②), dann erscheint das Infofenster immer gleich automatisch mit jedem Fehler.

Eine andere Herangehensweise finden wir beim Browser Mozilla Firefox. Hier wird die Abarbeitung des Skripts ohne Nachricht abgebrochen. In der Annahme, dass es sich dabei um einen Fehler handelt, rufen wir die browsereigene Fehlerkonsole auf (siehe Abb. 11-6).

Fehlersuche im Mozilla Firefox

Die Konsole startet auf jeden Fall, auch wenn kein Fehler vorliegt. In diesem Fall ist das Konsolenfenster ohne Inhalt. In unserem Fall liegt jedoch ein Fehler vor (siehe Abb. 11-7). An dieser Stelle erhalten wir sehr umfassende Informationen: Nummer und Inhalt der fehlerhaften Zeile, vermutliche Position und Fehlerursache (auch hier mit Vorsicht zu genießen).

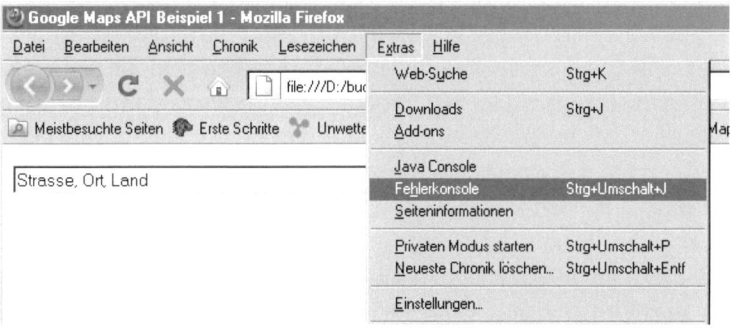

Abb. 11-6
Start der Fehlerkonsole beim Mozilla Firefox Browser

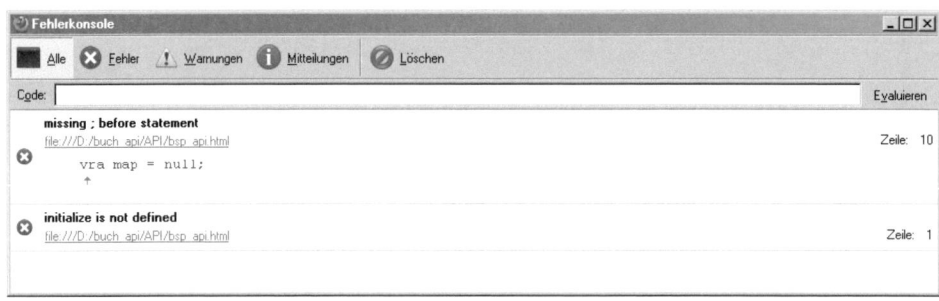

Irreführende
Fehlerbeschreibung

Die Beschreibung des Fehlers ist jedoch oft irreführend. In unserem Beispiel wurde in beiden Fällen von den Browsern ein Fehler mit einem Semikolon vermutet, das bei JavaScript einen Befehl abschließt. Unser Fehler war jedoch die falsche Schreibweise des Schlüsselwortes »var«. Die angezeigte Zeilennummer, wo der Fehler aufgetreten ist, ist jedoch korrekt. Es empfiehlt sich also immer, nicht nur nach dem direkt angezeigten Fehler zu schauen, sondern auch die ganze Zeile genauer anzuschauen und gegebenenfalls die Zeilen davor, ob dort der Fehler versteckt sein könnte.

Eine ähnliche Vorgehensweise bei der Fehlersuche finden Sie auch bei anderen Browsern (z. B. Opera).

11.4   Zusammenfassung

In diesem Kapitel haben Sie einen ersten Einblick in die Google Maps API bekommen und eine kleine Anwendung selbst getippt. Dabei haben Sie nur einen sehr kleinen Bereich der Google Maps API genutzt. Eine Auflistung aller hier im Buch verwendeten API-Befehle mit kurzer Erläuterung befindet sich im Anhang A. Bevor wir weitere Anwendungen erstellen, wollen wir uns zuerst noch das nötige Handwerkszeug beschaffen. Eines davon ist JavaScript, in dessen Grundkonzepte wir im nächsten Kapitel einsteigen wollen. Dabei bekommen Sie auch gleich einen kleinen Einstieg in die Programmierung, um dann auf diesem Wissen aufbauend im Kapitel 13 komplexere Anwendungen mit der Google Maps API erstellen zu können, die Sie später auch nach Ihren Wünschen anpassen können.

Wenn Sie bei der Erstellung eigener Webseiten schon mit JavaScript gearbeitet haben, können Sie das folgende Kapitel nur überfliegen oder auch überspringen, um dann gleich in Kapitel 13 tiefer in die API-Programmierung einsteigen zu können.

12 Einstieg in JavaScript

Nachdem Sie nun eine erste kleine Anwendung mit der Google Maps API erstellt haben, wollen wir in diesem Kapitel eine Einführung in die Konzepte von JavaScript geben. JavaScript bildet die Grundlage für den Einsatz der Google Maps JavaScript API. Auf dieser Basis werden Sie später weitere Anwendungen schreiben. Wenn Sie schon Erfahrungen mit JavaScript haben, können Sie dieses Kapitel überspringen.

12.1 JavaScript in HTML einbetten

Unsere erste Anwendung mit der Google Maps API aus Kapitel 11 hat schon ein Eingabeformular mit einer Such- und Geocodierfunktion sowie anschließend der entsprechenden Kartendarstellung bereitgestellt. Die Google Maps API bietet natürlich noch viel mehr differenzierte Möglichkeiten bei der Darstellung von Karten nebst Interaktionen, die den Wünschen der Nutzer der Webseiten immer mehr entgegenkommen.

Damit Sie später auch eigene Anwendungen erstellen und die vorgestellten Anwendungen in diesem Buch nach Ihren Wünschen anpassen können, wollen wir näher auf JavaScript, die Sprache hinter der Google Maps JavaScript API, eingehen. Natürlich ersetzt unser Exkurs keinen vollständigen JavaScript-Kurs, sondern gibt nur einen kleinen Einblick speziell in die Sprachelemente, die Sie zum Erstellen der hier im Buch beschriebenen Anwendungen benötigen.[1]

JavaScript ist eine sogenannte Skriptsprache, die anfänglich für kleinere Programmieraufgaben gedacht war, inzwischen aber auch bei umfangreichen Projekten genutzt wird. Trotz der Namensähnlichkeit mit der Programmiersprache Java und ähnlicher Syntax sind jedoch viele Unterschiede festzustellen. JavaScript ist in den HTML-Quellcode einer Webseite eingebettet und wird dazu genutzt, insbesondere den Browser zu steuern. Es ist eine client-seitige Sprache, wird also direkt auf dem Rechner (Client) des Benutzers einer Webseite ausgeführt und

JavaScript als Skriptsprache

---

[1]Bücher und Internetquellen zum Einstieg und zur vertieften Beschäftigung mit JavaScript finden Sie am Ende des Buches.

nicht auf einem Server im Web. Damit kann direkt und unmittelbar auf Aktionen des Benutzers der Webseite reagiert werden, ohne erneut auf den Webserver zuzugreifen.

Grundgerüst der HTML-Seite
api_12_0.txt

Um etwas mit JavaScript vertraut zu werden, wollen wir die Besonderheiten zur Arbeit mit Karten und die Google Maps API zunächst außer Acht lassen und uns nur auf JavaScript konzentrieren. Als Erstes schaffen Sie sich eine vereinfachte Testumgebung zum Üben der JavaScript-Beispiele. Da bei den folgenden Beispielen JavaScript-Code in eine HTML-Seite eingebettet ist, benötigen Sie das Grundgerüst einer entsprechenden HTML-Seite:

```
1   <html>
2    <head>
3     <title>Test 1 für JS</title>
4     <script type="text/javascript">
5     //<![CDATA[
6
7        // hier wird geübt
8
9     //]]>
10    </script>
11
12   </head>
13   <body>
14   </body>
15   </html>
```

Diese Vorlage eines Quellcodes ist zwar eher spartanisch, aber voll funktionstüchtig und daher für unsere Übungen ausreichend. Sie wird in einer HTML-Datei abgelegt und kann dann für die folgenden Beispiele genutzt werden. Im Bereich der Zeilen 6 bis 8 (je nach Umfang erweiterbar) können die folgenden Beispiele eingetippt werden. Unser JavaScript-Code ist also immer in die Zeilen `<script type="text/javascript">` und `</script>` eingeschlossen.[2]

Nachdem Sie nun das Grundgerüst der HTML-Seite vorliegen haben, können wir uns einige wesentliche Grundlagen der Programmierung am Beispiel von JavaScript ansehen.

---

[2]Es gibt noch weitere Möglichkeiten, wie JavaScript-Code in einen Quelltext eingebettet und gestartet werden kann. Auf diese Varianten werden wir aber hier nicht eingehen.

12.2 Variablen

Variablen sind Speicherbereiche, die mit Hilfe eines zugewiesenen Namens verwaltet werden. In diesen Speicherbereichen werden die benötigten Daten – der Wert – für die jeweilige Aufgabe gespeichert. Um überhaupt mit Variablen arbeiten zu können, müssen diese zuerst definiert werden, d.h., sie bekommen einen Namen und einen Speicherbereich zugewiesen.

Nicht nur für die Benennung von Variablen, sondern auch für die Namen von Funktionen, die Sie später kennenlernen werden, müssen Sie bei JavaScript einige wenige Regeln beachten:

Regeln bei der Namensvergabe

Schreibweise	Bei der Namensvergabe und der späteren Verwendung ist zu beachten, dass in JavaScript die Groß- und Kleinschreibung wichtig ist. `Eingabe` und `eingabe` sind demnach zwei unterschiedliche Bezeichner.
Namens-vergabe	- Verwendung von Buchstaben und Zahlen - Das erste Zeichen muss ein Buchstabe sein. - Keine Sonderzeichen verwenden (z. B. Leerzeichen, Umlaute) - Nur der Unterstrich ist erlaubt. - Keine reservierten Wörter verwenden
Wirkungs-bereich	Variablen, die außerhalb von Funktionen deklariert werden, sind überall aufrufbar (globale Variable) und die in Funktionen deklarierten sind nur innerhalb dieser Funktion verwendbar (lokale Variable).
var function	Schlüsselworte des Beginns einer Deklaration

Die Arbeit mit Variablen gestaltet sich unter JavaScript einfacher als in vielen anderen Programmiersprachen, mit denen Sie vielleicht schon gearbeitet haben. Die Deklaration erfolgt mit dem Schlüsselwort var, dann kommt der Name der Variablen. Eine Festlegung des verwendeten Datentyps (Text, Zahl, ...), wie in vielen anderen Programmiersprachen, erfolgt nicht. Stattdessen ist es üblich, eine erste Wertzuweisung durchzuführen, um einerseits einen definierten Anfangswert zu setzen. Zum anderen legt man damit den Datentyp fest, was mehr der eigenen Orientierung und der Lesbarkeit des Programms dient.

```
...
var i;
var Zaehler = 1;
var Eingabe = "";
...
```

Die Variable namens i ist zwar deklariert, hat aber (noch) keinen Wert zugewiesen bekommen. Die Variable Zaehler bekommt den Wert 1. Damit ist sie vom Typ Zahl. Die Variable Eingabe bekommt einen Text (eine Zeichenkette) als Typ, was an den Anführungszeichen erkennbar ist. Wenn zwischen den Anführungszeichen aber kein Text steht, haben Sie es mit einer leeren Zeichenkette zu tun.

Gern genutzte Möglichkeiten, Anfangswerte festzulegen, sind die Berechnung unter Zuhilfenahme von Variablen aus anderen Programmteilen und das Anfordern eines Wertes über eine Eingabe des Benutzers, wie Sie es im folgenden Codeausschnitt sehen können:

```
var Eingabe = window.prompt("Bitte geben Sie den
                            Anfangswert ein", "");
```

Mit der Anweisung window.prompt(Überschrift des Fensters, anfangs angezeigter Wert) wird ein separates Fenster für eine Eingabe mit entsprechenden Vorgaben durch die Parameter geöffnet (Abb. 12-1). Der vom Benutzer in das Fenster eingegebene Wert wird dann der Variablen Eingabe zugeordnet.

Abb. 12-1
Ein mit JavaScript programmiertes Fenster mit Benutzerinteraktion

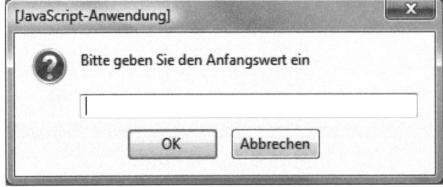

Änderung des Typs einer Variablen

Einmal zugewiesene Werte legen zwar den (vorläufigen) Datentyp einer Variablen fest, der jedoch durch eine erneute Zuweisung geändert werden kann. Im folgenden Beispiel bekommt die Variable Ein_max zunächst die Zahl 100 als Wert zugewiesen (Zeile 1):

```
1 var Ein_max = 100;
2 var Ergebnis;

// beliebiger Quelltext

3 Ein_max = "nun bin ich eine Zeichenkette";

4 Ergebnis = Ein_max * 23;
5 window.alert(Ergebnis);
```

In Zeile 3 bekommt die Variable Ein_max dann aber eine Zeichenkette
als Wert. Damit wird der Datentyp der Variablen geändert. Wenn nun
in Zeile 4 die Variable Ein_max mit 23 multipliziert wird (das Sternchen
ist der Multiplikationsoperator), wird sinnloserweise ein Text mit einer Zahl multipliziert und in der Variablen Ergebnis gespeichert. Wenn
dann mit window.alert in Zeile 5 das Ergebnis angezeigt werden soll,
wird trotzdem ein Ergebnis angezeigt (Abb. 12-2):

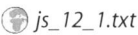
js_12_1.txt

Abb. 12-2
*Ausgabefenster mit
Fehlermeldung NaN
(not a number)*

    Das Ergebnis NaN zeigt an, dass hier ein Fehler vorliegt. Schließlich
wurde hier versucht, eine mathematische Operation mit einer Zeichenkette durchzuführen. Verwenden Sie an der Stelle der Multiplikation
eine Addition, erhalten Sie keine Fehlerausschrift, sondern ein Ergebnis. Grund dafür ist, dass die Addition für Zeichenketten eine zugelas-
sene Operation ist, die mehrere einzelne Zeichenketten aneinanderreiht
(siehe Abb. 12-3).

```
1 var Ein_max = 100;
2 var Ergebnis;

// beliebiger Quelltext

3 Ein_max = "nun bin ich eine Zeichenkette ";

4 Ergebnis = Ein_max + 23;
5 window.alert(Ergebnis);
```

Abb. 12-3
*Ausgabefenster der
Zeichenkettenaddition*

Somit ist das Ergebnis der Operation wieder eine Zeichenkette, trotz der Addition mit einer Zahl. Die Änderung des Variablentyps ist also durch eine Wertzuweisung problemlos möglich. Daher bedarf es einer sorgfältigen und übersichtlichen Programmierung, um solche verwirrenden Zuweisungen und insbesondere Fehler beim logischen Ablauf zu vermeiden.

Der Datentyp »Array« Ein spezieller Datentyp ist ein `Array`. An anderer Stelle wird es auch als Vektor oder Liste bezeichnet. Eine Variable vom Typ `Array` ermöglicht es, mehrere Werte gleichen Typs in einer Variablen abzulegen und weiterzuverarbeiten. Für das Deklarieren stehen Ihnen mehrere Möglichkeiten zur Verfügung.

```
1   var Adressen = new Array();

2   var Farben = new Array(16);

3   var Gaeste = new Array(Anzahl);
```

In der häufig benutzten Variante 1 wird eine Variable als Array deklariert, von der zu diesem Zeitpunkt die Anzahl der Elemente unbekannt ist. Im Gegensatz dazu steht die 2. Variante mit einer festen Vorgabe. Bei der Variante 3 ist zwar die Anzahl der Elemente zum Zeitpunkt des Programmierens unbekannt, wird jedoch während des Abarbeitens (z. B. durch eine Nutzereingabe) festgelegt.

Einem Array Werte zuzuweisen ist nicht so trivial wie bei einfachen Variablen, da es sich hier nicht um einen einzelnen Wert handelt. Die Werte können beispielsweise direkt als Liste zugewiesen

```
var Farben = new Array("rot", "gelb", "blau");
```

oder auch per Anweisung mit Hilfe der Methode `push` einzeln an eine Liste angehängt werden:

```
Farben.push("lila");
```

Für eine dritte Variante ist die Kenntnis des Aufbaus eines Array erforderlich. Die einzelnen Werte einer solchen Liste sind durchnummeriert. Der erste Wert hat die Nummer 0. Die Anzahl der Elemente einer Liste lässt sich mit Hilfe der Anweisung `length` ermitteln. Die Zuweisung des Wertes zu einem Listenelement erfolgt direkt:

```
Farben[2] = "grün";
```

In den eckigen Klammern wird die Nummer des Elements für die Zuweisung genannt. In unserem Beispiel handelt es sich um das dritte Element, denn das erste Element hat ja die Nummer 0.

Ein zusammenfassendes Beispiel stellt dieses folgende Skript dar: 🌐 *js_12_2.txt*

```
1   var Farben = new Array("rot", "gelb", "blau");
2   var Anzahl = Farben.length;
3   window.alert("Liste der Farben: " + Farben
        + "\n" + "Anzahl der Elemente: " + Anzahl);
4
5   Farben.push("lila");
6   Anzahl = Farben.length;
7   window.alert("Liste der Farben: " + Farben
        + "\n" + "Anzahl der Elemente: " + Anzahl);
8
9   Farben[2] = "grün";
10  window.alert("Liste der Farben: " + Farben
        + "\n" + "Anzahl der Elemente: " + Anzahl);
```

Mit dem Befehl length kann die Länge einer Liste, also die Gesamtzahl der Elemente im Array, bestimmt werden.

In den Ausgabeanweisungen (Zeilen 3, 7 und 10) befindet sich eine bisher nicht erläuterte Ausgabesteuerung. Mit der Anweisung \n wird ein Zeilenumbruch an dieser Stelle des Textes im Ausgabefenster durchgeführt. In der Abbildung 12-4 finden Sie die einzelnen Ausgaben von links nach rechts.

Zu einem übersichtlichen Quelltext tragen auch Kommentare bei. Wenn Sie nach einiger Zeit wieder in Ihren JavaScript-Code schauen oder Ihre Programme an andere weitergeben, können solche Hinweise im Quelltext sehr hilfreich sein. Damit wird die Einarbeitung in das Programm vereinfacht. Diese Hinweise können direkt an der gewünschten Stelle in den Quelltext eingefügt werden und werden vom Browser nicht mit abgearbeitet oder gar angezeigt.

Der Kommentar im Quelltext

Es existieren zwei Möglichkeiten zum Einfügen von Kommentaren. In Zeile 2 des folgenden Quelltextausschnitts befindet sich ein Beispiel für einen einzeiligen Kommentar. Fallen die Bemerkungen und Hinweise etwas länger aus, ist ein mehrzeiliger Kommentar angebracht (Beginn in Zeile 7 und Ende in Zeile 10).

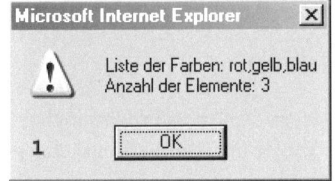
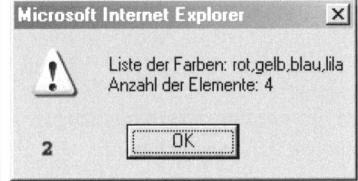
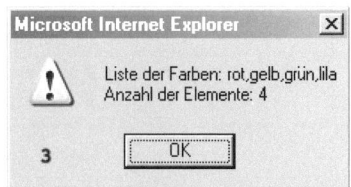

Abb. 12-4
Die Ausgaben zum Array-Beispiel

```
1
2    // Rabattwert Stufe 1
3    var Rab_1 = 7;
4    var Warenwert = 215.00;
5    var Ergebnis;
6
7    /*
8        Keine Zuweisung bei der Variablen Ergebnis.
9        Sie wird später berechnet.
10   */
```

12.3 Anweisungen

12.3.1 Einfache und komplexe Anweisungen

Ein Skript besteht letztendlich aus einigen in der logisch richtigen Reihenfolge angeordneten Anweisungen, die in der Regel von oben nach unten, d.h. in Schreibrichtung, abgearbeitet werden. Ausnahmen ergeben sich nur bei Schleifen und bedingten Anweisungen, die später noch erklärt werden. Die einzelnen Anweisungen werden mit einem Semikolon abgeschlossen.[3]

js_12_3.txt   Das folgende Beispiel zeigt verschiedene Möglichkeiten für einfache und komplexe Anweisungen:

```
1
2   // einfache Zuweisung
3   Rab_1 = 7;
4
5   // Zuweisung mit Hilfe einer Operation
6   Ergebnis = Warenwert * Rab_1 / 100;
7
8   // komplexe Ausgabefunktion
9   window.alert("Bei einem Warenwert von "
       + Warenwert + " Euro und " + Rab_1
       + "% Rabatt erfolgt ein Preisnachlass von "
       + Ergebnis + " Euro ");
```

Eine einfache Zuweisung wie in Zeile 3 haben Sie schon kennengelernt. Zeile 6 enthält eine kleine Berechnung, dabei steht der Slash für die

---

[3]Um eine Anweisung abzuschließen, ist auch ein Zeilenumbruch möglich, bevor die nächste Anweisung beginnt. Um aber Fehler und Unübersichtlichkeiten zu vermeiden, wird in der Praxis von dieser Möglichkeit kaum Gebrauch gemacht.

Division. Die Anweisung in Zeile 9 ist komplexer. Hier werden verschiedene Zeichenketten und Variablen mit dem + zu einer langen Zeichenkette für die Ausgabe zusammengebaut. Mit `window.alert` wird ein getrenntes Fenster für die Ausgabe geöffnet (Abb. 12-5).

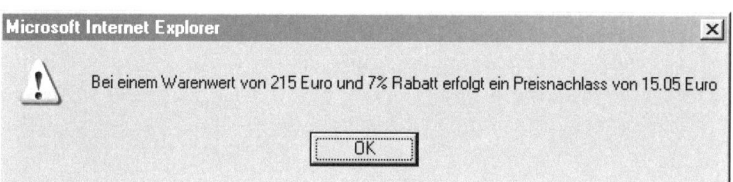

*Abb. 12-5
Komplexe Ausgabe mit
window.alert*

Ein weiteres wichtiges Sprachelement sind Anweisungsblöcke. In ihnen sind mehrere Anweisungen zusammengefasst, die an Programmstellen zu finden sind, an denen ursprünglich nur eine Anweisung erlaubt ist. Sie werden durch geschweifte Klammern

Anweisungsblöcke

```
{ Anweisung_1;
  Anweisung_2;
  ...
}
```

begrenzt. Ein häufiger Anwendungsbereich für Anweisungsblöcke sind die Kontrollanweisungen, wie bedingte Anweisungen (z. B. `if`) und die Schleifen `while`, `for` und `do while`, die wir uns im Folgenden ansehen wollen.

12.3.2 Bedingte Anweisungen

Die Ausführung von Anweisungen kann von Bedingungen abhängig gemacht werden. Beispielsweise kann es das Erreichen eines Wertes sein (z. B. die Summe der Einzelpreise erreicht 100 Euro) oder das Auswerten einer Eingabe des Benutzers (z. B. der Eingabewert unterschreitet einen Mindestwert). Wir werden uns hier nur mit der `if`-Anweisung als einem Beispiel für eine bedingte Anweisung beschäftigen.[4] Frei in die deutsche Sprache übersetzt, lautet die Gesamtanweisung:

WENN (`if`) eine Bedingung zutrifft,
    DANN führe diese Anweisung aus,
    ANSONSTEN (`else`) führe jene Anweisung aus.

---

[4]JavaScript stellt noch weitere bedingte Anweisungen (z. B. `switch`) bereit.

Die korrekte Syntax bei JavaScript wird in folgendem Beispiel verdeutlicht:

```
1  var Rechnen = 0;
2  var Eingabe = window.prompt("Bitte geben Sie
                     die Stückzahl ein", "");

3  if (Eingabe >= 20) {
4    Rechnen = Eingabe * 25;
5    window.alert("Ergebnis der Berechnung = " +
                     Rechnen);
6  }
7  else
8    window.alert("Die Anzahl ist zu klein");
9  window.alert("Und weiter geht es im Ablauf");
```

js_12_4.txt Das obige Beispiel bedarf noch einer Erläuterung:

Zeile	Bedeutung
1–2	Definieren der verwendeten Variablen
3–8	Die vollständige bedingte Anweisung
4	Abfragen der Bedingung und Beginn des Anweisungsblockes
4–5	Anweisungen des Anweisungsblockes
6	Ende des Anweisungsblockes
7	Beginn der Alternative für die Bedingung aus Zeile 4
8	Anweisung der Alternative
9	Hier geht es in jedem Falle weiter

Nach dem Schlüsselwort `if` ist die Angabe der Bedingung erforderlich, die geprüft werden soll (Zeile 4). Ob die Bedingung zutrifft, wird mit `wahr` oder `falsch` beantwortet. Es werden die in der Mathematik üblichen Vergleichsoperatoren verwendet (z. B. < für kleiner als, >= für größer oder gleich). Unterschiede zur Mathematik treten beim Gleichheitsoperator == sowie beim Ungleichheitsoperator != auf.

Komplexere Bedingungen Die Bedingungen können auch komplexer gestaltet werden, als Sie es bisher gesehen haben. Einfache Vergleiche können mittels logischer Operatoren miteinander verbunden werden. Es stehen die Operatoren && (UND – beide Bedingungen müssen zutreffen, damit der Gesamtausdruck `wahr` ist) sowie || (ODER – es muss mindestens eine Bedingung zutreffen, damit der Gesamtausdruck `wahr` ist).

```
if (Eingabe == "antwort" && Zaehler <= 5){
  window.alert("alles ok");
}
```

Nur wenn in der Variablen `Eingabe` das Wort »antwort« steht und in der Variablen `Zaehler` ein Wert kleiner oder gleich 5 ist, wird der Gesamtwert `wahr`, und es wird der angegebene Text ausgegeben.

Nach der Bedingung darf nur eine Anweisung stehen, die im Falle `wahr` ausgeführt wird. Da in der Praxis häufig mehrere Anweisungen folgen, ist hier ein Anweisungsblock angebracht.

Der `else`-Zweig wird abgearbeitet, wenn die Bedingung mit `falsch` beantwortet wird. Er ist bei der bedingten Anweisung nicht vorgeschrieben, kann also bei Bedarf weggelassen werden. Auch nach `else` darf nur eine Anweisung – oder ein Anweisungsblock – stehen. Aus Gründen der Übersichtlichkeit wird oftmals auch nur eine Anweisung in den Anweisungsblock zwischen die geschweiften Klammern {...} geschrieben. So wird eindeutig zu erkennen gegeben, welche Anweisungen zusammengehören. Unser Beispiel oben zeigt die unübersichtliche Variante. Nach dem `else` in Zeile 7 kommt die Anweisung, die im Rahmen des else-Zweiges ausgeführt werden soll. In Zeile 9 steht eine ähnliche Anweisung, die aber nicht mehr zum `else` gehört.

else-Zweig

Eine Fehlerquelle ist häufig, dass statt dem `==` als Vergleichsoperator bei der Bedingung das einfache Gleichheitszeichen `=` verwendet wird, welches ja eigentlich der Zuweisung von Werten dient.

Fehlerquelle: Verwechslung von Zuweisungs- und Vergleichsoperator

Was passiert, wenn fälschlicherweise `if (Eingabe = 20)` geschrieben wird? Dabei wird der Variablen `Eingabe` der Wert 20 zugewiesen und dann das Ergebnis zur Prüfung der Bedingung ausgewertet. Das Ergebnis einer Zuweisung ist jedoch immer der Zahlenwert selbst. Zu beachten ist hier, dass eine 0 intern als falsch und alles verschieden von 0 als wahr gewertet wird. Bei `if(Eingabe = 20)` wird also die Bedingung als `wahr` gewertet, da das Ergebnis der Prüfanweisung ungleich 0 ist. Damit wird immer die Anweisung oder der Anweisungsblock ausgeführt, der direkt hinter der zu prüfenden Bedingung kommt. Das muss jedoch in Abhängigkeit vom ursprünglichen Wert der Variablen `Eingabe` nicht immer erwünscht sein.

Obwohl also offensichtlich ein Fehler des Programmierers vorliegt, wird das Programm weiter ausgeführt, und der Browser zeigt keine Fehlerausschrift, da kein Syntaxfehler vorliegt. Das macht die Fehlersuche schwierig. Hier empfiehlt sich ein systematischer Test des Programms, um die fehlerhafte Stelle zu finden. Sie können etwa den Variablen in Ihrem Programm verschiedene Startwerte geben und dann die Ergebnisse des Programms mit dem von Ihnen erwarteten Ergebnis vergleichen. Auch die zusätzliche Ausgabe von Zwischenergebnissen oder Ausgaben (z. B. mit `window.alert`) kann Ihnen Hinweise auf Fehler geben.

Fehlersuche

12.3.3 Schleifen

Weitere und oft eingesetzte Kontrollstrukturen sind die Schleifen. Dabei werden eine Anweisung oder ein Anweisungsblock mehrmals hintereinander ausgeführt. In JavaScript gibt es verschiedene Typen von Schleifen. Da Sie in den Beispielen später nur die while-Schleife verwenden werden, wird nur diese hier näher vorgestellt. Dazu programmieren wir ein kleines Rätselspiel. Der Benutzer darf drei Mal raten, um eine Rätselfrage zu lösen.

```
1  var Eingabe = "";
2  var Vergleich ="Handschellen"
3  var Zaehler = 1;
4  var Max_Zaehler = 3;
5
6  while (Eingabe != Vergleich &&
                      Zaehler <= Max_Zaehler) {
7     Eingabe = window.prompt(Zaehler +
          ". Versuch: Was ist ein eisenhaltiges
          Abführmittel?", "");
8     Zaehler++;
9  }

10 if (Eingabe == Vergleich){
11    window.alert("Richtige Antwort beim "
                      + (Zaehler-1) +" Versuch! ");
12 }
13 else {
14    window.alert("Keine richtige Antwort!");
15 {
```

js_12_5.txt In der Variablen Vergleich wird das Lösungswort gespeichert und in Zaehler die maximale Anzahl der Rateversuche. Die while-Schleife finden Sie in den Codezeilen 6 bis 9. Nach dem Schlüsselwort while folgt die Schleifenbedingung in runden Klammern ( ).

Die folgende Anweisung bzw. der Anweisungsblock wird so lange ausgeführt, wie die Bedingung zutrifft. Die Auswertung nach wahr und falsch erfolgt entsprechend den uns bereits bekannten Richtlinien der if-Anweisung. Wenn der Benutzer die Lösung noch nicht geraten hat (Eingabe != Vergleich) und noch genug Rateversuche verbleiben (Zaehler <= Max_Zaehler), kann das Rätselraten (nochmals) starten.

Inkrement und Dekrement Die Anweisung in Zeile 8 ist spezieller Natur. Die Variable Zaehler wird um 1 erhöht – dies wird Inkrementieren genannt. Analog dazu gibt es das Dekrementieren: Zaehler-; ist die Umkehrung zum Inkrementieren.

Die Zeilen 10 bis 15 sind für den weiteren logischen Ablauf des Programmes wichtig. Mithilfe eine if-Anweisung wird das Ende der vorhergehenden Schleife ausgewertet. Die Schleife konnte aus zwei Gründen – Zählerüberschreitung wegen zu vieler falscher Antworten bzw. durch eine richtige Antwort – beendet werden. Das gilt es durch eine geeignete Bedingung abzufragen und anschließend zielgerichtet weiter zu verfahren. Im Beispielskript öffnen sich lediglich symbolisch ein entsprechendes Infofenster.

12.4 Funktionen

12.4.1 Aufbau

Ein sehr wichtiges Element in JavaScript sind die selbst geschriebenen Funktionen. Eine Funktion ist ein Anweisungsblock, dem ein Name gegeben wird. Damit müssen häufig zusammen vorkommende Anweisungen nicht immer wieder neu getippt werden, und das Programm wird übersichtlicher. Der Quelltext einer Funktion kann auch in eine separate Datei ausgelagert werden, um dann beliebig oft bei Bedarf einbezogen zu werden. Der Aufbau und die Verwendung der Funktionen unterliegen strengen Regeln.

Die einfachste Form einer Funktion besteht aus dem Schlüsselwort *Aufbau einer Funktion* `function`, gefolgt vom Namen (in Abschnitt 12.2 sind die Regeln für die Namensvergabe beschrieben) und den Klammern ( ). Dann folgt der Anweisungsblock mit seinen Begrenzern { ... }. Eine erste einfache Funktion soll überprüfen, ob ein eingegebenes Passwort korrekt ist:

```
1    // globale Variable
2    var Passwort = "trowssaP";
3
4    function Passworttest ()
5    {
6        // interne Variable
7        var Eingabe = "";
8
9        Eingabe = window.prompt("Passwort", "");
10       if (Eingabe != Passwort){
11           window.alert("Passwort falsch  -->
                            es geht nicht weiter")
12       }
13   }
```

Im Anweisungsblock der Funktion `Passworttest` sind die Variablendeklarationen und die Anweisungen enthalten. Die hier deklarierte Variable `Eingabe` ist ausschließlich innerhalb dieser Funktion gültig und verwendbar (interne Variable). In die Arbeit können aber auch die außerhalb der Funktion deklarierten Variablen wie die Variable `Passwort` einbezogen werden (globale Variable). Für den harten Alltag ist dieses Beispiel zur Passwortprüfung weniger geeignet. Wenn sich ein Nutzer den Seitenquelltext anzeigen lässt, findet er sehr schnell das unverschlüsselt eingetragene Passwort (hier Zeile 2).

12.4.2   Übergabeparameter

Funktionen können auch Parameter übergeben bekommen, die gezielt Werte in die Funktion übertragen. Damit können Sie auf die globalen Variablen weitestgehend verzichten, und die Funktionen werden universeller einsetzbar und vor allen Dingen übersichtlicher. Die folgende Funktion Eingabe_zusammensetzen bekommt zwei Parameter übergeben:

js_12_6.txt

```
/* Zeile 1-6 sind vom Grundgerüst der HTML-Seite
   vom Kapitelanfang zu entnehmen */
6
7   var Eingabe_1 = window.prompt("Anrede: ", "");
8   var Eingabe_2 = window.prompt("Name: ", "");
9
10  function Eingabe_zusammensetzen(Text_1,Text_2)
11  {
12    window.alert("Guten Tag " + Text_1 +
                                " " + Text_2);
13  }
14
15  //]]>
16  </script>
17  </head>
18  <body onload="Eingabe_zusammensetzen
                      (Eingabe_1, Eingabe_2)">
19  </body>
20  </html>
```

Die Deklaration der Parameter Text_1 und Text_2 erfolgt im Übergabebereich der Funktion (Zeile 10), wobei das Schlüsselwort var nicht verwendet wird. Unter diesem Namen werden die Variablen dann im Anweisungsblock verwendet (Zeile 12). Mit welchen Werten gearbeitet werden soll, erfährt die Funktion bei ihrem Aufruf (Zeile 18) durch das Nennen der entsprechenden Variablen. Die Werte von Eingabe_1 und Eingabe_2 werden durch den Benutzer eingegeben (Zeile 7 und 8).

Gegenseitiger Aufruf von Funktionen   Es ist auch möglich, mehrere Funktionen zu schreiben, die sich dann gegenseitig aufrufen und auch untereinander Werte übergeben, wie das folgende Beispiel zeigt. Auch hier geht es wieder um die Berechnung des Maximumwerts aus zwei vom Benutzer eingegebenen Werten:

```
/* Zeile 1-6 sind vom Grundgerüst der HTML-Seite
   vom Kapitelanfang zu entnehmen */
7   function Maximum_suchen (Wert_1, Wert_2)
8   {
9     if (Wert_1 > Wert_2) {
10      window.alert("Fingabe 1 ("
                  + Wert_1 + ") ist größer als
                    Eingabe 2 (" + Wert_2 + ")");
11    }
12    else {
13      window.alert("Eingabe 2 (" + Wert_2
          + ") ist größer oder gleich Eingabe 1 ("
          + + Wert_1 + ")");
14    }
15  }
16
```

Nach der Definition der Funktion zur Maximumberechnung wird die Eingabe der benötigten Parameter in einer zweiten Funktion beschrieben. Diese Funktion hat keine Übergabeparameter:

```
17  function Eingabe_frage ()
18  {
19    var Eingabe_1 = window.prompt("Zahl 1", "");
20    var Eingabe_2 = window.prompt("Zahl 2", "");
21
22    var Zahl_1 = parseInt(Eingabe_1);
23    var Zahl_2 = parseInt(Eingabe_2);
24
25    Maximum_suchen(Zahl_1, Zahl_2);
26  }
27
28  //]]>
29  </script>
30  </head>
```

Die Funktion Eingabe_frage() ruft in Zeile 25 die vorher definierte Funktion Maximum_suchen mit den beiden Eingaben des Benutzers als Parameter auf. Schließlich wird in der Zeile 31 die Funktion Eingabe_frage aufgerufen: 🌐 *js_12_7.txt*

```
31 <body onload="Eingabe_frage()"
                        onunload="GUnload()">
32 </body>
33 </html>
```

Abb. 12-6
*Ausgabe von Werten
innerhalb einer
Funktion*

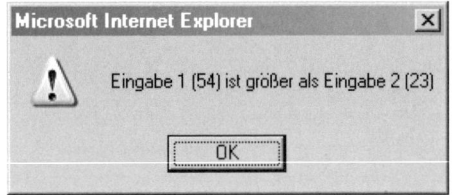

Die Anweisungen in Zeile 22 und 23 dienen dem Konvertieren der Eingaben. Mit parseInt() wird die eingegebene Zeichenkette in eine Ganzzahl umgewandelt. So wird sichergestellt, dass nachfolgende Anweisungen korrekt arbeiten. In unserem Beispiel wird nachfolgend ein Vergleich durchgeführt. Da ein Vergleich von Zeichenketten[5] auf einer anderen Grundlage realisiert wird als ein numerischer Vergleich, kämen Sie ohne Konvertierung auf falsche Ergebnisse.

12.4.3 Datenrückgabe aus Funktionen

js_12_8.txt Eine weitere Eigenschaft der Funktionen, die Sie nutzen können, ist die Datenrückgabe, d.h., es wird in einer Funktion ein Wert berechnet und dann aus der Funktion herausgegeben. Sehen wir uns dies wieder am Beispiel der Maximumberechnung, die für diese Möglichkeit modifiziert wurde, an:

```
/* Zeile 1-6 sind vom Grundgerüst der HTML-Seite
   vom Kapitelanfang zu entnehmen*/
7   function Maximum_suchen (Wert_1, Wert_2)
8   {
9     var Max = Array();
10    if (Wert_1 > Wert_2) {
11      Max.push(1);
12      Max.push(Wert_1);
12    }
13    else {
14      Max.push(1);
16      Max.push(Wert_1);
17    }
18    return Max;
19  }
```

Die Funktion Maximum_suchen bestimmt den größeren der beiden übergebenen Werte und speichert ihn mit der Nummer der Eingabe in der

---

[5]Von links beginnend wird Zeichen für Zeichen verglichen. Der erste Unterschied führt zum Abbruch (egal wie viele Zeichen noch folgen), denn es gibt einen größeren bzw. kleineren Wert.

lokalen Variablen Max. Die return-Anweisung in Zeile 18 gibt an, dass der Wert der Variablen Max dorthin zurückgegeben werden soll, wo der Aufruf der Funktion erfolgte. Gleichzeitig wird die Funktion beendet, da sie mit dem Befehl return verlassen wird.

Auch die Funktion Eingabe_frage kennen Sie schon aus dem vorigen Beispiel. Hier wird eine kleine Änderung vorgenommen:

```
20  function Eingabe_frage ()
21  {
20    var Eingabe_1 = window.prompt("Zahl 1", "");
22    var Eingabe_2 = window.prompt("Zahl 2", "");
23
24    var Zahl_1 = parseInt(Eingabe_1);
25    var Zahl_2 = parseInt(Eingabe_2);
25
26    var Auswertung = Maximum_suchen(Zahl_1,
                                      Zahl_2);
27    window.alert("Der größere Wert kommt von der "
                  + Auswertung[0] + ". Eingabe mit: "
                  + Auswertung[1]);
28  }
29  //]]>
30  </script>
31  </head>
32  <body onload="Eingabe_frage()"
                      onunload="GUnload()" >
33  </body>
34  </html>
```

In Zeile 26 wird die Funktion Maximum_suchen mit den Eingabewerten als Parameter aufgerufen und der größere Wert nebst der Nummer der Eingabe werden als Rückgabewert der Funktion der Variablen »Auswertung« zugewiesen. Es kann immer nur eine Variable übergeben werden, die durchaus mehrere Einzelinformationen enthalten kann (z. B. ein Array).

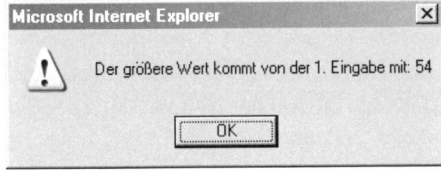

Abb. 12-7

Ausgabe von Rückgabewerten einer Funktion

12.5   Objektorientierte Konzepte

Objekt   In JavaScript können Elemente der objektorientierten Programmierung genutzt werden. Ein Objekt ist ein Exemplar von Dingen oder Personen, zum Beispiel ein Haus, ein Student oder ein Fenster in einer Windows-Anwendung.

Attribut   Jedes Objekt wird durch seine Eigenschaften beschrieben. Ein Haus hat eine bestimmte Anzahl Stockwerke und einen Besitzer, ein Student einen Namen und ein Studienfach, und ein Fenster einen textuellen Inhalt und eine Überschrift. Die Eigenschaften werden auch als Attribute bezeichnet. Sie sind Variablen, die zum Objekt fest dazugehören.

Methode   Die Attributwerte eines Objekts können durch Methoden geändert werden. Ein Haus kann den Besitzer wechseln, ein Student sich für ein neues Studienfach einschreiben, und ein Windows-Fenster kann einen neuen Text erhalten. Eine Methode ist also eine Funktion, die fest zum Objekt gehört. Wie bei den Funktionen gibt es je nach Methode Parameter und/oder Rückgabewerte. Wenn eine Methode eines Objekts aufgerufen werden soll, wird der Punktoperator verwendet. Das sieht dann, symbolisch gesehen, so aus:

```
OBJEKT.METHODE();
```

Beispiel:
window-Objekt   In JavaScript gibt es viele vordefinierte Objekte. Ein sehr häufig verwendetes Objekt haben Sie in den obigen Beispielen schon mehrmals verwendet: das window-Objekt. Damit können Fenster in JavaScript dargestellt werden. Das Objekt bringt verschiedene vordefinierte Methoden mit, die Sie einfach nur noch aufrufen müssen, ohne sich um die konkrete Implementierung der Methode zu kümmern. Mit Hilfe der prompt-Methode kann ein Eingabefenster angezeigt werden, in das der Nutzer einen Text eingeben kann:

```
var Eingabe = window.prompt("Hinweistext",
                            "Vorgabewert");
```

Die Methode prompt hat zwei Parameter, einen Hinweistext für den Benutzer, damit erhält er spezielle Informationen für diese Eingabe und einen Vorgabewert, der bei der Anzeige des Fensters schon im Eingabefeld steht. Weiterhin gibt die Methode einen Wert zurück, nämlich die Eingabe des Benutzers. Dieser Wert wird hier in der Variablen Eingabe gespeichert und kann dann weiterverarbeitet werden. Wird durch den Nutzer lediglich der *OK*-Button betätigt, so wird der Vorgabewert übernommen.

Eine andere Methode, die schon mehrfach in den Beispielen Verwendung fand, ist window.alert. Hier wird z. B. ein Warnfenster mit einem Warntext, der als Parameter übergeben wird, angezeigt:

```
window.alert("Ein Fehler ist aufgetreten");
```

In JavaScript ist es möglich, sich Schreibarbeit zu sparen und beispielsweise statt `window.alert` nur `alert` zu schreiben, den Namen des Objekts
also wegzulassen. Das ist allerdings kein sauberer Programmierstil und
kann schlimmstenfalls zur schlechten Lesbarkeit und auch zu Fehlern
im Skript führen.

Es gibt natürlich noch weitere Methoden für das `window` und noch
viele weitere vordefinierte Objekte (z. B. das später in Kapitel 14 verwendete `Math`) in JavaScript, die wir hier nur bei Verwendung erläutern
werden.

12.6   Aufruf von Skripten

Am Ende unseres kleinen Exkurses in JavaScript wollen wir uns noch
ansehen, wie JavaScript-Code nun innerhalb einer Webseite aufgerufen
werden kann. Dies kann auf drei verschiedene Arten realisiert werden.

Befinden sich keine selbst geschriebenen Funktionen im Skriptbe- *Erste Variante*
reich, werden die dort aufgelisteten Anweisungen im Rahmen der Webseite chronologisch von oben nach unten abgearbeitet (siehe Beispielskript js_12_3.txt). Diese Variante wird bei unseren Beispielen und auch
in der Praxis jedoch recht selten vorkommen.

Bei unseren letzten Beispielen (z. B. das Skript js_12_7.txt) in die- *Zweite Variante*
sem Kapitel haben Sie den Aufruf einer Funktion beim `body`-Beginn im
HTML-Quelltext verwendet:

```
<body onload="Eingabe_frage()">
```

Entscheidend ist hier das Schlüsselwort `onload`. Diese Variante hat den
eindeutigen Charakter des Initialisierens und Vorbereitens der Arbeit
auf der Webseite, denn dies ist der Beginn der HTML-Seite. Durch
den Aufruf einer Funktion an dieser Stelle kann durch interaktive Nut-
zereingaben die Webseite vorbereitet werden (z. B. Vorbereiten eines
Kartenausschnitts, wie es später in Kapitel 13 noch erfolgen wird).

Handelt es sich um eine Webseite mit den interaktiven Aktionen *Dritte Variante*
Datenein- und -ausgaben, auf die im späteren Verlauf reagiert werden
soll, ist auch die zweite Variante nicht ausreichend (siehe Kapitel 13:
Nach der Adresseneingabe wird diese in der vorher initialisierten Karte
markiert). Für diesen erweiterten Fall wird das HTML-Element Formular verwendet.

In unserem Beispiel wird ein kleines Dateneingabeformular definiert. Klickt der Benutzer den Button *Eingabe abschicken* an, so sollen
die eingegebenen Werte mit einer JavaScript-Funktion weiterverarbeitet
werden:

```
1  <form name="MeinFormular" action="">
2   <p>Geben Sie einen Wert ein.</p>
3   <input type="text" name="Eingabewert">
4   <input type="button" value="Eingabe abschicken"
5   onclick="EingabeTest
                  (document.MeinFormular.
                              Eingabewert.value)">
6  </form>
```

In Zeile 5 des Skriptausschnittes wird die vorher definierte Funktion EingabeTest aufgerufen. Als Parameter bekommt sie die eingegebenen Formulardaten – Eingabewert – übergeben.

12.7 Zusammenfassung

In diesem Kapitel haben Sie einige Grundlagen der Programmierung mit JavaScript kennengelernt, die uns bei der Entwicklung weiterer Anwendungen mit der Google Maps API nützlich sein werden. Natürlich gibt es noch viele weitere interessante Programmierelemente bei Java-Script, die Sie in Einführungsbüchern zu dieser Skriptsprache nachlesen können.

Im nächsten Kapitel werden wir uns die Konzepte der Google Maps JavaScript API ansehen und weitere Anwendungen entwickeln.

13 Einstieg in die Google Maps API

Die Google Maps API haben Sie schon bei der Einbettung einer Google-Maps-Karte in die eigene Webseite verwendet. Sie bietet aber auch viele Möglichkeiten zur Bearbeitung von Karten und zum Hinzufügen von neuen Inhalten zu einer Karte. Einige dieser Möglichkeiten werden Sie in diesem Kapitel kennenlernen und kleine Anwendungen damit erstellen. Dabei können Sie auch Ihre Grundkenntnisse in der Programmierung mit JavaScript aus dem vorigen Kapitel umsetzen.

13.1 Konzepte

Auch die Google Maps JavaScript API, auf die wir uns hier konzentrieren, wird im Browser ausgeführt und ist immer in eine HTML-Seite eingebettet. Diese HTML-Datei unterliegt einer fest vorgegebenen Struktur, die etwas umfangreicher ist als unsere Grundstruktur aus dem vorigen Kapitel. Der folgende Quellcodeausschnitt zeigt den typischen Aufbau einer solchen HTML-Datei:

Google Maps API in HTML einbetten

```
1    <!DOCTYPE HTML PUBLIC "-//W3C//DTD HTML 4.01
     Transitional//EN"
     "http://www.w3.org/TR/html4/loose.dtd">
2
3    <html>
4    <head>
5    <meta http-equiv="content-type"
            content="text/html; charset=utf-8"/>
6    <title>Meine Google-Maps-Anwendung</title>
7
8    <script src="http://maps.google.com/
                  maps?file=Abbildungen/api&amp;v=2.x&amp;
                  key=[mein generierter Key]"
9    type="text/javascript">
10   </script>
11
12   <script type="text/javascript">
13   //<![CDATA[
```

```
14
15      [Mein spezieller JavaScript-Code]
16
17    //]]>
18    </script>
19    </head>
20     <body onload="Karte_laden()"
                          onunload="GUnload()">
21       <div id="mapBremen" style="width: 500px;
                           height: 400px"> </div>
22     </body>
23    </html>
```

Schauen Sie sich den Quelltext genauer an:

Zeile	Bedeutung
1–3	Allgemeiner Start des HTML-Codes der Webseite
4–19	Der Kopf des Quelltextes für verschiedene Vorgaben für die Webseite, z. B. Style-Definitionen, JavaScript-Code
6	Titel der Webseite
8–10	Quellcode aus der API-Key-Generierung mit API-Key in Zeile 9
12–13	Anfangsanweisungen zum Einleiten des Java-Script-Codes
14–16	Der spezielle JavaScript-Code
17–18	Abschlusssequenz des JavaScript-Codes
20–22	Die eigentliche Webseite
20	Beginn des Webseiten-Körpers mit dem Bereitstellen der Karte (onload=) und dem gleichzeitigen Bereinigen (onunload=GUnload()) und Freigeben des verwendeten Speicherplatzes
21	Vergabe einer eindeutigen Bezeichnung (id) für eine weitere Verwendung und die Größe der Karte in Pixeln auf der Webseite
23	Ende der Webseite

Damit ist das Grundgerüst des Quelltextes gegeben. Nun können wir tiefer in die Google Maps API einsteigen. Die allgemeine Sprachsyntax entspricht der von JavaScript. Ebenso wird beim Verwenden der Google Maps API mit Objekten und ihren Attributen und Methoden gearbeitet (vergleiche Abschnitt 12.5). Zusätzlich wird noch ein weiteres objektorientiertes Grundkonzept verwendet: die Klasse.

Im vorigen Kapitel haben Sie schon den Begriff Objekt als Exemplar von Dingen oder Personen kennengelernt. Dabei weist ein Objekt bestimmte Eigenschaften (Attribute) und Methoden auf. Ein Windows-Fenster zum Beispiel hat einen konkreten Titel und einen bestimmten Textinhalt. Ein zweites Windows-Fenster hat einen anderen Titel und einen anderen Inhalt. Prinzipiell weist aber jedes Window die gleichen Attribute (Titel, Inhalt), aber natürlich unterschiedliche Attributwerte (konkreter Titel, konkreter Inhalt) auf. Außerdem gibt es für alle Fensterobjekte gleiche Methoden, zum Beispiel eine Methode zum ändern des Fensterinhalts. Gleichartige Objekte mit gleichen Attributen und Methoden können nun in einer Klasse zusammengefasst werden. Eine Klasse ist damit eine Schablone für gleichartige Objekte. Wir könnten also eine Klasse `Fenster` definieren mit den Attributen `Titel` und `Inhalt` und der Methode `Inhalt_aendern`.

Klasse als Schablone gleichartiger Objekte

Bei einer konkreten Anwendung kann nun eine solche Fenster-Klasse sehr gut verwendet werden. Soll ein neues Fenster auf dem Bildschirm erscheinen, wird einfach ein neues Exemplar der Klasse `Fenster` definiert. Dieses Objekt bekommt dann alle Eigenschaften und Methoden der Klasse automatisch mit. Das ist ein großer Vorteil, denn da Fenster in Anwendungen oft benötigt werden, muss nicht ständig alles neu programmiert werden, sondern Sie können die Klasse als Schablone verwenden und sich die Arbeit vereinfachen.

Objekte und Klassen

Für unsere Anwendungen ist die Karte das zentrale Element. Daher ist diese auch die wichtigste Klasse bei der Programmierung der Google Maps API. Generell hat jede Karte eine Größe und einen Typ (Satelliten- oder Straßenkarte) als Eigenschaften vorgegeben und weiterhin meist die Möglichkeit zum Umschalten. Zudem kann man generell auf jeder Karte navigieren und in jede Karte hinein- und herauszoomen. Hinter diesen genannten Einstell- und Arbeitsmöglichkeiten finden wir entsprechende Methoden dieser Klasse. Bei der Google Maps API heißt diese zentrale Klasse `GMap2`.

Beispiel: Google-Maps-Karte als Klasse

Wenn nun eine neue konkrete Karte geladen werden soll, wird ein Objekt der Klasse `GMap2` benötigt. Um ein solches Objekt zu erzeugen, wird eine spezielle Methode, der Konstruktor, eingesetzt. Ein Konstruktor erzeugt immer ein neues Objekt einer Klasse und kann diesem Objekt schon Anfangswerte mitgeben, zum Beispiel, welche Größe das Kartenobjekt genau bekommen soll. Der Konstruktor hat normalerweise denselben Namen wie die Klasse, zu der ein Objekt erstellt werden soll. Der Konstruktor der Klasse `GMap2` heißt also auch `GMap2`. Daher steht dann z. B. im Skript

Konstruktor

```
var Karte = new GMap2( )
```

um das neue Objekt `Karte` der Klasse `GMap2` zu erzeugen. In den runden Klammern stehen dann im Anwendungsfall Parameter, die spezielle Eigenschaften festlegen.

Nach diesem kleinen Ausflug in die Objektorientierung wollen wir nun tiefer in die Google Maps API einsteigen. Es gibt vier grundlegende Bereiche, die Sie in den nachfolgenden Abschnitten kennenlernen werden: die Arbeit mit Karten, Ereignissen, Bedienelementen und Overlays.

13.2 Darstellung von Karten

13.2.1 Karte laden

Für eine Google-Maps-Anwendung ist natürlich die Darstellung einer Karte auf einer Webseite immer die Grundlage. Wird die Anwendung gestartet, soll unsere Karte möglichst schon eine bestimmte Gegend in einer bestimmten Zoomstufe anzeigen. Wenn Sie beispielsweise `maps.google.de` aufrufen, wird Google Maps schon automatisch mit der Deutschlandkarte dargestellt.

Funktion zum Laden der Karte
Für das Laden einer Karte auf der Webseite schreiben Sie eine entsprechende Funktion. Für ein kleines Beispiel soll eine Karte von Bremen geladen werden:

```
1  <script type="text/javascript">
2  //<![CDATA[
3
4  function Karte_laden() {
5    if (GBrowserIsCompatible()) {
6          var Karte = new GMap2(document.
              getElementById("mapBremen"));
7      Karte.setCenter(
          new GLatLng(53.08041, 8.80623), 12);

      /* hier folgen später weitere Anweisungen
         z. B. zum Einfügen von Tools
         und Ereignissen
      */

8    } // Ende if
9  } // Ende function
10
11 //]]>
12 </script>
13 </head>
```

Die JavaScript-Elemente aus Kapitel 11 – Variablen, Funktionen und bedingte Anweisungen – finden Sie hier wieder. Außerdem werden objektorientierte Konzepte verwendet. Mit `new` wird immer ein Objekt einer Klasse (deren Namen direkt hinter `new` steht), erzeugt. Zusätzlich sind einige API-Befehle in der Funktion enthalten:

Zeile	Bedeutung
5	Die API-Funktion `GBrowserIsCompatible()` prüft die Kompatibilität des verwendeten Browsers mit der API. Die Funktion gibt einen Wahrheitswert zurück. Nach der Prüfung in der `if`-Anweisung werden abhängig von der Kompatibilität die nachfolgenden Befehle ausgeführt .
6	Erzeugen eines neuen Objekts `Karte` der Klasse `GMap2` zur Kartendarstellung
7	Diese Karte wird mit ihrem Mittelpunkt an die angegebenen Koordinaten `GLatLng` mit der entsprechenden Zoomstufe gesetzt.

Die genauen Koordinaten für den geplanten Mittelpunkt der Karte können Sie auch in Google Maps direkt ermitteln. Sie klicken die gewünschte Stelle auf der Karte unter `maps.google.de` mit der rechten Maustaste an und wählen im Kontextmenü den Menüpunkt *Was ist hier?* an. Dann erscheinen in der Suchleiste von Google Maps die gewünschten Koordinaten.

Koordinaten des Kartenmittelpunkts bestimmen

Nun kann die Funktion `Karte_laden` im Body-Element der HTML-Seite aufgerufen werden (Zeile 14):

```
14   <body
        onload="Karte_laden()"onunload="GUnload()">
15
16      <div id="mapBremen" style="width: 500px;
                       height: 400px"></div>
17   </body>
```

Damit Sie eine Karte auf einer Webseite anzeigen können, muss ein Platz auf der Webseite für sie reserviert werden. In der Regel geschieht dies, indem ein benanntes `div`-Element (Zeile 16) erstellt wird. Im obigen Beispiel definieren Sie ein `div` namens `mapBremen` in Zeile 16. Das dazugehörige Objekt wurde in der Funktion `Karte_laden()` in Zeile 6 definiert.

Das Ergebnis des ersten Beispielskripts ist in Abbildung 13-1 zu sehen.

api_13_1.txt

Abb. 13-1
Beispiel 1: Einfache
Darstellung einer Karte

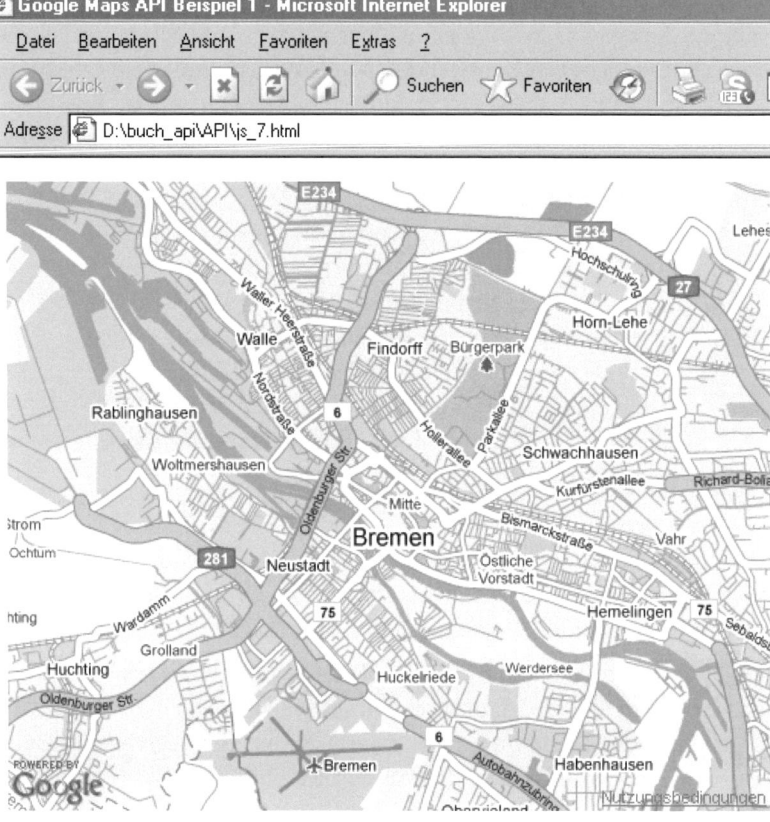

13.2.2 Erste Bedienelemente hinzufügen

Unsere einfache Karte in Abbildung 13-1 enthält allerdings noch keine Werkzeuge wie Zooming oder das Umschalten zwischen den verschiedenen Kartentypen. Um diese einzelnen Tools zur Karte hinzuzufügen, die Sie von der Standardkarte von Google Maps her kennen, müssen Sie die unten stehenden Zeilen zwischen die Zeilen 7 und 8 in den Quellcode, den Sie in Abschnitt 13.2.1 sehen, einfügen:

api_13_2.txt

```
Karte.addControl(new GLargeMapControl());
Karte.addControl(new GMapTypeControl());
```

In der oberen Zeile wird ein Bedienelement zum Schwenken in vier Richtungen und zum Zooming zur Karte hinzugefügt (vergleiche Abb. 13-2, Markierung ①). In der folgenden Zeile wird ein weiteres Bedienelement zur Karte hinzugefügt, um das Umschalten zwischen den Kartentypen zu ermöglichen (vergleiche Abb. 13-2, Markierung ②).

Abb. 13-2
*Zwei eingefügte Tools
in der Startkarte*

So werden an dieser Stelle voll funktionstüchtige Tools eingefügt. Es ist natürlich möglich, andere Elemente zu verwenden – beispielsweise kann anstelle von `GLargeMapControl` das kleinere Navigationstool `GSmallMapControl` in die Karte integriert werden.

Weitere Bedienelemente sowie deren Eigenschaften zur Gestaltung lernen Sie in Kapitel 13.4 kennen.

13.3　Das Verwenden von Ereignissen

Wenn der Benutzer unserer Anwendung auf die Karte oder auf den Zoomregler klickt oder wenn er bestimmte Tasten auf der Tastatur betätigt, erwartet er, dass er damit auf der Karte gezielt Aktionen auslöst. Ein Doppelklick auf einen Punkt der Karte führt zum Beispiel dazu, dass in die Karte hineingezoomt wird, und zwar mit dem angeklickten Punkt als neuem Kartenmittelpunkt.

Durch die Interaktion des Benutzers mit der Karte werden sogenannte Ereignisse ausgelöst, zum Beispiel eben ein Doppelklick mit der Maus. Daraufhin informiert die Anwendung die Laufzeitumgebung über das Ereignis, die dann ihrerseits darauf reagiert. Dafür werden sogenannte Ereignis-Handler in den Quelltext eingearbeitet. Tritt ein Ereignis ein, so reagiert der Browser mittels eines eigens dafür vom Programmierer angelegten Handlers zielgerichtet darauf. *Ereignisse*

In der Google Maps API werden die Ereignisse mit Hilfe der Dienstfunktionen von `GEvent` registriert. Dabei müssen Sie beachten, dass jedes Ereignis in einem bestimmten Zusammenhang stattfindet und somit spezielle Argumente übergibt. *GEvent*

Nehmen wir beispielsweise das `click`-Ereignis[1] aus der `GMap2`-Klasse. Wird in die Karte geklickt (Ereignis), wird im Handler als Erstes ausgewertet, ob direkt in die Karte oder auf ein anderes Element (z. B. ein Bedienelement) geklickt wurde, um entsprechend zu reagieren.

Für eine zielgerichtete Benachrichtigung über Ereignisse wird die folgende Methode verwendet:

```
GEvent.addListener(OBJEKT, EREIGNIS, HANDLER)
```

Dabei ist OBJEKT das zu überwachende Objekt (z. B. die Karte), EREIGNIS das zu überwachende Ereignis (z. B. `click`) und HANDLER die Funktion, die ausgeführt wird, wenn das Ereignis eintritt.

Wir wollen nun unser Beispiel aus dem vorigen Abschnitt so erweitern, dass sich immer dann ein Fenster öffnet, wenn in die Karte geklickt wird. Der Ereignis-Handler wird dabei in die Funktion `Karte_laden` integriert[2]:

🌐 *api_13_3.txt*

```
GEvent.addListener
 (Karte, "click",
  function(){window.alert("Klick in die Karte!!");}
 );
```

Der oben stehende Quelltext enthält folgende Elemente:

- Der Event-Handler wird gestartet
- Für das Objekt `Karte` wird das Ereignis `click` abgefragt.
- Der Handler ist in unserem Fall eine anonyme Funktion, deren Anweisungen beim Klick ausgeführt werden.

Abbildung 13-3 zeigt das Ergebnis unserer Anwendung. Das Fenster mit dem vorgegebenen Text erscheint nur, wenn in die Karte geklickt wird. Klickt man auf ein Element des Navigationssystems, auf einen Umschalter zwischen den Kartentypen oder auf den Link mit den Nutzungsbedingungen (rechts unten), dann wird die dazu passende Funktion ausgelöst, aber das Fenster erscheint nicht.

---

[1] `dblclick` für Doppelklicks in die Karte und `move`, wenn die Karte verschoben wird, sind zwei weitere Ereignisse, die sehr häufig verwendet werden.

[2] Im obigen Quellcode unter 13.2.1 würde der Code für den Ereignis-Handler zwischen Zeile 7 und 8 eingefügt werden, an die Stelle des Kommentars, der durch /* bzw. */ vom restlichen Code abgegrenzt ist.

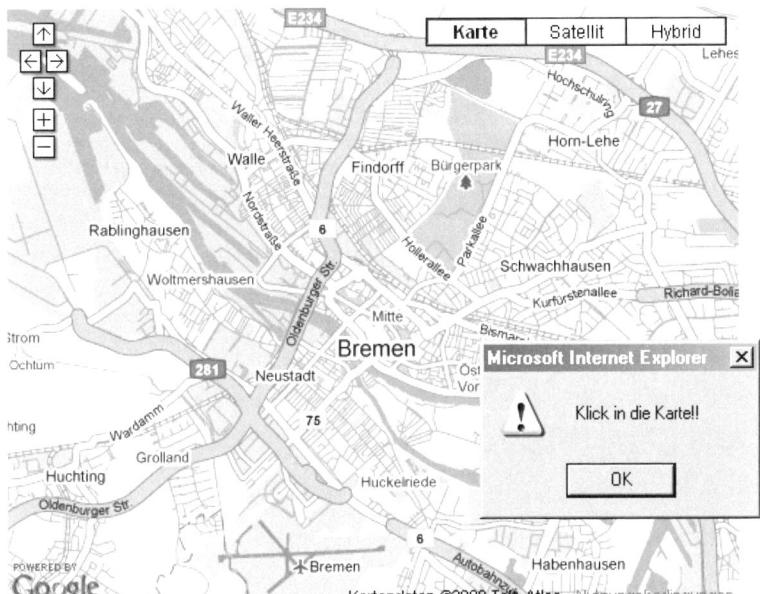

Abb. 13-3
Die Karte nach einem Mausklick

Vom Ereignis-Handler werden beim Eintreten des Ereignisses Argumente zurückgegeben. Diese werden dann zielgerichtet ausgewertet. So liefert das bereits verwendete `click`-Ereignis in der folgenden Syntax sofort auswertbare Argumente zurück:

Auswerten von Parametern

```
overlay
latlng
```

Wurde in den gültigen Kartenbereich geklickt, ist das Argument `overlay` null, und das Argument `latlng` enthält die geografischen Koordinaten des Punkts, auf den geklickt wurde. Dadurch kann nun die Klickposition der Maus ausgewertet und verwendet werden (z. B. die Karte wird dorthin verschoben oder ein Marker wird an diese Stelle gesetzt).

Wir wollen unser Beispiel der Karte von Bremen nun dahingehend erweitern, dass die mit der Maus angeklickte Position in einem Infofenster als Koordinaten angezeigt wird (siehe Abb. 13-4).

Der Quellcode im JavaScript-Bereich wird im Folgenden aufgezeigt und erklärt. Die Funktion `Karte_laden` aus unserem obigen Beispiel wird ergänzt und eine weitere Funktion wird hinzugefügt:

```
1  var Karte = new GMap2();
2
3  function Karte_laden() {
4    if (GBrowserIsCompatible()) {
```

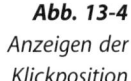

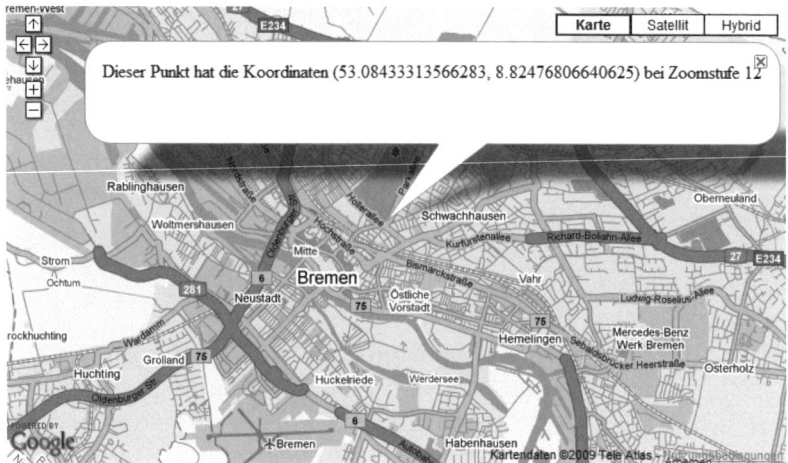

```
5    Karte = new GMap2(document.getElementById
                       ("mapBremen"));
6    Karte.setCenter
         (new GLatLng(53.08041, 8.80623), 12);
7    Karte.addControl(new GSmallMapControl());
8    Karte.addControl(new GMapTypeControl());
9
10   GEvent.addListener(Karte, "click", Klick );
11   }; // Ende if gbrowser
12 } // Ende function Karte_laden
13
14 function Klick(overlay, latlng) {
15 if (latlng) {
16   var Meintext = "Dieser Punkt hat die
                     Koordinaten: " + latlng +
             " bei Zoomstufe " + Karte.getZoom();
17   Karte.openInfoWindow(latlng, Meintext);
18 } // Ende if
19 } // Ende function Klick
```

api_13_4.txt Eine weitere Möglichkeit beim Starten des Event-Handlers wird hier gezeigt. Während beim vorherigen Beispiel die Funktion vollständig enthalten war, so wird hier eine außerhalb erklärte Funktion gestartet (Zeile 10). Nun aber zur Erklärung des Quelltextes.

Zeile	Bedeutung
1	Die globale Variable Karte wird definiert.
3–9	Beginn der Funktion mit den ersten bereits bekannten Anweisungen

10	Der Ereignis-Handler für das Objekt Karte, der bei click die Funktion Klick startet
14–19	Die Funktion Klick
14	Aufruf der Funktion mit ihren Parametern
15	Ist der Parameter latlng nicht null – d.h., es wurde in die Karte geklickt –,
16	dann wird der Ausgabetext zusammengesetzt (bestehend aus eigenem Text, den Koordinaten aus dem Parameter latlng und der aktuellen Zoomstufe, die mit der Methode getZoom ermittelt wird).
17	Die Methode openInfoWindow, die auf das Objekt Karte angewendet wird, erzeugt ein einfaches Infofenster an der angeklickten Position mit dem bereitgestellten Inhalt.

Wenn ein Ereignis-Handler nicht mehr benötigt wird, sollten Sie diesen entfernen. Das kann erforderlich sein, wenn er aus verschiedenen Gründen im Ablauf nur einmal benötigt wird. Insbesondere bei umfangreichen und stark strukturierten Webseiten mit vielen und unterschiedlichen Interaktionen ist eine klar übersichtliche Anzahl von aktiven Ereignis-Handlern förderlich für die Stabilität der Arbeitsumgebung. Das kann beispielsweise erforderlich sein, wenn beim ersten Klick die Position eines Kaufhauses festgelegt wird und es sich bei den weiteren um die Positionen der Lieferanten handelt. Dabei sind nicht allein die unterschiedlichen Symbole, sondern ganz andere Sachverhalte bestimmend. Diese werden auch vollkommen unterschiedlich in Auswertungen und Analysen einbezogen. Für das Entfernen eines Handlers wird die Methode GEvent.removeListener eingesetzt.

Ereignis-Handler entfernen

13.4 Die Bedienelemente

Der Nutzer, der sich Ihre Karte geladen hat, möchte sich diese natürlich nicht nur ansehen, sondern auch direkt das Aussehen, die Position und auch die Zoomstufe interaktiv ändern können. Diesen Service können Sie bereitstellen und bis zu einem gewissen Grade auch individuell gestalten. Dabei erwartet der Nutzer einerseits einen Quasistandard, aber andererseits soll die Karte individuell zugeschnitten sein.

Über die Klasse GControl der Google Maps API können verschiedene Bedienelemente erstellt werden. Tabelle 13-1 bietet zunächst eine Zusammenstellung der wichtigsten Methoden, bevor wir uns einzelne als Beispiel mit möglichen Feineinstellungen näher ansehen.

Die integrierten Bedienelemente

Tab. 13-1
Zusammenstellung der
wichtigsten Methoden

Bedienelement	Funktion	Standard-position
GSmallMapControl	Ein kleineres Bedienelement für das Schwenken und Zoomen	oben links
GLargeMapControl	Ein großes Bedienelement für das Schwenken und Zoomen	oben links
GSmallZoomControl	Zwei-Button-Bedienelement zum Zoomen	oben links
GScaleControl	Anzeige des Kartenmaßstabs	unten links
GMapTypeControl	Schaltflächen zum Umschalten zwischen den Kartentypen	oben rechts
GOverviewMapControl	Einklappbare Übersichtskarte	unten rechts

🌐 *api_13_5.txt*

In der bisher immer wieder verwendeten Karte von Bremen können Sie die Funktion Karte_laden ganz einfach mit den gewünschten Bedienelementen ausstatten. Dafür wird die Methode addControl verwendet:

```
1  if (GBrowserIsCompatible()) {
2      var Karte = new GMap2
             (document.getElementById("mapBremen"));
3      Karte.setCenter
             (new GLatLng(53.08041, 8.80623), 12);
4
5      Karte.addControl(new GSmallZoomControl());
6      Karte.addControl(new GMapTypeControl());
7      Karte.addControl(new GScaleControl());
8      Karte.addControl(new GOverviewMapControl());
9  }
```

In Abbildung 13-5 werden dann die vier Bedienelemente an ihren jeweiligen Standardpositionen auf der Karte angezeigt. Das mit der Markierung ① versehene Element wird in Zeile 5 definiert, Markierung ② in Zeile 6, Markierung ③ in Zeile 7 und schließlich das mit ④ markierte Element in Zeile 8.

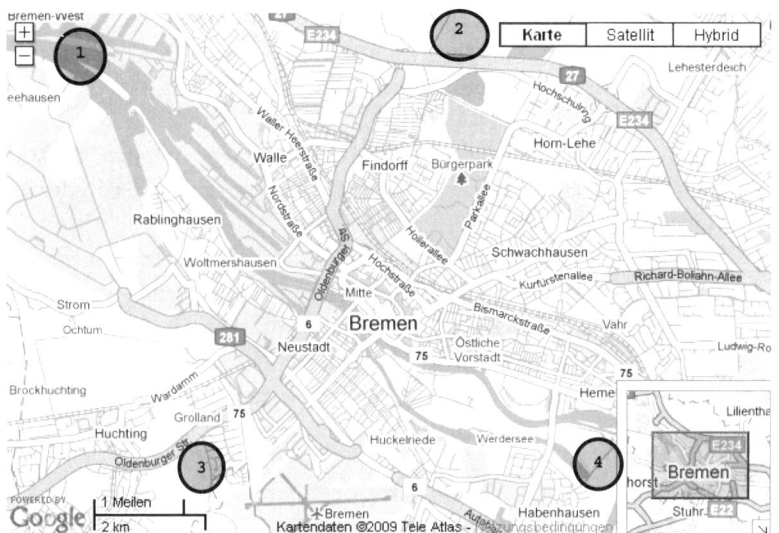

Abb. 13-5
Karte mit vier
Bedienelementen

In unseren Beispielen in Abbildung 13-2 und Abbildung 13-4 haben Sie andere Bedienelemente an der Stelle ① ausprobiert. Ebenso können Sie an der Stelle der Markierung ② individuelle Veränderungen vornehmen, die darin bestehen, einzelne Kartentypen und damit die entsprechenden Buttons aus der Anzeige zu entfernen bzw. hinzuzufügen.

Sollen bestimmte Kartentypen in der Karte nicht verwendet werden, so können sie nebst Button von einer Karte entfernt und somit nicht genutzt werden. Im Beispiel in Abbildung 13-6 handelt es sich um die normale Kartenansicht, die durch Aufruf von
`Karte.removeMapType(G_NORMAL_ MAP)` entfernt wird.

Kartentypen entfernen und hinzufügen

Ganz analog kann man diese Lösch-Anweisung auch auf Satellitenfotos `Karte.removeMapType(G_SATELLITE_MAP)`, die Hybriddarstellung `Karte.removeMapType(G_HYBRID_MAP)` oder auf Geländeinformationen

Abb. 13-6
Karte ohne die
normale Kartenansicht

Karte.removeMapType(G_PHYSICAL_MAP) anwenden. Im Gegenzug dazu können auch einzelne Kartentypen wieder in die Karte eingefügt werden. Die entsprechende Anweisung würde dann beispielsweise Karte.addMapType(G_NORMALMAP) lauten.

Standardposition der Bedienelemente ändern

Wenn Sie im obigen Beispiel ein Bedienelement mit der Methode addControl eingefügt haben, so wurde es automatisch an der in der Tabelle angegebenen Position dargestellt.

Noch einmal zur Methode addControl. Zu ihr gehören normalerweise zwei Parameter. Einerseits der bisher immer wieder verwendete Parameter der GControl-Klasse. Der zweite Parameter bestimmt die Position auf der Karte. Wenn er nicht angegeben wird, wird der Default-Wert angenommen (siehe Tabelle). Bei der entsprechenden Angabe wird diese dann berücksichtigt. Folgende Werte sind möglich:

G_ANCHOR_TOP_RIGHT	Verankerung oben rechts
G_ANCHOR_TOP_LEFT	Verankerung oben links
G_ANCHOR_BOTTOM_RIGHT	Verankerung unten rechts
G_ANCHOR_BOTTOM_LEFT	Verankerung unten links

Mit folgender Befehlsfolge wird die neue Position eines Bedienelements eingerichtet:

```
1   var Position = new GControlPosition
        (G_ANCHOR_BOTTOM_LEFT, new GSize(20,40));
2   Karte.addControl
        (new GSmallZoomControl(), Position);
```

In Zeile 1 wird die Variable Position definiert und gleichzeitig mit der neuen Position unten links auf der Karte belegt. Der zweite Parameter der Methode GControlPosition gibt ausgehend von dieser grundlegenden Positionierung eine Veränderung in Pixeln an. Der erste Wert gibt die Verschiebung in x-Richtung und der zweite die Verschiebung in y-Richtung an. In Zeile 2 werden dann diese Informationen als Parameter an die Methode addControl übergeben, die auf das Objekt Karte angewendet wird.

Die obige Befehlsfolge kann auch in einem Befehl zusammengefasst werden. Für den Ablauf treten dabei keine Einschränkungen auf. Die erste Variante ist allerdings übersichtlicher:

```
Karte.addControl(new GSmallZoomControl(),
        new GControlPosition(G_ANCHOR_BOTTOM_LEFT,
        new GSize(20,40));
```

Mit umfangreicherer Programmierung können die Bedienelemente auch vollkommen individuell gestaltet werden. Auch der Aufbau der Standardbedienelemente kann geändert werden. Diese beiden Möglichkeiten werden wir hier jedoch nicht weiter ausführen, da sie doch weit über die Grundfunktionalitäten, die Sie hier kennenlernen und für die weitere Arbeit benötigen, hinausgehen.

13.5 Karten-Overlays

Unter den Overlays werden, vereinfacht gesagt, die grafischen Eintragungen auf der Karte verstanden. Diese Objekte sind selbstverständlich an ihre speziellen Koordinaten gebunden und werden demzufolge beim Verschieben der Karte mit verschoben – im Gegensatz zu den Bedienelementen, die ihre feste Position auf der Kartendarstellung haben und nicht an Koordinaten gebunden sind.

Overlay

Bei den Overlays finden Sie all die Elemente wieder, mit denen Sie in Teil II dieses Buches in Google Maps unsere eigenen Karten gestaltet haben. Nur, dass Sie jetzt in die Lage versetzt werden, diese Punkt-, Linien- und Flächenobjekte gezielt in die Karte einzuprogrammieren, zu gestalten und vielseitig zu verwenden.

Wir wollen uns die Overlays Markierung (Ortsmarken, Punkte), Polyline (Linien) und Polygon (Flächen) näher anschauen.

13.5.1 Der Overlay-Typ Markierung

Auf einer Karte werden Punkte mit Hilfe von Markierungen dargestellt, die individuell gestaltet werden können. Bedingt durch ihre Grundeigenschaft, die Bindung an Koordinaten, müssen wir zuerst Wege finden, diese zu bestimmen, also eine Adresse zu geokodieren. Möglichkeiten dazu können sein:

Koordinaten bestimmten

> Die Koordinaten sind bekannt und werden nur eingetragen. Bekannt sind diese zum Beispiel von eigenen Messungen mit einem GPS-Gerät, oder Sie haben sie von einem Dienstleister erhalten. Bei diesem Verfahren ist es allerdings häufig notwendig, die Koordinaten in ein anderes Bezugssystem umzurechnen, damit neu hinzukommende Daten mit schon eingetragenen Daten zusammenpassen.
>
> Wenn zu den Punkten Adressen existieren (z. B. Kunden, Lieferanten, Freunde) werden diese mit Hilfe eines Tools im Vorfeld geokodiert. Dieser Vorgang kann auch erst beim Einfügen der Markierungen in die Karte beim Laden erfolgen.

GPS Location
Von: gpsmaplet.googlecode.com

GPS Location

Click on the map to show the GPS location
(Latitude & Longitude) of that location.

Many thanks to Thomas Duebendorfer for the
Position Finder Maplet, which inspired this Maplet.

Abb. 13-7
Tool zur Bestimmung
von Koordinaten

Eine weitere Möglichkeit ist das Bestimmen der Koordinaten auf manuellem Weg. Beim Vorhandensein entsprechender Karten können sie dort einzeln abgelesen bzw. bestimmt werden, z. B. über das Kontextmenü bei Google Maps. Es gibt auch ein Gadget, eine kleine Zusatzfunktion bei Google Maps, die die Koordinaten eines Punktes anzeigt.[3] Das Gadget GPS Location liefert die Koordinaten zu einem mit der Maus angeklickten Punkt auf der Karte (siehe Abb. 13-7).

Die Koordinaten liegen
vor.

Haben Sie die Koordinaten eines Punktes vorliegen, zum Beispiel den Standort der Firma oder den eigenen Wohnort, kann dieser Punkt auf der Karte mit einem Marker gekennzeichnet werden. Dazu schreiben Sie eine neue Funktion Karte_laden für unsere Beispielkarte von Bremen. Den Beginn der Funktion kennen Sie schon aus früheren Beispielen:

```
1  function Karte_laden() {
2    if (GBrowserIsCompatible()) {
3      var Karte = new GMap2(document.getElementById
                                      ("mapBremen"));
4      Karte.setCenter(new GLatLng(53.08041, 8.80623)
                                      , 12);
5      Karte.addControl(new GMapTypeControl());
6      Karte.addControl(new GSmallMapControl());
7      Karte.addControl(new GScaleControl());
8
```

---

[3]Eine Liste aller Gadgets können Sie im eigenen Arbeitsbereich durch Klicken auf Content hinzufügen einsehen und die gewünschten zu Ihrem eigenen Arbeitsbereich hinzufügen.

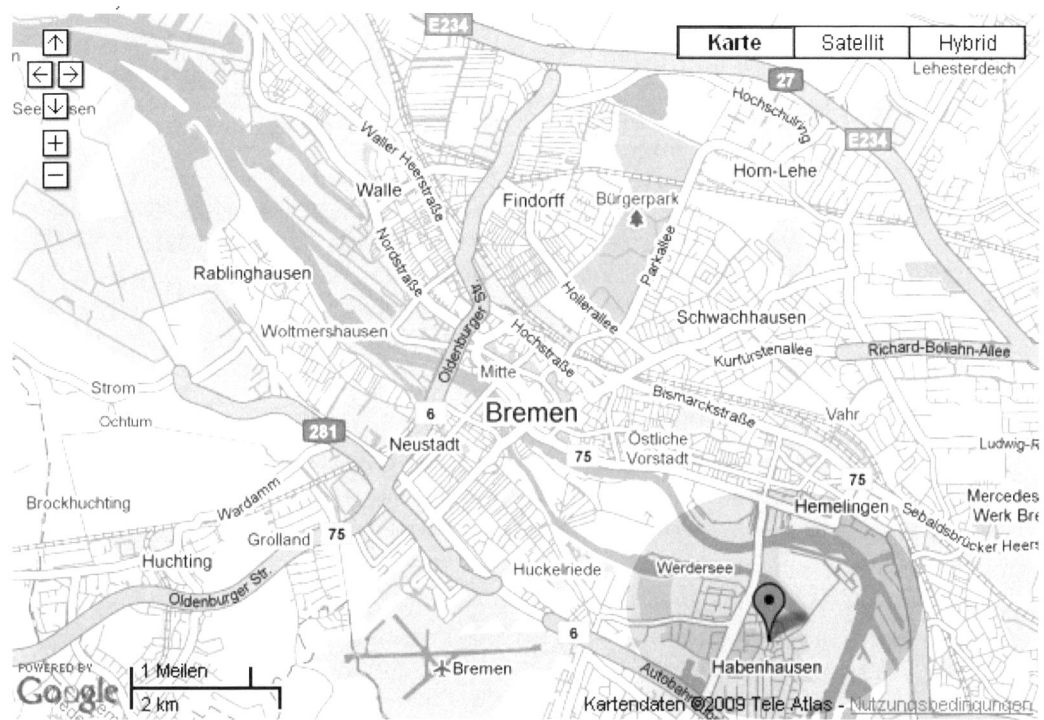

Abb. 13-8
Eingefügte Markierung
für einen Punkt mit
bekannten
Koordinaten

```
9    var Punkt = new GLatLng(53.0483, 8.8542);
10
11   Karte.addOverlay(new GMarker(Punkt));
12
13   }; // if GBrowser  Ende
14   } // function Ende
```

In Zeile 9 des Skripts wird die Variable Punkt definiert, die ihrerseits durch die Methode GLatLng die bekannten Koordinaten als Wert bekommt. In Zeile 11 wird dann die Markierung an der Stelle Punkt mit den Standardwerten, da keine weiteren Parameter angegeben werden, angelegt.

🌐 *api_13_6.txt*

Das Ergebnis der Funktion Karte_laden ist in Abbildung 13-8 zu sehen.

Haben Sie eine Adresse vorliegen, können Sie sie mit den Mitteln der Google Maps API geokodieren und zur Anzeige bringen:

Eine Adresse
geokodieren

```
1  var Adresse = "Die Adresse: Strandweg 7,Bremen";
2  var Geokodierer = new GClientGeocoder();
3
4  function Karte_laden(){
5   if (GBrowserIsCompatible()) {
6    var Karte = new GMap2
            (document.getElementById("mapBremen"));
7    Karte.setCenter(new GLatLng(53.08041,8.80623), 12);
8    Karte.addControl(new GMapTypeControl());
9    Karte.addControl(new GSmallMapControl());
10   Karte.addControl(new GScaleControl());
11
12   Geokodierer.getLatLng( Adresse,
13     function(Punkt) {
14       var Markierung = new GMarker(Punkt);
15       Karte.addOverlay(Markierung);
16       Markierung.openInfoWindow(Adresse);
17     }
18   );
19 }; // if GBrowser  Ende
20 } // function Ende
```

Zeile	Bedeutung
1	Vorgabe der Adresse in Form einer Zeichenkette
2	Die Variable Geokodierer wird als Objekt der Klasse GClientGeocoder() definiert, die direkt mit den Google-Servern zur Geokodierung kommuniziert.
12	Aufruf der Methode getLatLng, die uns die Koordinaten der vorgegebenen Adresse in der Variable Punkt definiert
14	Die Variable Markierung wird definiert, da sie mehrfach genutzt wird.
15	Einfügen der Markierung in die Karte als Overlay
16	Erstellen eines Informationsfensters zur Anzeige der Adresse an der Markierung

api_13_7.txt In der Karte (in Abb. 13-9) ist die eingezeichnete Markierung mit dem dazugehörigen Infofenster zu sehen.

Andere Symbole Bei den bisherigen Beispielen haben Sie mit den Standardsymbolen *verwenden* für Ortsmarken gearbeitet. Beim Aufrufen der Anweisung Markierung = new GMarker(Punkt); verwenden wir nur eine der möglichen Optionen des Konstruktors der Klasse GMarker – nämlich die Position auf der

Abb. 13-9
*Die eingefügte Adresse
mit Kommentar*

Karte. Der zweite Parameter, den das Layout festlegt, wurde nicht berücksichtigt, was dazu führt, dass das Standardsymbol für Ortsmarken verwendet wird. Sie haben natürlich die Möglichkeit, die Symbole zu gestalten und sogar eigene erstellte Symbole zu verwenden.

Wir wollen nun ein selbst erstelltes Bild als Icon verwenden und weitere Eigenschaften der Ortsmarke variieren. Die grundlegende Struktur des in Abbildung 13-8 dargestellten Beispiels können Sie dazu wieder verwenden. Die Funktion Karte_Laden kann so ergänzt werden, dass vor dem Hinzufügen der Ortsmarke zur Karte mit addOverlay noch einige Eigenschaften der Ortsmarke geändert werden:

```
1  var Mein_Icon = new GIcon(G_DEFAULT_ICON);
2  Mein_Icon.image = "baum.png";
3  Mein_Icon.iconSize = new GSize(25,50);
4  Mein_Icon.shadowSize = new GSize(40,60);
5
6  var MarkerOptionen = { icon:Mein_Icon };
7
8  var Punkt = new GLatLng(53.0483, 8.8542);
9  Karte.addOverlay(new GMarker(Punkt,
                      MarkerOptionen));
```

Zeile	Bedeutung
1	Mit Hilfe des Typs `G_DEFAULT_ICON` erstellen Sie eine Markierung, wozu Sie zuerst die Variable `eig_Icon` definieren.
2	Zuweisen des gewünschten Bildes
3	Größe des Icon einstellen
4	Größe des Schattens einstellen
6	Definition der Variablen und Übergabe aller Eigenschaften
9	Die Markierung wird an der vorgegebenen Stelle mit den Optionen in die Karte eingefügt.

Ablage von eigenen Icon-Bildern

Das verwendete Bild in Zeile 2 ist in diesem Beispiel lokal abgelegt. Da auch die HTML-Quelldatei lokal abgelegt ist und von dort auch gestartet wird, ist dieses Verfahren problemlos möglich. Für Webanwendungen ist es jedoch notwendig, diese Bilder im Web abzulegen und von dort abzurufen. In Kapitel 3.3 wird eine Möglichkeit beschrieben, wie Bilder im Web abgelegt und auch wieder verwendet werden.

Abbildung 13-10 zeigt das Ergebnis mit einem Baumsymbol als individuell gezeichnetem Icon.

Abb. 13-10
Karte mit individuell gestaltetem Icon

13.5.2 Der Overlay-Typ Polyline

Eine Polyline besteht aus einer definierten Aufeinanderfolge von Punkten, die geradlinig miteinander verbunden sind. Wenn eine Kurve gezeichnet werden soll, muss diese aus vielen kleinen geraden Linienstücken verbunden werden. Mit Hilfe der Klasse `GPolyline` kann eine

solche Polyline definiert werden. Hinzu kommen auch hier Möglichkeiten der Gestaltung.

Unsere Funktion `Karte_laden` kann so erweitert werden, dass eine
schwarze Linie, bestehend aus einer Folge von fünf Punkten, in die Karte eingezeichnet wird:

api_13_8.txt

```
1  var eig_Polyline = new GPolyline([
2      new GLatLng(53.06717, 8.818164),
3      new GLatLng(53.067308, 8.818603),
4      new GLatLng(53.06699, 8.82107),
5      new GLatLng(53.06542, 8.82056),
6      new GLatLng(53.06361, 8.82141)],
7      "#000000", 8 , 0.7);
8
9  Karte.addOverlay(eig_Polyline);
```

Zeile	Bedeutung
1–7	Definition der Variablen `eig_Polyline`
2–6	Die Liste der Punkte wird generiert.
7	Weitere Optionen:
	«#000000» – Farbe der Linie
	8 – Breite der Linie in Pixeln
	0.7 – Transparenz der Linie; zwischen 0 und 1
9	Hinzufügen der Polyline zur Karte

Die Farbe der Linie wird im 6-stelligen Hexadezimalcode angegeben,
mit dem auch die Farben für HTML-Seiten festgelegt werden können.[4]
Abbildung 13-11 zeigt das Ergebnis.

Farben definieren

13.5.3 Der Overlay-Typ Polygon

Ein Polygon besteht aus einer definierten Aufeinanderfolge von Punkten, die jeweils geradlinig miteinander verbunden sind. Durch eine Polyline wird also eine Fläche eingeschlossen. Wird eine geschlossene Polyline (Endpunkt ist gleich Anfangspunkt) verwendet, so ist auch die
umfassende Linie des Polygons geschlossen. Andernfalls wird die Fläche zwar gezeichnet, aber der Umriss ist nicht vollständig, es fehlt die
Verbindung vom letzten Punkt zum Anfangs-/Endpunkt.

Polygone müssen mit der Google Maps API immer durch die Angabe aller Koordinaten-Eckpunkte erstellt werden. Spezielle Polygone,
wie Rechtecke, Quadrate oder Kreise, sind nicht vordefiniert. So kann

Keine Quadrate oder Kreise

---

[4]Die Webseite `html-color-codes.info/webfarben_hexcodes/` zum Beispiel
bietet eine Übersicht über mögliche Farben und deren Codes.

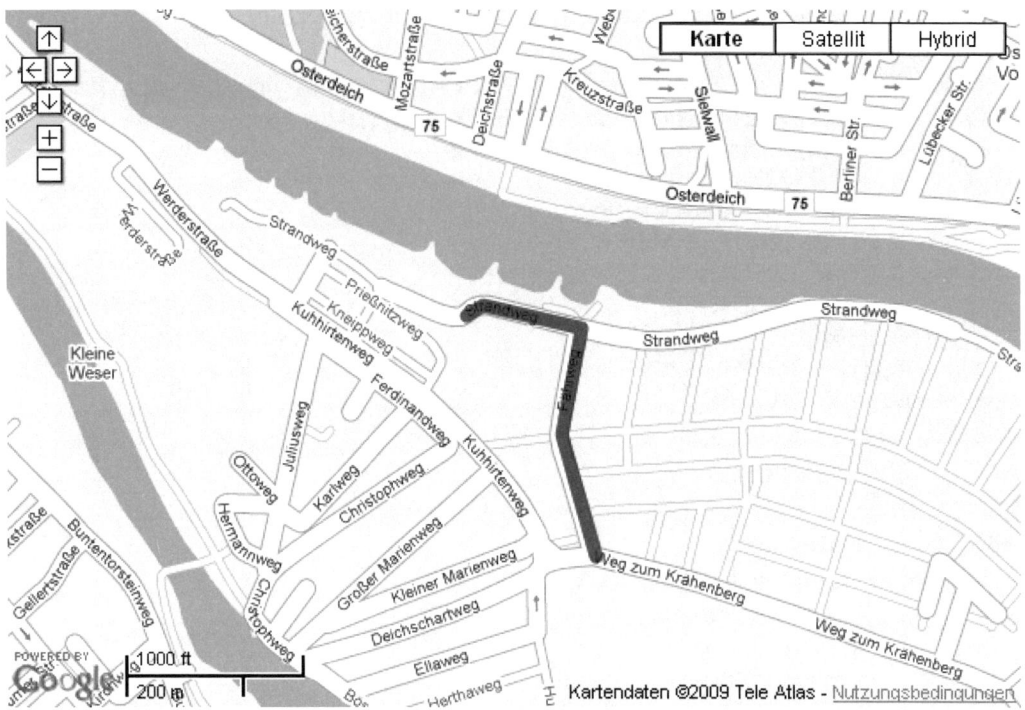

Abb. 13-11
Eine individuelle
Polyline in der Karte

ein Kreis nicht durch die Angabe eines Mittelpunktes und dem Radius gezeichnet werden, sondern kann nur durch Angabe vieler Koordinaten definiert werden.

Die Klasse GPolygon

🌐 *api_13_9.txt*

Die Klasse GPolygon realisiert das Erstellen des Overlays. Dazu werden wieder einige Gestaltungsmöglichkeiten angeboten. Wir können die Funktion Karte_laden um ein eingezeichnetes Polygon erweitern, zu dem Sie die Koordinaten und weitere Eigenschaften selbst festlegen.

```
1    var eig_Polygon = new GPolygon([
2        new GLatLng(53.06717, 8.818164),
3        new GLatLng(53.067308, 8.818603),
4        new GLatLng(53.06699, 8.82107),
5        new GLatLng(53.06542, 8.82056),
6        new GLatLng(53.06361, 8.82141),
7        new GLatLng(53.06354, 8.82047),
8        new GLatLng(53.065191, 8.818443),
9        new GLatLng(53.06595, 8.81704),
10       new GLatLng(53.06717, 8.818164) ],
11       "#f33f00", 5, 1,
```

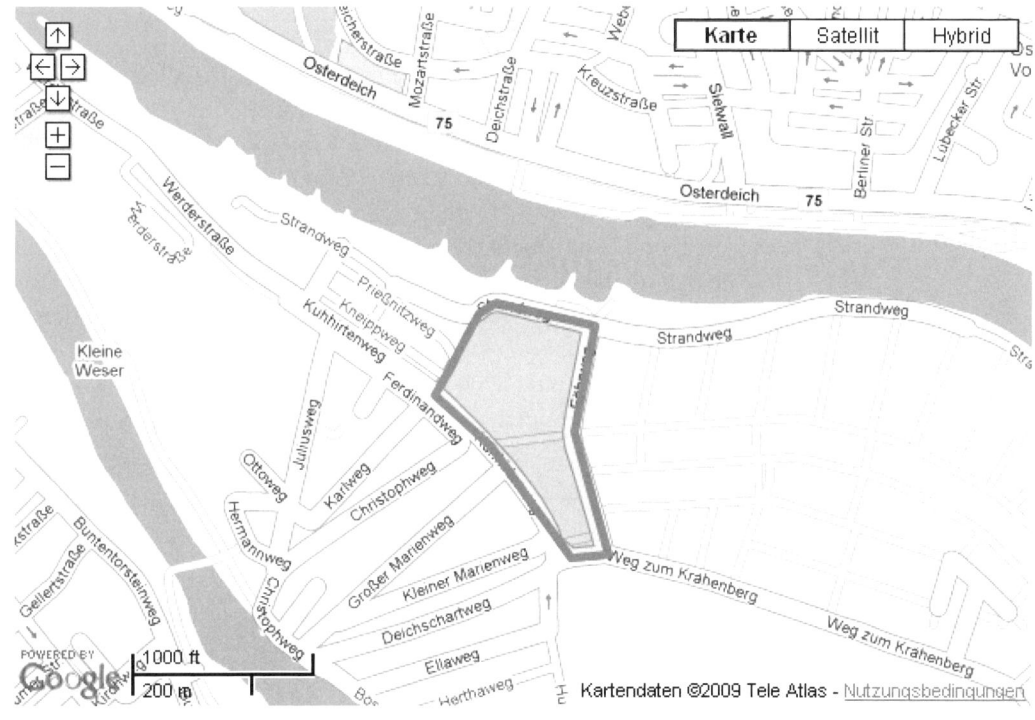

Abb. 13-12
Ein individuelles
Polygon in der Karte

```
12    "#ff0000", 0.2);
13  Karte.addOverlay(eig_Polygon);
```

Zeile	Bedeutung
1–7	Definition der Variablen eig_Polygon
2–10	Die Liste der Punkte wird generiert.
11	Weitere Optionen:
	"#f33f00" – Farbe der Linie
	5 – Breite der Linie in Pixeln
	1 – Transparenz der Linie; zwischen 0 und 1
12	"#ff0000" – Farbe der Fläche
	0.2 – Transparenz der Fläche; zwischen 0 und 1
13	Hinzufügen des Polygons zur Karte

Abbildung 13-12 zeigt das Ergebnis, ein Polygon mit rotem Rand und einer transparenten roten Füllung.

13.6   Zusammenfassung

In diesem Kapitel haben Sie einen Einstieg in die grundlegenden Konzepte der Google Maps API – Karten, Ereignisse, Bedienelemente und Overlays – bekommen. Sie haben diese Konzepte anhand kleiner Beispiele selbst ausprobiert und auch erfahren, an welchen Stellen Sie selbst Änderungen und Anpassungen an eigene Wünsche vornehmen können. Eine kleine Übersicht aller hier verwendeten API-Befehle finden Sie in Anhang A. Die Google Maps API stellt natürlich noch viele weitere Möglichkeiten bereit, die Sie in der Google-Maps-API-Referenz nachlesen können.

Im nächsten Kapitel wollen wir nun die hier gelernten Konzepte anwenden und zwei umfangreichere Anwendungen erstellen.

14 Anwendungsbeispiele

*Nachdem Sie nun im vorigen Kapitel einige Grundlagen zur Google
Maps API kennengelernt und an kleinen Beispielen umgesetzt haben,
wollen wir uns in diesem Kapitel zwei größeren Anwendungsbeispie-
len widmen. Im ersten Beispiel geht es darum, wie Sie eine vorhandene
Adressliste, zum Beispiel von Freunden, Lieferanten oder Kunden, in
Google Maps darstellen können. Im zweiten Beispiel sollen Einzugs-
bereiche dargestellt werden, mit denen Sie herausfinden können, welche Restaurants von Ihrem Büro aus gut erreichbar sind oder welche
Geschäfte es in Ihrer Nähe gibt. Dabei werden Sie viele Einzelheiten
der vorherigen Abschnitte wieder verwenden, miteinander kombinieren und natürlich variieren.*

14.1 Beispiel 1: Adresslisten visualisieren

Adressen von Arbeitskollegen und Freunden, aber auch von Kunden *api_14_1.txt*
oder Lieferanten hat jeder in seinem Adressbuch oder elektronisch hinterlegt. Eine interessante Anwendung ist es nun, solche Adresslisten auf
einer Google-Maps-Karte zu visualisieren, um übersichtlich sehen zu
können, wo Freunde, Kollegen oder Kunden wohnen. Damit können
Sie auch leicht sehen, ob es da interessante Verteilungen gibt, z. B.: Wohnen viele im selben Ort wie Sie? In einer bestimmten anderen Stadt?
Oder treten Häufungen in einzelnen Gebieten auf? In einer Anwendung wollen wir nun eine Liste von solchen Adressen gleichzeitig auf
einer Google-Maps-Karte darstellen.

Ausgangspunkt ist natürlich das Vorhandensein einer Adressliste. *Datenschutz beachten*
Diese kann im Textformat, aber zum Beispiel auch in einer Datenbank
oder anderen Formaten vorliegen. Dabei sollten Sie natürlich auch den
Datenschutz beachten. Nicht jeder möchte seinen Namen in einem Infofenster in der öffentlichen Google-Maps-Karte an einer Ortsmarke
lesen. Es empfiehlt sich also, vorher nachzufragen oder die Adressliste
entsprechend zu bereinigen.

Seitenkopf erstellen   Unsere Anwendung beginnt zunächst, wie aus dem vorigen Kapitel bekannt, mit dem Seitenkopf, wobei auch der API-Key eingefügt werden muss:

```
1   <!DOCTYPE HTML PUBLIC "-//W3C//DTD HTML 4.01
        Transitional//EN"
        "http://www.w3.org/TR/html4/loose.dtd">
2   <html>
4   <head>
5   <meta http-equiv="content-type"
            content="text/html; charset=UTF-8"/>
6   <title>Google Maps API Beispiel 1</title>
7   <script
8    src="http://maps.google.com/maps?
                    file=Abbildungen/api&amp;v=2.x&amp;
        key="der Google Maps Key"
        type="text/javascript">
9   </script>
10  <script type="text/javascript">
11  //<![CDATA[
```

Zeile	Bedeutung
1–6	Anfang der HTML-Seite
7–9	Der Google Maps API Key
10–11	Beginn des JavaScript-Bereichs

Aufteilen in Funktionen   Entgegen den einführenden Beispielen aus dem vorigen Kapitel, bei denen Sie eigentlich nur die Funktion Karte_laden erweitert oder verändert haben, werden Sie hier mehrere Funktionen verwenden. Wir zerlegen unsere Aufgabe, die Visualisierung, in mehrere kleine Funktionen, wobei jede eine Teilaufgabe löst. Das führt zu einer klaren Strukturierung dieses Quelltextes, damit Sie sich später leichter zurechtfinden und Änderungen vornehmen können. Außerdem können Sie jede einzelne Funktion auch in andere Anwendungen kopieren und damit wiederverwenden, was natürlich Arbeit spart, wenn Sie ähnliche Ideen umsetzen wollen.

Wir werden unsere Anwendung auf drei Funktionen verteilen – die Geokodierung und Anzeige der Adressliste, die Geokodierung und Anzeige des eigenen Standorts und unsere Funktion Karte_Laden.

Listen verwalten   Zuerst müssen die Adressen in Ihrer Liste geokodiert werden, um sie später auf die Karte bringen zu können. Dazu kopieren Sie die entsprechenden Adressen direkt in die Funktion Adressen_anz. Es gibt natürlich auch die Möglichkeit, die Adressen aus einer separaten Datei oder einer Datenbank zu laden. Das ist allerdings ein bisschen komplizierter, da Sie ja auch dafür sorgen müssen, dass Ihre Adressen, die lokal oder auf dem Webserver gespeichert sind, von Ihrer Webanwendung gefunden werden. Wir schauen uns hier nur die einfachere Variante an, wobei die Adressen direkt in die HTML-Datei geschrieben werden. Für eine kleine Adressliste ist das auch ausreichend und praktikabel. Eine solche Liste, in der Programmierung Feld oder array genannt, enthält mehrere gleichartige Elemente, in unserem Fall Adressen, die als Zeichenkette dargestellt sind. Wenn Sie zum Beispiel zehn Adressen haben, dann werden nicht zehn einzelne Variablen zum Speichern benötigt, sondern es reicht eine einzige Liste aus.

Die Funktion Adressen_anz kodiert nun sechs Adressen, die in einer solchen Liste gespeichert sind, und soll diese mit einer Ortsmarke, der Sie ein eigenes Symbol geben, auf der Karte darstellen:

Funktion: Adressliste visualisieren

```
12  function Adressen_anz(Karte) {
13    var Adressen =
14      ["Mittelring 17-35, 04158 Leipzig",
        "Löbauer Straße 91-115, 04347 Leipzig",
        "Seitenstraße 2-10, 04827 Machern",
        "Am Wasserwerk, 04519 Rackwitz",
        "Weststraße 6-16, 04435 Schkeuditz",
15      "Selliner Straße 31-37, 04207 Leipzig"];
16
17    var Geokodierer = new GClientGeocoder();
18    var Anz = Adressen.length;
19
20    var eig_Icon = new GIcon(G_DEFAULT_ICON);
21    eig_Icon.image = "haus.png";
22    eig_Icon.iconSize = new GSize(20,40);
23    eig_Icon.shadowSize = new GSize(40,60);
24    var MarkerOptionen1 = { icon:eig_Icon };
25    var i = 0;
26    while(i < Anz) {
27      Geokodierer.getLatLng( Adressen[i],
28        function(Punkt) {
29          var Markierung = new GMarker(Punkt,
                                   MarkerOptionen1);
30          Karte.addOverlay(Markierung);
31        } // Ende function
32      ); // Ende Geocodierer
33      i++;
33    } // Ende while
34  }  // Ende function Adressen_anz
```

Die Liste `Adressen` wird in einer Schleife Schritt für Schritt abgearbeitet, wobei die Variable i als Zählvariable verwendet wird. Für jedes Listenelement `Adressen[i]` wird eine Geokodierung und Darstellung auf der Karte veranlasst, bevor das nächste Listenelement abgearbeitet wird:

Zeile	Bedeutung
12	Name und Parameter der Funktion
	Parameter ist das Kartenobjekt zum Eintragen
	der Markierungen.
13–15	Die Variable `Adressen` mit ihrem Inhalt
	– einer Liste von Adressen
17	Anlegen des Geokodierobjekts
18	Ermitteln der Anzahl der Adressen
	Wird für die Schleife als Grenze benötigt
20–24	Festlegen der Optionen für ein benutzer-
	definiertes Icon
25	Zählvariable für die Liste
26–33	Schleife zum Abarbeiten der Adressliste
26	Bedingung zum Ausführen der Schleife:
	von Position 0, dem ersten Listenelement,
	bis zur maximalen Anzahl der Listenelemente – 1,
	da das letzte Listenelement die Position [i-1] hat
27	Geokodieren der Adresse an Position i
29	Fertigstellen der Markierung mit Position
	und Icon-Eigenschaften
30	Eintragen in die Karte
33	i wird erhöht, damit beim nächsten Listenelement
	weitergearbeitet werden kann.

Eigene Erweiterungen In dieser Funktion bekommen alle Adressen dieselbe Markierung zugewiesen. Sie können die Funktion natürlich auch so umschreiben, dass eine geokodierte Adressliste ein bestimmtes Icon, und eine andere Liste ein anderes Icon bekommt, um zum Beispiel die Arbeitskollegen und die Freunde auf der Karte besser unterscheiden zu können.

Bisweilen kann es für eine Anwendung nützlich sein, ein kleines Infofenster zu jeder Ortsmarke anzuzeigen. Besonders dann, wenn Adressen mit unterschiedlichen Ortsmarken versehen werden, kann so ein Infofenster noch zusätzliche Informationen liefern. So könnte im Infofenster etwa als Erläuterung *Alter Schulfreund* oder *Autohaus* stehen. Diese Funktionalität kann mit der Methode `openInfoWindow` erreicht werden. Falls alle Adressen aus der Liste denselben Inhalt im Infofenster enthalten sollen, kann dieser Aufruf mit in die Schleife integriert werden.

Die zweite Funktion soll nur einen einzelnen Punkt auf der Karte darstellen. Dazu werden die Bezeichnung der Karte und die Koordinaten des Punktes als Parameter übergeben.

Funktion: eigenen Standort einzeichnen

```
31  function Standort_anz(Karte, APunktx, APunkty)
    {
32    var Markierung = new GLatLng(APunktx,APunkty);
33    Karte.addOverlay(new GMarker(Markierung));
34  }  // function Ende
```

Zeile	Bedeutung
31	Name und Parameter der Funktion
	Parameter sind das Kartenobjekt zum Eintragen
	sowie die x- und y-Werte der Markierung.
32	Konvertieren der Werte zu Punktkoordinaten
33	Eintragen der Markierung mit Standardwerten

In unserer Funktion bekommt der Punkt, der mit seinen Koordinaten übergeben wurde, automatisch die Standard-Ortsmarke zugewiesen. Natürlich können Sie hier (analog zur Funktion Adressen_anz) bei Bedarf auch ein eigenes Symbol verwenden.

Die dritte Funktion Karte_laden dient dem Installieren der Karte auf der Webseite mit den vorgegebenen Eigenschaften (Startort, Zoomfaktor, Kartentyp), den Bedienelementen sowie den Overlays, die jedoch über die beiden obigen Funktionen realisiert werden.

```
35  function Karte_laden()
36  {
37    if (GBrowserIsCompatible()) {
38      var Karte = new GMap2
          (document.getElementById("mapLeipzig"));
39      Karte.setCenter
            (new GLatLng(51.39308, 12.39931), 10);
40      Karte.addControl(new GMapTypeControl());
41      Karte.addControl(new GSmallMapControl());
42      Karte.addControl(new GScaleControl());
43
44      // eigenen Standort darstellen
45      var Punktx = 51.39308;
46      var Punkty = 12.39931;
47      Standort_anz(Karte, Punktx, Punkty);
48
```

```
49    //  und nun die Adressen darstellen
50    Adressen_anz(Karte);
51
52  }; // if GBrowser  Ende
53  } // function Ende
```

Zeile	Bedeutung
35	Name der Funktion
37–52	Es wird alles nur abgearbeitet, wenn der Browser kompatibel ist.
38	Definieren des Kartenobjektes Karte und Übergabe der ID mapLeipzig
39	Positionieren der Karte auf den gegebenen Kartenmittelpunkt und Vorgabe der Zoomstufe
40–42	Einfügen der gewünschten Bedienelemente
45–46	Werte für die Koordinaten des eigenen Standorts
47	Aufruf der Funktion Standort_anz mit den erforderlichen Parametern
50	Aufruf der Funktion Adressen_anz mit dem erforderlichen Parameter

Der abschließende Teil des Quellcodes beendet den JavaScript-Teil und führt den Aufbau der Webseite durch:

```
54  //]]>
55  </script>
56  </head>
57
58  <body onload="Karte_laden()"onunload="GUnload()">
59
60    <div id="mapLeipzig"
          style="width: 600px; height: 500px"></div>
61
62  </body>
63 </html>
```

Sie müssen hier nur die Funktion Karte_laden ausführen, da diese dann die anderen beiden Funktionen aufruft:

Zeile	Bedeutung
54–55	Beenden des JavaScript-Bereiches
58	Initialisieren der Karte im body-Bereich des HTML-Quelltextes
60	Bereitstellen des Darstellungsfensters und Einfügen der Karte über die ID

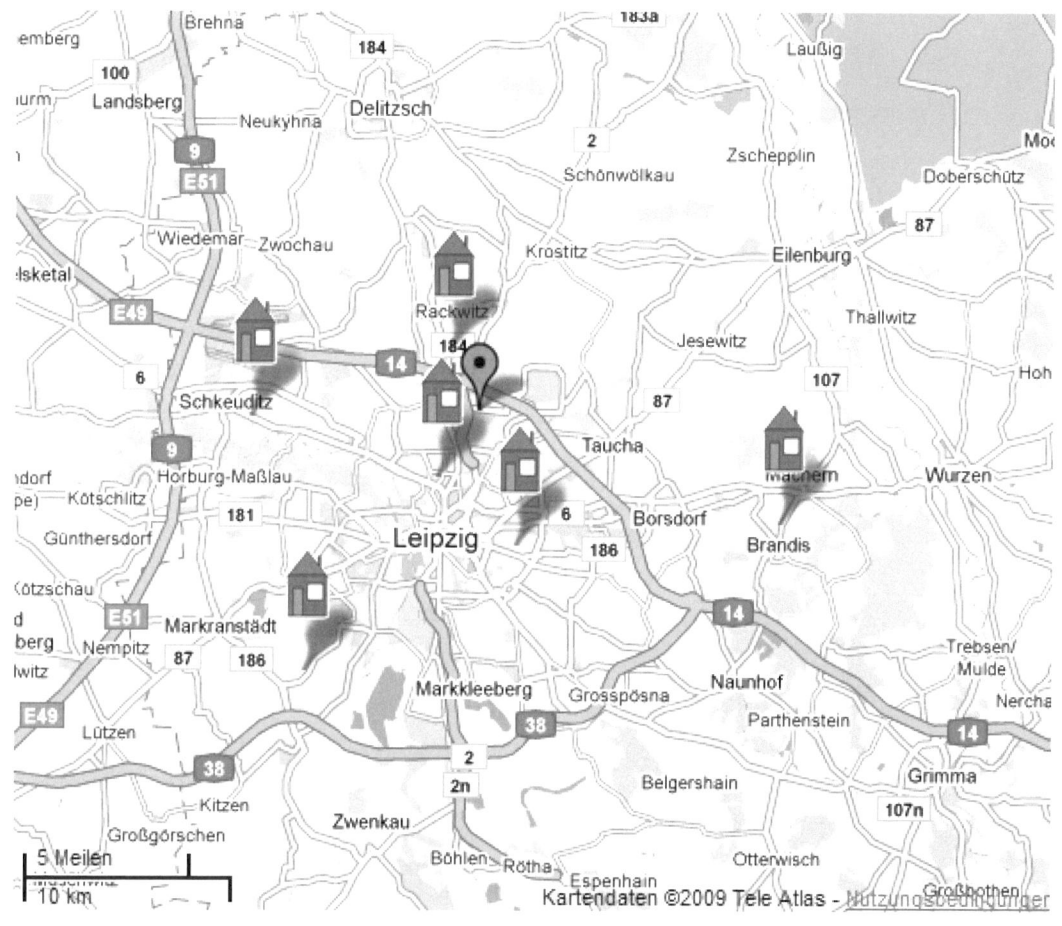

Abb. 14-1
Eine gestaltete Karte mit Markierungen aus einer Adressliste und dem eigenen Standort

Die Abbildung 14-1 zeigt das Ergebnis unserer Anwendung. Der eigene Standort und die Adressen wurden mit unterschiedlichen Symbolen in die Karte eingezeichnet.

14.2 Beispiel 2: Einzugsgebiete bestimmen

Im Beispiel 1 haben Sie einige Adressen aus einer Liste und den eigenen Standort auf einer Google-Maps-Karte dargestellt. Nun ist es interessant zu wissen, welche der Adressen sich in einer bestimmten Entfernung um unseren Standort befinden. Haben Sie zum Beispiel den Standort eines Geschäftes als Ortsmarke auf der Karte, und weitere Markie-

Anwendungsmöglichkeiten

rungen stellen die Wohnorte unserer potenziellen Kunden dar, so kann durch das Einzeichnen eines Kreises mit einem bestimmten Radius (zum Beispiel drei Kilometer) leicht visualisiert werden, welche Kunden im Einzugsbereich Ihres Geschäfts wohnen. Daraus können dann Käuferpotenziale abgeleitet werden. Eine andere Anwendungsmöglichkeit ist die Ermittlung der Schulen, Kindergärten oder Supermärkte, die in die Karte eingezeichnet sind und die gut zu Fuß von der eigenen Wohnung aus erreichbar sind. Auch als Werbung für ein Hotel ist die Darstellung eines Einzugsgebiets nützlich. So kann ein Übernachtungswilliger gleich sehen, welche Sehenswürdigkeiten in einem bestimmten Umkreis gut für ihn erreichbar sind und zu welchen Attraktionen er einen längeren Anfahrtsweg in Kauf nehmen muss.

Ausbau von Beispiel 1   Unser erstes Beispiel kann nun dahingehend ausgebaut werden. Wir wollen einen Kreis mit definiertem Mittelpunkt und vorgegebenem Radius um unseren Standort in die Karte zeichnen. Ganz so einfach ist es aber nicht, denn in der Google Maps API steht kein entsprechendes Werkzeug zur Verfügung. Sie können sich jedoch damit behelfen, ein Polygon zu zeichnen. Da die Umgrenzung eines Polygons aus einzelnen Linien besteht, müssen Sie entsprechend viele Teilstücke zeichnen, damit der Kreis auch rund aussieht (vergleiche Abb. 14-3). Die letztendlich verwendete Anzahl der Linienstücke ergibt sich aus der Anwendung heraus, beispielsweise daraus, welcher Darstellungsmaßstab benötigt wird, wie genau das Einzugsgebiet bestimmt werden soll und wie lange die Berechnung des Polygons dauern darf.

Abb. 14-2
Vergleich der
Kreisgebiete (links
bestehend aus 10
Segmenten, rechts aus
20 Segmenten)

Für die Berechnung existieren unterschiedliche Ansätze. Für alle diese Ansätze brauchen Sie einige Kenntnisse aus der Geometrie zu Kreiseigenschaften und -berechnungen sowie zu Winkelfunktionen. Wir verwenden hier eine Variante, die Sie später als Funktion in das Beispiel einbauen können.

Der grundlegende Gedanke bei dieser Funktion besteht darin, die Berechnung des kreisähnlichen Polygons auf der Ebene einzelner Pixel durchzuführen, um die Berechnung zu erleichtern. Das Ergebnis lässt sich dann einfach in Koordinaten umwandeln, die auf einer Google-Maps-Karte dargestellt werden können. Dazu stehen Ihnen in der Google Maps API und in JavaScript die entsprechenden Methoden zur Verfügung. Die jeweilige Karte, die Koordinaten des Kreismittelpunkts (APunktx, APunkty) sowie der gewünschte Radius des Kreises in Kilometer werden der Funktion als Parameter übergeben. Um die Koordinatenberechnung korrekt vornehmen zu können, müssen die Projektion der Karte und die aktuelle Zoomstufe der Karte gemerkt werden. Die für die Darstellung wichtigen Daten, wie Farben, Linien- und Flächeneigenschaften sowie die Anzahl der Segmente werden in der verwendeten Funktion vorgegeben.

Berechnen eines Kreises

🌐 *api_14_2.txt*

```
1  function Gebiet_anz
                (Karte,APunktx,APunkty,ARadius)
2  {
3    var KarteProj = G_NORMAL_MAP.getProjection();
4    var mapZoom = Karte.getZoom();
5    var Mitte = new GLatLng(APunktx, APunkty);
6    var MittePx = KarteProj.fromLatLngToPixel
                                (Mitte, mapZoom);
7
8    var AnzAbschn = 20;
9
10   var LgAbschn = 360 / AnzAbschn;
11   var exp = mapZoom - 10;
12   var PxRadius = (Math.pow(2,exp)*10) * ARadius;
13
14   var PolygonPkt = Array();
15   var KAbschn, Posx, Posy, PxPunkt, PoPunkt;
```

Zuerst erfolgt das Definieren der erforderlichen Variablen sowie das Abfragen und Merken der Werte für spätere Berechnungen und Zuweisungen:

Zeile	Bedeutung
1	Funktionsaufruf mit den Parametern: Karte, x- und y-Komponente des Mittelpunktes, gewünschter Radius
3	Merken der Projektion
4	Merken der Zoomstufe

5	Aus den übergebenen Koordinaten für den Kreismittelpunkt wird ein Punktobjekt namens Mitte erzeugt.
6	Konvertieren des Punktes Mitte in Pixelkoordinaten
8	Festlegen der Anzahl der Kreisabschnitte
10	Berechnen des Parameters der Länge eines Abschnittes
11	Dieser Exponent ergibt sich aus den Eigenschaften der Google-Maps-Karten.
12	Berechnen des Radius in Pixeln unter Berücksichtigung des als Parameter übergebenen Radius in Kilometer
14	Variable als Liste definieren; die Punkte für das Polygon werden hier gespeichert
15	Definieren der später verwendeten Variablen

Polygonpunkte bestimmen

Die folgende Schleife in der Funktion Gebiete_anz füllt die Liste PolygonPkt mit den einzelnen Punkten, die die Außenlinie des Kreis-Polygons darstellen, welche dann auf der Karte zu sehen ist.

```
16  var i = 0;
17  while ( i<(AnzAbschn+1) )
18  {
19   KAbschn = LgAbschn * i * (Math.PI/180);
20
21   Posx = MittePx.x+PxRadius*Math.cos(KAbschn);
22   Posy = MittePx.y+PxRadius*Math.sin(KAbschn);
23
24   PxPunkt = new GPoint(Posx,Posy);
25   PoPunkt = KarteProj.fromPixelToLatLng
                          (PxPunkt,mapZoom);
26
27   PolygonPkt.push(PoPunkt);
28   i++;
29  }
30  var Gebiet = new GPolygon
      (PolygonPkt, "#000000",3,0.8,"#000000", 0.2);
31   Karte.addOverlay(Gebiet);
32 }  // function Gebiet_anz Ende
```

In den Zeilen 19, 21 und 22 wird das in JavaScript vordefinierte Objekt Math verwendet, um einmal die Konstante Pi und in den zwei anderen Fällen Methoden aufzurufen, die Berechnungen mit Winkelfunktionen durchführen.

Zeile	Bedeutung
17	Schleife – läuft entsprechend der Anzahl der fest-gelegten Abschnitte. Plus 1, da die Verbindung vom letzten zum ersten Punkt gelegt werden muss, damit das Polygon geschlossen ist.
19	Berechnen des Kreisabschnitts
21	Mit den vorbereiteten Werten wird die x-Koor-dinate des Kreispunktes in Pixeln berechnet.
22	y-Koordinate – analog zu Zeile 21
24	Die Einzelkoordinaten (x und y) werden zum Objekt Punkt zusammengefügt (dessen Koordinaten in Pixeln angegeben sind).
25	Die Punktkoordinaten werden in das Original-Koor-dinatensystem konvertiert.
27	Der Punkt wird an die Liste `PolygonPkt` angehängt
28	Erhöhen des Zählers für die Schleife
29	Ende der Schleife
30	Das Objekt `Gebiet` ergibt sich aus den be-rechneten Punkten der Umrandung und den fest-gelegten Eigenschaften (Farbe, Dicke und Trans-parenz der Linie sowie Farbe und Transparenz der Fläche).
31	Hinzufügen des Polygons zur Karte

Die Funktion `Gebiete_anz` kann nun zu den drei anderen Funktionen aus Beispiel 1 hinzugefügt werden. Die Funktion `Karte_laden` muss noch ergänzt werden, damit unsere Funktion `Gebiete_anz` auch aufgerufen wird:

Funktion Karte_laden ergänzen

```
1  function Karte_laden()
2  {
3   if (GBrowserIsCompatible()) {
4    var Karte = new GMap2(document.getElementById
                          ("mapLeipzig"));
5    Karte.setCenter
              (new GLatLng(51.39308, 12.39931),10);
6    Karte.addControl(new GMapTypeControl());
7    Karte.addControl(new GSmallMapControl());
8    Karte.addControl(new GScaleControl());
9
10   // Standort = Kreismittelpunkt
11   var Punktx = 51.39308
12   var Punkty = 12.39931;
13   StandortAnz(Karte, Punktx, Punkty);
14   //  und nun die Adressen
```

```
15  Adressen_anz(Karte);
16  // Gebiet zeichnen
17  var Radius = 12;
18  Gebiet_anz(Karte, Punktx, Punkty, Radius);
19  }
20  } // function Karte_laden Ende
```

Das Bereitstellen der x- und y-Werte für die Markierung und den Mittelpunkt erfolgt in den Zeilen 11 und 12. Der Radius für das Gebiet wird in Zeile 17 vorbereitet. Die Aufrufe der Funktionen erfolgen in den Zeilen 13 (Einfügen der Markierung), 15 (Markierungen für die Adressen) und 18 (Anzeigen des Einzugsgebiets).

Im Body der HTML-Seite müssen Sie im Vergleich zu Beispiel 1 nichts ändern, da die Funktion Karte_laden nur wieder aufgerufen werden muss. Damit können Sie jetzt auf der Karte in Abbildung 14-3 alle Markierungen innerhalb des gezeichneten Einzugsgebiets lokalisieren.

Die Anwendung kann nun noch erweitert werden, indem dem Kreis ein Infofenster mitgegeben wird, in dem erläuternde Informationen, zum Beispiel zur Bedeutung und Größe des Gebiets, angegeben sind.

Abb. 14-3
Karte mit
Markierungen und
Einzugsgebiet

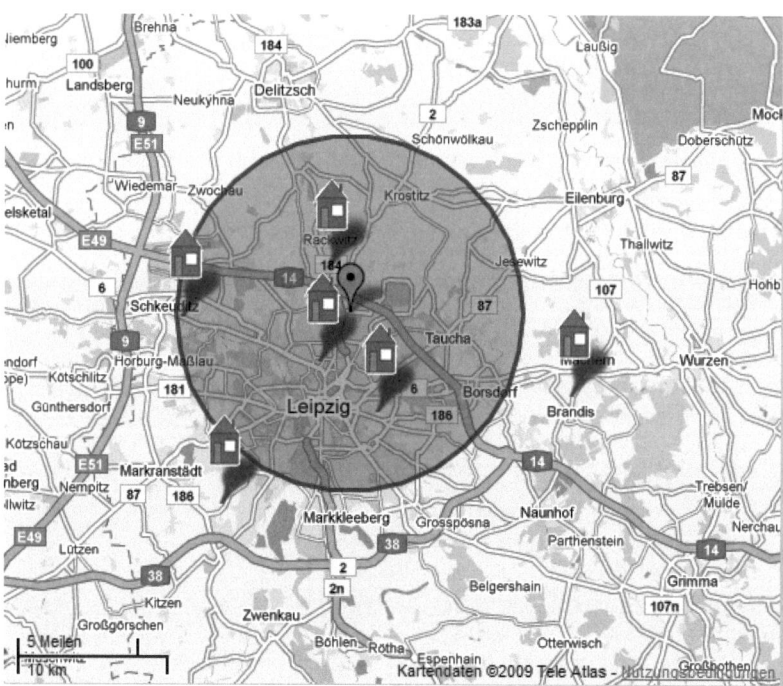

14.3 Zusammenfassung

In diesem Kapitel haben Sie ein größeres Anwendungsbeispiel erstellt, um zunächst eine Adressliste auf einer Karte darzustellen und dann ein Einzugsgebiet in Form eines Kreises hinzuzufügen. Damit haben Sie die Kenntnisse aus den vorigen Kapiteln angewendet und erweitert. Mit dieser fortgeschrittenen Anwendung sind die Möglichkeiten der Google Maps API jedoch noch nicht erschöpft. Mit Ihrem Wissen können Sie die größeren und kleineren hier erstellten Anwendungen jedoch an einigen Stellen anpassen und erweitern und eigene Projekte starten. Weitere Klassen und Methoden sind in den Erläuterungen zur Google Maps API, die Sie im Web finden können,[1] beschrieben.

Allerdings gibt es auch Grenzen bei den Anwendungsmöglichkeiten mit der Google Maps API. Das oben erstellte Einzugsgebiet wurde zum Beispiel als Menge aller berechnet, die sich innerhalb einer festgelegten Entfernung um einen definierten Punkt herum befinden. Diese Entfernung bezieht sich auf die rein geradlinige Entfernung (Luftlinie). Im kommerziellen Bereich werden ebenfalls Entfernungsmuster (z. B. Einzugsgebiete) verwendet. Die hier verwendeten Entfernungsmuster werden beispielsweise entsprechend der Straßenanbindung unter Berücksichtigung der Straßeneigenschaften mit der Vorgabe der Fahrzeit (Abb. 14-2) erstellt.

Grenzen der Google Maps API

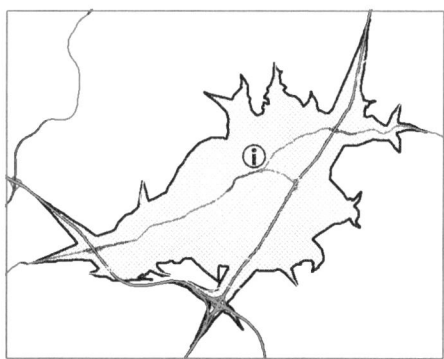

Abb. 14-4
Ein berechnetes Einzugsgebiet entsprechend der Straßeneigenschaften

So kommt ein Auto auf einer Autobahn schneller voran als auf einer Landstraße, auch wenn die Fahrtstrecke über die Landstraße kürzer ist. Ein potenzieller Kunde würde also trotz kürzerer Luftlinienentfernung nicht zu einem Supermarkt fahren, wenn er nur die Landstraße mit längerer Fahrzeit nutzen kann. Ein anderer Kunde würde trotz einer längeren direkten Entfernung den Supermarkt aufsuchen, weil er schneller auf der Autobahn unterwegs sein kann. Dadurch ist der Einzugsbereich

---

[1] http://code.google.com/intl/de/apis/maps/documentation/index.html

des Supermarktes kein Kreis, sondern ein feingliedriges Polygon. Das Erstellen eines solchen Einzugsgebiets setzt jedoch individuelle Aufgabenstellungen und meist kostenintensive feingliedrige Daten und spezielle Software voraus. Wie schon erwähnt, spielen die verwendeten Daten eine wesentliche Rolle. Bei unserem Beispiel kann man die durch die StVO erlaubten Geschwindigkeiten für den jeweiligen Straßentyp verwenden oder aber die realen Durchschnittsgeschwindigkeiten, die z. B. tageszeitlich oder durch andere Einflüsse sehr unterschiedlich sein können. Um solche sehr spezifischen Einzugsgebiete in die Karten zu integrieren, bleibt uns hier nur, die Polygone manuell einzuzeichnen.

Damit haben Sie nun einen Einblick in Google Maps und die Google Maps API bekommen. Sie haben gesehen, wie Sie eigene Daten in vorhandene Karten eintragen und anderen zur Verfügung stellen können. Außerdem haben Sie eigene Anwendungen mit der Google Maps API entwickelt. Trotz einiger Einschränkungen, wie der manchmal mangelhaften Qualität der Daten, sind der Fantasie nun nur noch wenige Grenzen gesetzt, wenn Sie eigene Anwendungen im privaten und geschäftlichen Bereich realisieren möchten.

Teil IV
Anhang

A   Im Buch verwendete API-Befehle

Nachfolgend sind die im Buch verwendeten API-Befehle noch einmal aufgeführt. Natürlich gibt es noch eine Vielzahl weiterer Befehle, die Sie in der Google Maps API Referenz[1] nachlesen können. Die Befehle sind hier nur kurz erläutert, genauere Informationen finden Sie ebenfalls unter der angegebenen URL.

Zwei in jeder Anwendung benötigte Funktionen sind:

Allgemeine Funktionen

Funktion	Erläuterung
GBrowserIsCompatible()	überprüft, ob die Google Maps API mit dem aktuellen Browser verwendet werden kann
GUnload()	gibt Speicherplatz frei; wichtige Funktion, um Browser-Programmfehler zu umgehen

Die weiteren verwendeten Befehle werden nun, geordnet nach Klassen, aufgeführt.

A.1   GClientGeocoder

Die Klasse GClientGeocoder bietet Methoden an, um Geocodes (Koordinaten) für Adressen bereitzustellen.

Koordinaten bereitstellen

Methode	Erläuterung
getLatLng(Adresse: String, Callback: function)	sendet eine angegebene Adresse zur Geocodierung an den Google Server

[1] code.google.com/intl/de/apis/maps/documentation/reference.html

A.2 GControl

Bedienelemente
bereitstellen

Mit GControl kann ein benutzerdefiniertes Tool für eine Karte bereitgestellt werden.

Methode	Erläuterung
GSmallMapControl()	erstellt ein Bedienelement zum Schwenken in vier Richtungen und zum Zoomen
GLargeMapControl()	wie GSmallMapControl, zusätzlich wird ein Zoom-Schieberegler erstellt
GMapTypeControl()	erstellt ein Bedienelement zum Umschalten zwischen verschiedenen Kartentypen
GSmallZoomControl()	Zwei-Button-Bedienelement zum Zoomen
GScaleControl()	Anzeige des Kartenmaßstabs
GOverviewMapControl()	einklappbare Übersichtskarte

A.3 GControlPosition

Position eines
Bedienelements
festlegen

Hier kann die Position eines Bedienelements auf der Karte festgelegt werden.

Methode	Erläuterung
GControlPosition(Position: GControlAnchor, Größe:GSize)	legt Position und Größe eines Bedienelements fest

Dafür können folgende Konstanten (unveränderliche Werte) für GControlAnchor verwendet werden:

Konstante	Erläuterung
G_ANCHOR_TOP_RIGHT	Verankerung des Bedienelements oben rechts in der Karte
G_ANCHOR_TOP_LEFT	Verankerung oben links
G_ANCHOR_BOTTOM_RIGHT	Verankerung unten rechts
G_ANCHOR_BOTTOM_LEFT	Verankerung unten links

A.4   GEvent

Mit GEvent lassen sich Ereignis-Handler definieren.

Ereignisbehandlung

Methode	Erläuterung
addListener (Objekt:Object, Ereignis:String, Handler:function)	registriert einen Ereignis-Handler auf dem angegebenen Objekt für das angegebene Ereignis
removeListener(Handler: GEventListener)	entfernt einen Ereignis-Handler

A.5   GIcon

GIcon erlaubt die Definition eigener Symbole für Ortsmarken.

Eigene Symbole für Ortsmarken

Konstante	Erläuterung
G_DEFAULT_ICON	Standardsymbol für Ortsmarken

Attribut	Erläuterung
image	Webadresse für das Vordergrundbild des Symbols
iconSize	Größe des Vordergrundbilds des Symbols
shadowSize	Größe des Schattens des Symbols

A.6   GLatLng

Mit GLatLng wird ein Punkt definiert.

Punkt definieren

Methode	Erläuterung
GLatLng(Länge: Number, Breite: Number, unbegrenzt: Boolean)	definiert einen Punkt mit bestimmter geografischer Breite und Länge; ist für unbegrenzt *true* angegeben, werden die Zahlen für Länge und Breite so übernommen, wie sie übergeben wurden, ansonsten müssen Längen- (-180 bis +180) und Breitengrade (-90 bis +90) verwendet werden

A.7 GMap2

Karte erstellen GMap2 ist die wichtigste Klasse bei der Google Maps API; sie wird benötigt, um eine neue Karte zu erstellen.

Methode	Erläuterung
GMap2(Block:Node, Optionen:GMapOptions)	Konstruktor zur Initialisierung einer neuen Karte, dabei gibt *Block* an, wo die Karte erstellt werden soll, bei den Optionen kann auch der Typ der Karte und ihre Größe angegeben werden
addControl(Bedienelement: GControl, Position: GControlPosition)	Hinzufügen eines Bedienelements an eine bestimmte Position in der Karte
addOverlay(Overlay: GOverlay)	Hinzufügen eines Overlays zur Karte

Methode	Erläuterung
click(Overlay: GOverlay, Koordinaten: GLatLng, Overlay-Koordinaten: GLatLng)	löst ein Ereignis aus, wenn auf einen bestimmten Punkt auf der Karte geklickt wird
dblclick(Overlay: GOverlay, Koordinaten: GLatLng)	löst ein Ereignis aus, wenn ein Doppelklick auf einen bestimmten Punkt auf der Karte vorgenommen wird
getZoom()	gibt die aktuelle Zoomstufe der Karte zurück
move()	löst Ereignis aus, wenn die Karte bewegt wird, zum Beispiel durch Verschieben
openInfoWindow(Koordinaten: GLatLng, Block: Node, Optionen: GInfoWindowOptions)	öffnet an einer angegebenen Koordinatenposition ein Infofenster; dabei wird die Karte so verschoben, dass das Infofenster vollständig sichtbar ist
setCenter(Mittelpunkt: GLatLng, Zoomfaktor: Number, Kartentyp: GMapType)	zentriert die Kartenansicht auf einen angegebenen Mittelpunkt, dabei können der Zoomfaktor und der Kartentyp angegeben werden; legt den anfänglichen Status der Karte fest und muss daher nach Anlegen einer Karte aufgerufen werden
removemaptype(Kartentyp: GMapType)	entfernt einen Kartentyp aus der Karte
addmaptype(Kartentyp: GMapType)	fügt einen Kartentyp zur Karte hinzu

A.8   GMapType

GMapType bietet unter anderem vordefinierte Kartentypen als Konstanten an. Kartentypen können mit der Methode addMapType der Klasse GMap2 hinzugefügt werden.

Verschiedene Kartentypen

Konstante	Erläuterung
G_NORMAL_MAP	Kartentyp: normale Straßenkarte
G_SATELLITE_MAP	Satellitenbilder
G_HYBRID_MAP	Satellitenbilder und Straßenkarte
G_PHYSICAL_MAP	physische Karte mit Gelände und Vegetation

Methode	Erläuterung
getProjection()	gibt die Projektion eines Kartentyps zurück

A.9   GMarker

GMarker markiert eine Position auf der Karte.

Markierung erstellen

Methode	Erläuterung
GMarker(Koordinaten: GLatLng, Optionen: GMarkerOptions)	erstellt eine Markierung an einer bestimmten Stelle
openInfoWindowHtml (Inhalt: String, Optionen: GInfoWindowOptions)	öffnet ein Infofenster über der Markierung, das einen HTML-Text enthält
openInfoWindow(Inhalt: Node, Optionen: GInfoWindowOptions)	öffnet ein Infofenster über der Markierung

A.10   GPolyline

GPolyline ist ein Karten-Overlay, das eine Polyline auf einer Karte zeichnet.

Linien darstellen

Methode	Erläuterung
GPolyline(Koordinatenliste: GLatLng[], Farbe: String, Breite: Number, Deckkraft: Number, Optionen: GPolylineOptions)	erzeugt ein Polyline-Overlay, dabei können Koordinaten, Breite, Farbe und Deckkraft angegeben werden

A.11   GPolygon

Fläche darstellen

GPolygon ist ein Karten-Overlay, das ein Polygon auf einer Karte zeichnet.

Methode	Erläuterung
GPolygon(Koordinatenliste: GLatLng[], Linienfarbe: String, Linienbreite: Number, Liniendeckkraft: Number, Füllfarbe: Number, Fülldeckkraft: Number, Optionen: GPolygonOptions)	erzeugt ein Polygon-Overlay, dabei können Koordinaten, Füllfarbe und Linienfarbe angegeben werden

A.12   GProjection

Koordinaten transformieren

GProjection erlaubt die Transformation von Koordinaten zwischen den verschiedenen Koordinatensystemen.

Methode	Erläuterung
fromLatLngToPixel(Koordinaten: GLatLng, Zoomstufe: Number)	gibt die Kartenkoordinaten für einen Punkt mit geografischen Koordinaten in einer bestimmten Zoomstufe in Pixel zurück
fromPixelToLatLng(Pixel: GPoint, Zoomstufe: Number, unbegrenzt: Boolean)	gibt die geografischen Koordinaten für den Punkt an den angegebenen Kartenkoordinaten und der angegebenen Zoomstufe zurück; ist für unbegrenzt *true* angegeben, werden die Zahlen für Länge und Breite direkt zurückgegeben, ansonsten werden sie in Längen- (-180 bis +180) und Breitengrade (-90 bis +90) transformiert

A.13   GSize

Größe eines Bereichs festlegen

Mit GSize kann die Größe eines rechteckigen Bereichs festgelegt werden.

Methode	Erläuterung
GSize(Breite: Number, Höhe: Number)	definiert einen rechteckigen Bereich einer bestimmten Breite und Höhe

B   Quellen im Web

B.1   Quellen zu Teil I – Grundlagen

www.giswiki.org: deutschsprachiges Wiki mit Informationen zu Geodaten, Software und Definitionen rund um Geografische Informationssysteme

www.opengeospatial.org/standards: OpenGIS-Standard-Dokumente

www.gis-report.de: Erich Buhmann, Joachim Wiesel: GIS-Report. Software, Daten, Firmen.

www.google.com/enterprise/maps/ Hinweise zu Google Maps für Unternehmen

www.zogg-jm.ch/Dateien/Update_Zogg_Deutsche_Version_Jan_09_Version_Z3x.pdf GPS und GNSS: Grundlagen der Ortung und Navigation mit Satelliten, Online-Buch von Jean-Marie Zogg

B.2   Quellen zu Teil II – Arbeiten mit Google Maps

maps.google.com/: Google Maps mit Nordamerika als Startkarte

maps.google.de: Google Maps mit Deutschland als Startkarte

maps.google.de/support/bin/answer.py?hl=de&answer=68259 Google Maps Nutzerhandbuch

www.google.com/support/forum/p/maps?hl=de Google Maps Forum für Nutzer

googlemapsmania.blogspot.com: GoogleMapsMania: Ein englischsprachiges Forum, das alle neuen Möglichkeiten und Anwendungen von Google Maps diskutiert

earth.google.com: Google Earth

maps.yahoo.com/: Yahoo Maps

developer.yahoo.net/maps/: Yahoo Maps Entwicklerressourcen

virtualearth.msn.com/: Microsoft Virtual Earth

- www.viavirtualearth.com/: Microsoft Virtual Earth Entwicklerressourcen
- de.selfhtml.org/: SelfHTML: HTML-Dateien selbst erstellen

B.3 Quellen zu Teil III – Google Maps API

- www.google.com/apis/maps/: Die Google Maps API
- www.programmableweb.com/tag/mapping Beispiele für Mashups mit Kartenanbindung
- code.google.com/intl/de-DE/apis/maps/documentation/ Google Maps API Entwicklerdokumentation
- code.google.com/intl/de-DE/apis/maps/documentation/reference.html Google Maps API Referenz: Überblick für fortgeschrittenere Benutzer
- openbook.galileocomputing.de/javascript/index.htm Christian Wenz: JavaScript – Browserübergreifende Lösungen, frei verfügbares JavaScript-Einsteigerbuch aus dem Galileo Verlag

Literaturverzeichnis

[1]   Norbert Bartelme. *Geoinformatik: Modelle, Strukturen, Funktionen*. Springer, 4. Auflage, 2005.

[2]   Norbert de Lange. *Geoinformatik in Theorie und Praxis*. Springer, 2. Auflage, 2006.

[3]   Rich Gibson und Schuyler Erle. *Google Maps Hacks*. O'Reilly Media, 1. Auflage, 2006.

[4]   Tobias Haar. *Zugänglich. Neues Geodatengesetz in Kraft. ix. Magazin für professionelle Informationstechnik*, (4):120–121, 2009.

[5]   Michael Jendryschik. *Einführung in XHTML, CSS und Webdesign: Standardkonforme, moderne und barrierefreie Websites erstellen*. Addison-Wesley, 2. Auflage, 2008.

[6]   Kathrin Kirchner und Roberto Rösler. *Flächenland selbst gebaut. Geografische Daten: Werkzeuge und Dienstleister. ix. Magazin für professionelle Informationstechnik*, (4):114–118, 2009.

[7]   Mark Lubkowitz. *Webseiten programmieren und gestalten: HTML, JavaScript, PHP, MySQL, XML, AJAX, Suchmaschinen-Optimierung, Barrierefreiheit*. Galileo Press, 3. Auflage, 2007.

[8]   Michael Purvis, Jeffrey Sambells, und Cameron Turner. *Google Maps Anwendungen mit PHP und Ajax*. mitp, 1. Auflage, 2007.

[9]   Jens Schumacher. *Kartenmacher. Geodatendienste mit dem UMN-Mapserver effizient verwalten. ix. Magazin für professionelle Informationstechnik*, (10):154ff., 2008.

[10] Jochen Topf. *Weltkarte zum Mitmachen. Freies Landkartenprojekt: OpenStreetMap. ix. Magazin für professionelle Informationstechnik*, (5):96ff., 2008.

[11] Elisabeth Wetsch. *Einstieg in CSS. Grundlagen und Praxis*. Galileo Press, 1. Auflage, 2008.

[12] Christian Wilk. *Das Runde muss aufs Flache. Vergleich von Mapping APIs. ix. Magazin für professionelle Informationstechnik*, (8):201ff., 2008.

Index

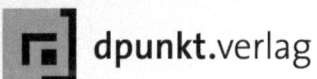

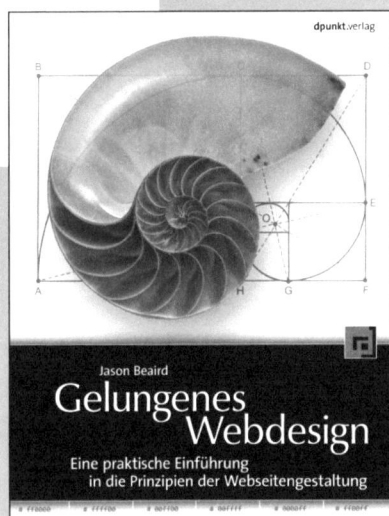